U0791566

事业单位财务规则与会计核算案例

主　编：王明锐　贲　月　王　瀛
副主编：赵晓宇　张婷婷　韩吉营

中国财经出版传媒集团
经济科学出版社

图书在版编目（CIP）数据

事业单位财务规则与会计核算案例/王明锐，贲月，王瀛主编. --北京：经济科学出版社，2022.10（2023.10 重印）
ISBN 978-7-5218-4042-1

Ⅰ.①事… Ⅱ.①王…②贲…③王… Ⅲ.①行政事业单位-财务管理-案例-中国 Ⅳ.①F812.2

中国版本图书馆 CIP 数据核字（2022）第 176946 号

责任编辑：宋学军　常　胜
责任校对：李　建
责任印制：邱　天

事业单位财务规则与会计核算案例
主　编：王明锐　贲　月　王　瀛
副主编：赵晓宇　张婷婷　韩吉营
经济科学出版社出版、发行　新华书店经销
社址：北京市海淀区阜成路甲 28 号　邮编：100142
总编部电话：010-88191217　发行部电话：010-88191522
网址：www.esp.com.cn
电子邮箱：esp@esp.com.cn
天猫网店：经济科学出版社旗舰店
网址：http://jjkxcbs.tmall.com
北京时捷印刷有限公司印装
787×1092　16 开　17.75 印张　300000 字
2022 年 10 月第 1 版　2023 年 10 月第 2 次印刷
ISBN 978-7-5218-4042-1　定价：56.00 元
（图书出现印装问题，本社负责调换。电话：010-88191510）

前　言

2022年1月7日，财政部发布了新修订的《事业单位财务规则》（财政部令第108号，以下简称《规则》），自2022年3月1日起施行。《规则》的修订积极贯彻了党中央关于加强财会监督有关部署，反映了财政法律法规的新规定和财政有关改革发展的新成果，衔接了政府会计改革新要求。《规则》的实施，将对完善事业单位财务制度，规范事业单位财务行为，保障事业单位健康发展起到积极作用。

为了方便大家学习和掌握《规则》的修订内容，并与会计核算业务相衔接，我们在对《规则》相关内容解读的基础上，总结提炼了有关事业单位收入、支出、结转和结余、专用基金、资产和负债、清算等方面的会计核算案例，为事业单位有效贯彻《规则》提供帮助。

本书的主要特点包括：

以《规则》框架体例为主线，将《规则》与原《规则》进行对比分析，解读《规则》修订的主要背景或原因，指出执行《规则》需要注意的重点和难点问题，为事业单位会计人员正确理解《规则》提供参考。

以最新的文件制度为依据，把国务院各部委近期发布的文件精神融入本书中，并就预算管理改革、政府会计改革、国有资产改革等内容进行简要梳理，方便事业单位会计人员进行扩展学习。

以会计核算案例贯穿收入、支出、结转和结余、专用基金、资产和负债、清算等实务操作环节，以实用性和可操作性为目标，力求理论密切联系实际，有利于提高事业单位会计人员实操水平。

本书共分为十二章，并以附录的形式列示了《规则》修订前后对照表，供大家学习参考。由于时间仓促，加之水平有限，书中难免会有不妥或错误之处，敬请广大读者不吝指正。

目　　录

第一章 《事业单位财务规则》修订概述

2022 年 1 月 7 日，财政部发布了新修订的《事业单位财务规则》（财政部令第 108 号，以下简称《规则》），自 2022 年 3 月 1 日起施行。为了便于大家了解《规则》相关修订情况，本章内容从《规则》修订历程、本次修订的基本原则和修订的主要内容三方面进行介绍。

一、修订历程

事业单位财务制度是国家财政制度的重要组成部分，是根据有关法律、法规和政策对事业单位有关资金的筹集、分配、使用等业务进行计划、组织、执行和控制等工作所规定的基本行为准则或行为规范。事业单位财务制度体系包含三个层次，第一层次是事业单位财务规则，第二层次是行业事业单位财务管理制度，第三层次是事业单位内部财务管理办法。事业单位财务规则是事业单位财务制度体系中的基本制度，是制定行业事业单位财务管理制度和事业单位内部财务管理办法的依据。在本次《规则》修订前，《事业单位财务规则》修订工作经历了两个阶段。

（一）第一阶段

1996 年 10 月 22 日，财政部发布了《事业单位财务规则》（财政部令第 8 号，以下简称 1997 版《规则》），自 1997 年 1 月 1 日起施行。1997 版《规则》的颁布标志着我国真正建立起了适应社会主义市场经济体制要求的事业单位财务制度体系。

1997 版《规则》在规范事业单位财务行为，加强财务管理，促进各项事业健康发展方面发挥了积极的作用。但是，随着财政和各项社会事业改革不断深入，1997 版《规则》的部分内容已不能完全适应改革和发展的要求，也难以满足事业单位财务管理的需要。因此，财政部启动了对 1997 版《规则》的修订工作。

（二）第二阶段

2012 年 2 月 7 日，财政部发布了修订后的《事业单位财务规则》（财政部令第 68 号，以下简称 2012 版《规则》或原《规则》），自 2012 年 4 月 1 日起施行。2012 版《规则》在 1997 版《规则》的基础上，主要进行了五个方面的修订。一是强化事业单位的预算管理。进一步完善事业单位的预算管理办法，加强事业单位预算编制和执行管理，明确事业单位决算管理的有关要求。二是规范事业单位收入和支出管理。修改完善部分收入、支出定义和范围，增加收入管理和全面强化支出管理的有关要求。三是完善事业单位结转和结余资金管理。分别界定了结转和结余概念，在此基础上，将结转和结余划分为财政拨款结转和结余资金、非财政拨款结转和结余资金两部分，并分别作了原则性规定。四是加强事业单位资产和负债管理。根据改革实践，规范资产的配置、使用、处置以及对外投资管理，建立资产的共享共用制度。明确事业单位建立健全财务风险控制机制，规范和加强借入款项管理，防范财务风险。五是建立健全事业单位财务监督制度。增设“财务监督”一章，明确了事业单位财务监督的主要内容、监督形式、监督机制和内外部监督制度等。

2012 版《规则》实施以来，在规范事业单位财务行为、提高财务管理水平、促进事业单位发展等方面，发挥了重要作用。但近年来，我国在财政制度改革工作当中又取得了诸多成果，比如，我国事业单位改革工作深入推进、财政改革新政策新举措陆续出台、新的政府会计准则制度逐步施行等，为与这些改革成果相适应、相衔接，有必要对 2012 版《规则》中的部分规定加以修订，于是便迎来了本次修订工作。

二、修订的基本原则

本次《规则》的修订主要遵循以下三项基本原则：

（一）坚持继承创新，突出问题导向

2012版《规则》实施以来，实践证明其框架体系比较合理，有效地规范了事业单位的财务活动。因此，此次修订保持了原有的章节框架，依然为十二章内容，只是个别章节标题有所调整，第十章从“财务报告和财务分析”调整为“财务报告和决算报告”。同时，修订时聚焦反映财政管理制度改革、政府会计改革和国有资产管理新要求等成果，增加事业单位财务管理的新要求，解决与现行新制度不衔接的问题，修订了部分不适应条款，2012版《规则》共六十八条，修订完善后的《规则》共七十一条。

（二）立足制度定位，保证普遍适用

事业单位体系庞大、情况复杂，包括医疗、学校、科研、测绘、彩票机构、地质勘察等行业，因行业与行业之间的业务内容和财务活动有差异，因此，对其财务管理的具体要求也会有所不同。《规则》修订时侧重搭建普遍适用的总体框架，是所有事业单位财务管理必须遵循的一般准则，这也是《规则》在事业单位财务制度体系中定位的具体体现。对行业特点突出的，可以由财政部会同有关主管部门制定行业事业单位财务管理制度。事业单位也可以根据单位内部管理需要，制定内部财务管理办法对财务活动进行进一步规范。

（三）结合发展方向，为改革预留空间

《规则》修订工作综合考虑“放管服”改革和事业单位各项改革等进展，在与现行政策规定相衔接、吸收当前改革成果的同时，以原则性规范为主，为下一步预算管理、债务管理、资产管理等各项改革预留空间。例如，《规则》第八条规定，在确定事业单位定额和定项补助时，在原有确定依据基础上增加结合事业单位改革要求；第十条规定，事业单位根据预算控制数编制预算草案时，应当符合国家宏观调控总体要求；第四十五条规定，“公共基础设施、政府储备物资、文物文化资产、保障性住房等资产管理的具体办法，由国务院财政部门会同有关部门制定”，以上资产类型为政府会计改革后新提出的，相关资产的具体管理办法还需在实践中继续摸索和总结，因此，《规定》中未明确规定这些资产的具体管理规定，但明确由财政部会同有关部门制定；《规则》删除了2012版《规则》附件中关于事业单位财务分析指标的内容，未再统一规定分析指标，也是为今后改革预留空间。

三、修订的主要内容

本次《规则》的修订主要包括以下三大方面的内容：

（一）体现预算管理改革的新精神

党的十八届三中全会提出“改进预算管理制度。实施全面规范、公开透明的预算制度”，新一轮预算管理制度改革拉开序幕。2014 年 8 月，新修订的《预算法》颁布实施，推动了预算管理制度改革。2014 年 10 月，《国务院关于深化预算管理制度改革的决定》（国发〔2014〕45 号）发布，明确了预算管理制度改革的总体方向、改革内容。党的十九大报告提出，加快建立现代财政制度，建立全面规范透明、标准科学、约束有力的预算制度，全面实施绩效管理。2018 年 9 月，《中共中央、国务院关于全面实施预算绩效管理的意见》（中发〔2018〕34 号）发布。2020 年 8 月，修订后的《中华人民共和国预算法实施条例》（以下简称《预算法实施案例》）颁布实施，进一步完善了预算管理制度。2021 年 3 月，为落实《中华人民共和国预算法》（以下简称《预算法》）《预算法实施条例》有关规定，《国务院关于进一步深化预算管理制度改革的意见》（国发〔2021〕5 号）发布，进一步明确预算管理制度改革的具体措施。由此可见，2012 版《规则》颁布实施以来，预算管理改革在逐步深入推进，预算管理制度也在持续完善和更新。在本次《规则》修订过程中，多处修订内容体现了预算管理改革中制定的新政策和新规定等内容，主要包括以下六方面内容。

一是提出全面实施绩效管理的要求。在总则章节里将事业单位财务管理的主要任务中原“实施绩效评价”修订为“全面实施绩效管理”。同时，将原在支出管理章节“事业单位应当加强支出的绩效管理，提高资金使用的有效性”的内容调整到单位预算管理章节中，并修订为“事业单位应当全面加强预算绩效管理，提高资金使用效益”，这是中发〔2018〕34 号文件中“建成全方位、全过程、全覆盖的预算绩效管理体系”相关规定的体现。修订包含两层变化，第一层是将绩效评价扩展为绩效管理，绩效评价只是绩效管理中的一个环节。第二层是 2012 版《规则》强调在支出环节加强绩效管理，《规则》修订为在预算管理全过程加强绩效管理。

二是明确未纳入预算的收入不得安排支出。在收入管理章节增加“未纳入预算的收入不得安排支出”的内容。这是国发〔2021〕5 号文件“强化部门和单位收入统筹管理。各部门和单位要依法依规将取得的各类收入纳入部门或单位预算，未纳入预算的收入不得安排支出”相关规定的体现。

三是强调预算支出实行项目库管理。国发〔2014〕45 号文件提出“加强项目库管理，健全项目预算审核机制”。《预算法实施条例》第四十一条规定，项目支出实行项目库管理，并建立健全项目入库评审机制和项目滚动管理机制。国发〔2021〕5 号文件规定，将项目作为部门和单位预算管理的基本单元，预算支出全部以项目形式纳入预算项目库，实施项目全生命周期管理，未纳入预算项目库的项目一律不得安排预算。可见，以上三个法规政策对于项目库的管理是逐步强化的。本次修订在支出管理章节“事业单位应当将各项支出全部纳入单位预算，建立健全支出管理制度”的内容中增加了“实行项目库管理”内容，这与项目库的最新管理精神，即国发〔2021〕5 号文件相关规定保持了一致。

四是增加如实反映依法举借债务情况的要求。《预算法》规定了举借债务的方式、规模、用途和偿还等，国发〔2014〕45 号规定了地方政府举债权限、举债程序和用途、考核问责机制，等等，国家出台一系列与举借债务相关的规定，目的在于加强风险防控，防范化解债务风险。《规则》在负债管理章节中增加了“如实反映依法举借债务情况”的内容，事业单位如实反映依法举借债务情况，既方便单位内部财务管理，防范财务风险，同时也是人大、财政、审计等部门对举借债务情况实现有效监督的基础。

五是将预算调整修正为预算调剂。《预算法》第六十七条规定了应当进行预算调整的四种情况，即需要增加或者减少预算总支出的、需要调入预算稳定调节基金的、需要调减预算安排的重点支出数额的、需要增加举借债务数额的。第七十二条规定了预算调剂相关内容，即各部门、各单位的预算支出应当按照预算科目执行。严格控制不同预算科目、预算级次或者项目间的预算资金的调剂，确需调剂使用的，按照国务院财政部门的规定办理。2012 版《规则》第十条规定的对财政补助收入和财政专户管理资金以及对财政补助收入和财政专户管理资金以外部分的预算进行的调整，并不属于《预算法》规定的四种预算调整情况，而是属于预算调剂的内容。因此，本次修订将原“预算调整”修正为“预算调剂”，这也是与《预算法》保持一致的体现。

六是删除零余额账户用款额度相关内容。2020 年 2 月，财政部印发《预算管理一体化规范（试行）》（财办〔2020〕13 号），推进预算管理一体化建设，进一步推动预算制度改革。预算管理一体化系统实行预算指标直接控制资金支付的控制机制，取消零余额账户额度到账业务。单位资金支付通过预算管理一体化系统提出申请，系统按照财政部门和主管部门设定的校验规则对预算指标等校验通过后，发送代理银行办理支付。同时，财政部门按照预算指标进行支付控制，支付直接对应明细、具体的预算指标，不再需要代理银行对资金支付额度进行控制。因此，《规则》在流动资产分类里删除了零余额账户用款额度。目前，由于财政预算管理一体化改革正在进行中，会计核算中零余额账户用款额度科目仍在使用。

（二）与政府会计改革内容相衔接

2014 年 12 月，国务院批转财政部《权责发生制政府综合财务报告制度改革方案》（国发〔2014〕63 号），方案指出“按照党中央、国务院决策部署，加快推进政府会计改革，逐步建立以权责发生制政府会计核算为基础，以编制和报告政府资产负债表、收入费用表等报表为核心的权责发生制政府综合财务报告制度，提升政府财务管理水平”。可见，政府会计改革主要包括两部分内容，第一部分是建立健全政府会计核算体系，第二部分是建立健全政府财务报告体系，建立健全政府会计核算体系是建立健全政府财务报告体系的基础。在政府会计核算体系方面：2015 年，财政部出台《政府会计准则——基本准则》，之后相继出台具体准则、应用指南和会计制度等。在政府财务报告体系方面：2015 年，财政部制定发布了政府财务报告编制办法和操作指南等三项制度。2019 年，结合政府会计准则制度和政府财务报告编制试点情况，财政部对三项制度进行了修订，修订后印发《政府财务报告编制办法（试行）》（财库〔2019〕56 号）、《政府部门财务报告编制操作指南（试行）》（财库〔2019〕57 号）、《政府综合财务报告编制操作指南（试行）》（财库〔2019〕58 号）。结合政府会计改革现有成果，《规则》对部分内容进行了修订，与政府会计改革成果相衔接。

一是增加会计核算的总体要求。会计核算是财务管理的基础，但 2012 版《规则》未就事业单位会计核算做相关规定，此次修订在总则中新增“事业单位的各项经济业务事项按照国家统一的会计制度进行会计核算”的规定，明确了事业单位会计核算的总体要求，也确保了《规则》内容的完整性。在政府会计改革之前，我国事业单位根据行业特点执行不同的会计制度，政府会计改革后，事业单位统一执行政府会计准则制度，不再分别执行《事业单位会计准则》（财政部令第72号）、《事业单位会计制度》（财会〔2012〕22号）、《医院会计制度》（财会〔2010〕27号）、《基层医疗卫生机构会计制度》（财会〔2010〕26号）、《高等学校会计制度》（财会〔2013〕30号）、《中小学校会计制度》（财会〔2013〕28号）、《科学事业单位会计制度》（财会〔2013〕29号）、《彩票机构会计制度》（财会〔2013〕23号）、《地质勘查单位会计制度》（财会字〔1996〕15号）、《测绘事业单位会计制度》（财会字〔1999〕1号）、《国有林场与苗圃会计制度（暂行）》（财农字〔1994〕第371号）、《国有建设单位会计制度》（财会字〔1995〕45号）等会计准则制度。

二是调整报告体系。《政府会计准则——基本准则》第五条规定，政府会计主体应当编制决算报告和财务报告。第四十八条和第四十九条规定了决算报告和财务报告的定义和构成，第五十六条规定了决算报告和财务报告的编制基础。财库〔2019〕56号文件进一步明确了财务报告、财务分析的主要内容。为保证与政府会计改革相关内容相衔接，《规则》将原第十章“财务报告和财务分析”调整为“财务报告和决算报告”，并明确了财务报告、决算报告的定义、构成、编制基础等内容，同时删除了年度财务报告、财务情况说明书、财务分析的内容和指标等条款。

三是修改事业单位实行成本核算相关规定。加强事业单位成本核算是节约公共资源、制定公共服务或产品定价、完善绩效评价的需要。国发〔2014〕63号文件在健全完善政府会计制度中提出“条件成熟时，推行政府成本会计，规定政府运行成本归集和分摊方法等，反映政府向社会提供公共服务支出和机关运行成本等财务信息”。2019年，财政部印发《事业单位成本核算基本指引》（财会〔2019〕25号），明确了成本核算的基本原则和基本方法，为事业单位开展成本核算工作提供基本遵循依据。结合相关行业事业单位特点，为便于单位实际运用，财政部根据不同行业事业单位特点制定发布具体指引，公立医院成本核算具体指引于2021年印发，后续还会发布高等学校、科研等事业单位成本核算具体指引。因此，《规则》将原“实行内部成本核算办法”修改为“实行成本核算，成本核算的具体办法按照国务院财政部门相关规定执行”，要求事业单位根据实际需要实行成本核算，成本核算的具体办法要符合财政部成本核算要求，遵守事业单位成本核算基本指引和具体指引的相关规定。

四是取消事业基金和修购基金。《事业单位会计准则》第三十条规定，事业基金是指事业单位拥有的非限定用途的净资产，其来源主要为非财政补助结余扣除结余分配后滚存的金额。《政府会计制度——行政事业单位会计科目和报表》8202 非财政拨款结余规定，本科目核算单位历年滚存的非限定用途的非同级财政拨款结余资金，主要为非财政拨款结余扣除结余分配后滚存的金额。由此可见，政府会计改革后，《政府会计制度——行政事业单位会计科目和报表》中的“非财政拨款结余”与《事业单位会计准则》中“事业基金”是相对应的，因此，《规则》将结转和结余管理章节里的事业基金替换为非财政拨款结余。

2012 版《规则》规定，“专用基金是指事业单位按照规定提取或者设置的有专门用途的资金，修购基金是指事业单位固定资产维修和购置的资金”。首先，政府会计准则制度实施以后，事业单位从 2019 年 1 月 1 日起开始按月计提折旧，不需要再提取修购基金。其次，《政府会计制度——行政事业单位会计科目和报表》中关于固定资产的后续支出区分资本化和费用化，为增加固定资产使用效能或延长其使用年限而发生的改建、扩建等后续支出计入固定资产成本，为保证固定资产正常使用发生的日常维修等支出计入当期费用，固定资产的后续维修支出不再通过修购基金进行核算，故《规则》删除了专用基金中“修购基金”的相关内容。

（三）衔接国有资产管理的新要求

2020 年 12 月，《行政事业性国有资产管理条例》（国务院令第 738 号，以下简称《条例》）发布，自 2021 年 4 月 1 日起施行。《条例》是我国行政事业性国有资产管理的第一部行政法规。事业单位资产是国有资产的重要组成部分，是党和国家事业发展的物质基础和重要保障。《规则》中新修订的部分内容与《条例》以及国有资产管理的有关新要求相衔接。

一是修订资产定义。2012 版《规则》规定，资产是指事业单位占有或者使用的能以货币计量的经济资源，包括各种财产、债权和其他权利。《规则》将资产定义修订为“资产是指事业单位依法直接支配的各类经济资源”。此修订源于《条例》第三条规定，即行政事业性国有资产属于国家所有，实行政府分级监管、各部门及其所属单位直接支配的管理体制。具体来看，所有权包括占有、使用、收益和处分四项基本权能，原资产定义局限于占有或使用，范围较窄，如事业单位对外投资业务，事业单位虽未占有或使用资产，但享有一定的收益权，再如 PPP 项目资产，PPP 项目合同终止时，政府方往往通过所有权、收益权或其他形式控制 PPP 项目资产的重大剩余权益，而在 PPP 项目合同运营期间并未占有或使用 PPP 项目资产，等等，可见，事业单位的资产用占有或使用权能去定义并不完全准确，相比而言，使用直接支配来定义资产更加准确。

二是细化资产管理制度相关内容。《规则》第三十八条细化了资产管理制度的相关内容，衔接《条例》相关规定。具体是《条例》第十五条规定，应当明确资产使用人和管理人的岗位责任；第三十条规定，应当设置行政事业性国有资产台账；第九条规定，配置价值较高的资产要进行资产评估；第四十三条规定，建立国有资产管理情况报告制度；第三十四条规定，资产的盘点和对账制度；第四十条规定，权属登记相关要求。《规则》细化的资产管理制度内容与以上规定相对应。

三是增加利用国有资产对外投资的程序性要求。《规则》在对外投资业务中增加利用国有资产对外投资的程序性规定，这与《条例》第十七条的规定“事业单位利用国有资产对外投资应当有利于事业发展和实现国有资产保值增值，符合国家有关规定，经可行性研究和集体决策，按照规定权限和程序进行。事业单位应当明确对外投资形成的股权及其相关权益管理责任，按照规定将对外投资形成的股权纳入经营性国有资产集中统一监管体系”相对应。

四是明确货币性资产损失核销管理权限。2019 年，财政部修订印发《事业单位国有资产管理暂行办法》（财政部令第 100 号），第二十六条规定“事业单位占有、使用的房屋建筑物、土地和车辆的处置，货币性资产损失的核销，以及单位价值或者批量价值在规定限额以上的资产的处置，经主管部门审核后报同级财政部门审批”，货币性资产损失核销管理权限得到明确。根据财政部令第 100 号的规定，《规则》第四十条明确了货币性资产损失核销管理权限。

第二章　总则和附则

《规则》第一章为“总则”共六条内容，明确了《规则》制定目的、适用范围、事业单位财务管理的基本原则和主要任务、事业单位会计核算要求等内容。《规则》第十二章为“附则”共七条内容，进一步明确了《规则》的适用范围，明确了制定行业事业单位、地方事业单位具体财务管理权限以及《规则》实施时间等内容。与原《规则》相比，本次修订了事业单位财务管理的主要任务，明确事业单位的各项经济业务事项按照国家统一的会计制度进行会计核算，删除部分行业可以根据需要在行业事业单位财务管理制度中引入权责发生制的内容。

鉴于《规则》的总则和附则规定的内容紧密相连，本章将总则和附则内容结合进行介绍。

一、适用范围

在总则中规定了适用范围的总体要求，《规则》适用于各级各类事业单位的财务活动。从《事业单位登记管理暂行条例》（国务院令第411号）中我们可以得知，事业单位是指国家为了社会公益目的，由国家机关举办或者其他组织利用国有资产举办的，从事教育、科技、文化、卫生等活动的社会服务组织。事业单位分类改革推进以来，将事业单位按照社会功能的不同而逐步进行分类管理。在《中共中央　国务院关于分类推进事业单位改革的指导意见》（中发〔2011〕5号）中规定，按照社会功能将现有事业单位划分为承担行政职能、从事生产经营活动和从事公益服务三个类别。对承担行政职能的，逐步将其行政职能划归行政机构或转为行政机构；对从事生产经营活动的，逐步将其转为企业；对从事公益服务的，继续将其保留在事业单位序列，强化其公益属性。今后，不再批准设立承担行政职能的事业单位和从事生产经营活动的事业单位。从执行的财务管理制度角度来看，承担行政职能的事业单位转为行政机构后将不再执行事业单位财务规则，应执行行政单位财务规则；从事生产经营活动的事业单位除特殊情况外，转为企业后将不再执行事业单位财务规则，应执行企业财务规则；只有保留在事业单位序列，从事公益服务的事业单位仍继续执行事业单位财务规则。

对实务中参照公务员法管理的事业单位、特殊事业单位或一些特殊业务以及社会力量举办的公益服务性组织和社会团体执行财务管理制度问题在附则中进行了进一步明确。

（一）参照公务员法管理的事业单位财务制度适用问题

2018 年新修订的公务员法第三条对参照公务员法管理的事业单位进行明确，同时具备两个条件的事业单位列入参照管理范围，一是具有法律、法规授权的公共事务管理职能，二是使用事业编制，并由国家财政负担工资福利。可见，参照公务员法管理的事业单位是使用事业编制，具有法律、法规授权的公共事务管理职能，并由国家财政负担工资福利的单位。参照公务员法管理的事业单位的社会功能偏向行政单位，而编制却是事业单位编制，是事业单位中较为特殊的一种类型。

《规则》第六十六条规定，参照公务员法管理的事业单位财务制度的适用，由国务院财政部门另行规定。2021 年 8 月，财政部公布的《事业单位财务规则（征求意见稿）》中规定，参照公务员法管理的事业单位财务制度的适用，由主管部门和本级财政部门确定，但考虑事业单位改革情况以及为下一步改革预留空间，最终《规则》未就此条内容进行修订，仍沿用原《规则》的规定，未就参照公务员法管理的事业单位财务制度适用问题进行统一规定，但明确由国务院财政部门另行规定。目前，财政部并未出台参照公务员法管理的事业单位财务制度适用问题的相关规定。实践中参照公务员法管理的事业单位既有执行《行政单位财务规则》的，也有执行《事业单位财务规则》的，还有单独制定财务管理办法的，如《中国银监会　中国证监会　中国保监会财务管理办法》（财金〔2016〕8 号）等。结合事业单位改革现有进展情况，参照公务员法管理的事业单位下一步改革尚未进一步明确，在财政部尚未出台明确其财务制度适用规定前，单位仍可沿用原有做法。待事业单位改革完成落地后，根据单位性质选择对应的财务管理制度或者按照财政部新出台的相关规定执行。

（二）特殊事业单位或特定项目财务制度适用问题

《规则》第六十八条规定，纳入企业财务管理体系的事业单位和事业单位附属独立核算的生产经营单位、事业单位经营的接受外单位要求投资回报的项目、经主管部门和财政部门批准的具备条件的其他事业单位，执行企业财务制度，不执行本规则。

纳入企业财务管理体系的事业单位，虽然现阶段其单位性质仍为事业单位，但其业务活动以生产经营为主，资金运行方式也与企业相似，单位财务管理方式已经与事业单位有所区别，与企业的经营活动更为相近，因此，《规则》明确纳入企业财务管理体系的事业单位应执行企业财务制度。除此之外，《规则》规定有些事业单位有接受外单位投资并要求投资回报的特定项目，该特定项目与事业单位的公益性属性有差异，应执行企业财务制度，同时规定兜底条款，经主管部门和财政部门批准的具备条件的其他事业单位也应执行企业财务制度。

（三）事业单位基本建设投资财务管理适用问题

《规则》第六十五条规定，事业单位基本建设投资的财务管理，应当执行本规则，但国家基本建设投资财务管理制度另有规定的，从其规定。这里包含两层含义：一是事业单位基本建设投资属于事业单位的业务活动范畴，应在事业单位财务管理基本制度的框架内开展业务活动，遵循《规则》的相关规定；二是事业单位基本建设投资活动有其业务的特殊性，就其特殊性应按照国家关于基本建设投资财务管理的特殊规定执行。2016 年，财政部印发了《基本建设财务规则》（财政部令第 81 号），用于规范行政事业单位的基本建设财务行为，以及国有和国有控股企业使用财政资金的基本建设财务行为。因此，事业单位基本建设投资业务要执行《规则》的规定，同时也要遵守《基本建设财务规则》的相关规定。值得注意的是，政府会计改革后，已将基本建设投资业务纳入单位会计“大账”中进行统一核算，不再单独建账核算。

（四）社会力量举办的公益服务性组织和社会团体财务制度适用问题

社会力量举办的公益服务性组织和社会团体与事业单位的主要区别在于出

资人的不同，事业单位是由国家机关举办或者其他组织利用国有资产举办的，而社会力量举办的公益服务性组织和社会团体是由社会力量举办的。实践中，社会力量按照是否接受国家经常性资助可分为接受国家经常性资助的社会力量和其他社会力量。

《规则》第六十七条规定，接受国家经常性资助的社会力量举办的公益服务性组织和社会团体，依照本规则执行；其他社会力量举办的公益服务性组织和社会团体，可以参照本规则执行。接受国家经常性资助的社会力量举办的公益服务性组织和社会团体与事业单位的资金来源和公益性都非常接近，财务管理与事业单位财务管理要求基本相同，因此，应执行《规则》相关规定。而其他社会力量举办的公益服务性组织和社会团体，业务活动的公益性与事业单位相似，因此，可以根据实际需要，参照执行《规则》相关规定。

二、事业单位财务管理的基本原则

《规则》第三条规定了事业单位财务管理的三项基本原则：一是执行国家有关法律、法规和财务规章制度；二是坚持勤俭办一切事业的方针；三是正确处理事业发展需要和资金供给的关系，社会效益和经济效益的关系，国家、单位和个人三者利益的关系。本次修订将原《规则》“坚持勤俭办事业的方针”调整为“坚持勤俭办一切事业的方针”，增加了“一切”进行强调，其他事业单位财务管理的基本原则未作修改。

（一）执行国家有关法律、法规和财务规章制度

国家有关法律、法规和财务规章制度包括国家颁布的法律、行政法规和地方性法规，部门规章和地方政府规章等。事业单位财务管理执行国家有关法律、法规和财务规章制度是事业单位财务管理应遵循的基本原则，是贯彻依法治国的必然要求，是开展一切财务活动的基本依据。事业单位在制定内部财务管理办法、财务管理具体措施时，都应严格执行国家有关法律、法规和财务规章制度的相关规定，要强化依法理财意识，进一步规范单位财务行为，保证各项事业健康发展。

（二）坚持勤俭办一切事业的方针

2013年，习近平总书记在中国共产党第十八届中央纪律检查委员会第二次全体会议上发表重要讲话，他强调，要坚持勤俭办一切事业，要大力弘扬中华民族勤俭节约的优秀传统，大力宣传节约光荣、浪费可耻的思想观念，努力使厉行节约、反对浪费在全社会蔚然成风。同年11月，中共中央、国务院印发《党政机关厉行节约反对浪费条例》（中发〔2013〕13号），条例明确规定不参照公务员法管理的事业单位，参照本条例执行。条例第四条规定，党政机关厉行节约反对浪费，应当遵循坚持从严从简，勤俭办一切事业等原则。为此，《规则》将“坚持勤俭办事业的方针”调整为“坚持勤俭办一切事业的方针”，增加了“一切”进行强调，与国家政策方针保持一致。厉行节约、勤俭办一切事业是事业单位财务管理必须长期坚持的方针。事业单位要积极采取各项有效措施，严格落实“过紧日子”要求，厉行节约、反对奢侈浪费，坚持勤俭办一切事业的基本方针。同时，事业单位要优化资源配置，加强绩效管理，提高资金使用效益。

（三）正确处理事业发展需要和资金供给的关系，社会效益和经济效益的关系，国家、单位和个人三者利益的关系

首先，要正确处理事业发展需要和资金供给的关系。事业单位事业发展需要资金供给支持，而资金供给水平受到经济发展水平、国家财力、国家宏观调控要求等因素影响。因此，事业单位要综合考虑事业发展需要和资金供给水平，统筹兼顾，合理确定事业发展目标，做好事业发展计划，既要尽力而为，又要量力而行，加强财务管理，优化资金安排，发挥各项资金最大化效益。

其次，要正确处理社会效益和经济效益的关系。事业单位是国家为了社会公益目的而举办的社会服务组织，是经济社会发展中提供公益服务的主要载体，公益性是事业单位的本质属性。事业单位分类改革进一步强化了事业单位的公益属性，将从事公益服务的事业单位继续保留在事业单位序列，逐渐剥离承担行政职能和从事生产经营活动的事业单位。因此，事业单位的财务管理必须服从其公益属性的本质，将社会效益放在首位，同时坚持社会效益和经济效益有机统一，兼顾经济效益，加强绩效管理，强化成本核算，降低成本投入，提高资金使用效率。

最后，要正确处理国家、单位和个人三者利益的关系。事业单位财务管理

时要充分考虑国家、单位和个人的利益，综合兼顾考虑，不可片面强调任何一方利益，但当单位和个人利益与国家利益发生冲突时，单位和个人利益要服从国家利益。个人价值和社会价值是矛盾统一的，不提倡一味追求国家、单位利益而无视个人利益需要的行为，但也坚决反对只为个人利益而损害国家、单位利益的行为。因此，事业单位在财务管理活动中要正确处理三者利益关系。

三、事业单位财务管理的主要任务

《规则》第四条规定了事业单位财务管理的主要任务，主要包括以下五个方面，本次修订就其中第一方面和第三方面内容进行了调整，其他主要任务未作修改。

（一）合理编制单位预算，严格预算执行，完整、准确地编制单位决算报告和财务报告，真实反映单位预算执行情况、财务状况和运行情况

合理编制预算是事业单位完成事业发展目标和计划的重要保证，严格执行预算是事业单位财务管理的重要任务。事业单位预算应当自求收支平衡，不得编制赤字预算。预算执行过程中，应当严格执行批准的预算，如需调剂预算，应当严格履行相关审批程序。政府会计准则制度自 2019 年 1 月 1 日全面实施，《政府会计准则——基本准则》第五条规定，政府会计主体应当编制决算报告和财务报告。决算报告的目标是向决算报告使用者提供与政府预算执行情况有关的信息，综合反映政府会计主体预算收支的年度执行结果。财务报告的目标是向财务报告使用者提供与政府的财务状况、运行情况和现金流量等有关的信息。为与政府会计准则制度相关规定相衔接，本次修订增加了“完整、准确编制单位财务报告，真实反映单位预算执行情况和运行情况”相关内容。

（二）依法组织收入，努力节约支出

事业单位收入来源是多样复杂的，收入种类包括财政拨款收入、事业收入、上级补助收入、附属单位上缴收入、经营收入等，从收入来源渠道划分，包括财政补助资金和其他渠道筹措的资金。《规则》强调事业单位要在国家法

律法规、相关政策允许的范围内，依法组织各项收入，避免出现超范围、超标准等乱收费现象。尤其近年来国家正在不断推出各项减税降费政策，停征或免征多项行政事业性收费，事业单位要严格遵守国家有关政策方针规定，依法组织相关收入。同时，努力节约支出也是与事业单位财务管理的基本原则中“坚持勤俭办一切事业的方针”相对应的，事业单位要在事业发展中落实“过紧日子”要求，勤俭节约、努力节约各项支出，杜绝浪费，在依法开源的同时努力节流。

（三）建立健全财务制度，加强经济核算，全面实施绩效管理，提高资金使用效益

建立健全事业单位内部财务制度，是实现规范化财务管理的前提，健全的财务制度，有利于保证事业单位各项财务活动在制度的框架下有序进行，有利于保证单位各项事业健康发展。与此同时，事业单位要加强各项经济活动核算水平，完整、准确地完成经济业务核算工作。本次修订为与预算管理改革的新精神相衔接，将原《规则》中的“实施绩效评价”调整为“全面实施绩效管理”，将实施绩效评价提升为实施绩效管理，同时要求事业单位的绩效管理要贯穿于预算管理全过程，通过加强绩效管理，优化资源配置，提高资金使用效益。

（四）加强资产管理，合理配置和有效利用资产，防止资产流失

事业单位的各项资产是单位开展业务活动的物质基础，加强事业单位资产管理，是事业单位财务管理的重要内容。事业单位应结合单位实际情况，按照国家有关资产管理的规定，制定并完善单位内部资产管理的具体办法、细则等，加强资产管理，科学合理配置资产，提高资产利用效率，避免资产的闲置和浪费，建立健全资产处置机制，防止资产流失。值得注意的是，2021 年，《行政事业性国有资产管理条例》（国务院令第 738 号）颁布实施，事业单位在资产管理、配置和处置等方面要严格遵守该条例的相关规定。

（五）加强对单位经济活动的财务控制和监督，防范财务风险

近年来，有些事业单位财务风险意识弱化，财务控制和监督不到位，加大了财务风险，影响事业单位经济活动的良性运行。国家已经加大了对违法违规的惩戒力度，事业单位也应强化内部监督，防患于未然，在源头加强管理，按

照国家法律、法规和规章制度等相关规定，建立单位内部财务控制和监督机制，充分利用财务控制方法，加强内部财务监督检查，及时发现问题，有效解决问题，增强事业单位风险意识，进一步提升单位财务管理水平，有效防范化解各项财务风险。

四、事业单位会计核算

《规则》第六条规定，事业单位的各项经济业务事项按照国家统一的会计制度进行会计核算。该条为新增内容，明确事业单位会计核算总体要求。2018年8月，根据《财政部关于贯彻实施政府会计准则制度的通知》（财会〔2018〕21号）规定，自2019年1月1日起，政府会计准则制度在全国各级各类行政事业单位全面施行。因此，事业单位的各项经济业务或事项的会计核算应严格执行政府会计准则制度的相关规定。政府会计改革后，重新构建了会计核算模式，实行“双功能、双基础、双报告”的核算模式。政府会计由预算会计和财务会计构成，核算实现预算会计和财务会计的双重功能，采用“平行记账”方式记账。预算会计和财务会计分别实行收付实现制、权责发生制双核算基础。政府会计主体应当编制决算报告和财务报告双报告。

政府会计准则体系包括基本准则、具体准则、应用指南以及政府会计制度。基本准则属于“概念框架”，统驭政府会计具体准则和政府会计制度的制定；具体准则主要规定政府发生的经济业务或事项的会计处理原则，应用指南主要对具体准则的实际应用作出操作性规定；会计制度主要规定政府会计科目及其使用说明、报表格式及其编制说明等。2015年，财政部出台了《政府会计准则——基本准则》，之后陆续发布了具体准则、应用指南和会计制度。目前，已印发存货、投资、固定资产、无形资产、公共基础设施、政府储备物资、负债、会计调整、财务报表编制和列报、政府和社会资本合作项目合同，共10项具体准则；固定资产、政府和社会资本合作项目合同，共2项应用指南；以及《政府会计制度——行政事业单位会计科目和报表》。事业单位应当以实际发生的经济业务或者事项为依据对照政府会计准则制度相关规定进行会计核算，如实反映各项会计要素的情况和结果，保证会计信息真实可靠。

五、行业和地方财务管理相关规定

《规则》第六十九条规定，行业特点突出，需要制定行业事业单位财务管理制度的，由国务院财政部门会同有关主管部门根据本规则制定。我国事业单位财务制度体系包括事业单位财务规则、行业事业单位财务管理制度和事业单位内部财务管理办法三个层次。事业单位财务规则是事业单位财务制度体系中的基本制度，是制定行业财务管理制度和事业单位内部财务管理办法的依据。《规则》全面系统地规定了适用于各行各业事业单位财务活动管理的基本原则和基本方式，原则性较强，但我国事业单位情况较为复杂，包含教育、科学、文化、卫生等行业特点比较突出的事业单位。如 2012 年财政部、教育部联合修订印发了《高等学校财务制度》，进一步规范高等学校财务行为，但随着此次《规则》的修订，《高等学校财务制度》也将面临进一步修订。因此，《规则》明确了制定行业事业单位财务管理制度的规定，行业事业单位财务管理制度将行业管理的特殊要求进一步细化和具体化，有助于提高行业事业单位管理水平。

《规则》第七十条规定，省、自治区、直辖市人民政府财政部门可以根据本规则结合本地区实际情况制定事业单位具体财务管理办法。《规则》是针对全国事业单位财务活动作出的一般规定，而行业财务管理制度是根据行业特点制定的某一行业的具体规定。我国各地经济发展水平、事业单位情况存在较大差异，势必会存在因省与省之间实际情况不同而产生不同的管理需求。如某省可以根据当地实际情况，制定符合当地事业单位的《xx 省事业单位财务管理办法》。因此，《规则》明确了制定地方事业单位具体财务管理办法的规定，各地根据当地实际情况制定的具体财务管理办法是对《规则》和行业事业单位财务管理制度的必要补充和细化，不得与《规则》和行业事业单位财务管理制度相冲突。

第三章　单位预算管理

预算体现国家的战略和政策，反映政府的活动范围和方向，是推进国家治理体系和治理能力现代化的重要支撑，是宏观调控的重要手段。改进预算管理制度是党的十八届三中全会部署的深化财税体制改革的三大任务之一。党的十八大以来，按照党中央、国务院决策部署，预算管理制度不断改革完善，为建立现代财政制度奠定了坚实基础。现代预算制度是现代财政制度的基础，预算管理制度改革要先行。因此，建立全面规范、公开透明的预算管理制度必然成为改革的首要任务。一系列法律法规、规章制度出台，推动了预算管理制度改革不断向纵深发展，以目标为引领，坚决落实政府“过紧日子”的要求，坚持预算法定，增强预算完整性。加大预算收入统筹力度，规范预算支出管理，建立全面预算绩效管理。构建部门间预算信息互联互通，增强财政预算透明度，强化预算约束机制。对于事业单位预算管理的要求，也随着改革步伐的加快而不断攀升至新的台阶。

《规则》第二章“单位预算管理”共九条内容，对事业单位预算的概念、内容、预算管理办法，以及预算编制原则、方法，预算编制及审批程序、预算执行和决算进行了规定。对照原《规则》，此次修订在保留事业单位预算管理有关规定、政策文件要求基础上，重点贯彻实施财税体制改革精神，贯彻实施预算管理改革的新要求。强化“全口径综合预算要求”，预算单位全部收入支出均要纳入预算管理，未纳入预算的收入不得安排支出，并实行项目库管理。明确提出全面实施预算绩效管理。根据新《预算法》相关条款规则，明确了“预算调整”与“预算调剂”差异，并对预算调剂进行简要表述。根据新《预算法》《预算法实施条例》的要求，强调事业单位预算管理办法要结合事业单位改革要求，完善了预算编制、执行和决算制度。

一、事业单位预算管理的概念

《规则》第七条规定："事业单位预算是指事业单位根据事业发展目标和计划编制的年度财务收支计划。事业单位预算由收入预算和支出预算组成。"

事业单位预算是事业单位财务工作的基本依据，它反映了事业单位一个会计年度财务收支的规模。事业单位要逐步实施全面预算管理，充分利用预算开展各类经济资源的分配、使用、控制和考核等各项管理活动，逐步实现全口径、全过程、全员性预算管理。

二、事业单位预算管理办法

（一）事业单位预算管理办法的主要内容

《规则》第八条第一款规定："国家对事业单位实行核定收支、定额或者定项补助、超支不补、结转和结余按规定使用的预算管理办法。

《规则》第八条第二款规定："定额或者定项补助根据国家有关政策和财力可能，结合事业单位改革要求、事业特点、事业发展目标和计划、事业单位收支及资产状况等确定。定额或者定项补助可以为零。"本款阐述事业单位定额定项补助标准主要考虑以下几方面内容：一是国家政策和财力可能；二是事业单位分类政策、规模特点、发展目标；三是定额定项补助可以为零，即某类事业单位根据相关政策和自身非财政拨款收入情况，不再享受政府补助。

《规则》第八条第三款规定："非财政补助收入大于支出较多的事业单位，可以实行收入上缴办法。具体办法由财政部门会同有关主管部门制定。"即事业单位非财政补助收入较大的事业单位，根据相关政策规定，将采取不同方式，或定额或定项，上缴财政部门。

（二）事业单位预算管理办法修订的主要内容

增加定额或定项补助依据。对照原《规则》第七条第二款规定："定额或者定项补助根据国家有关政策和财力可能，结合事业特点、事业发展目标和计划、事业单位收支及资产状况等确定。定额或者定项补助可以为零。”《规则》第八条第二款增加“结合事业单位改革要求”一条补助依据。主要原因是，根据事业单位分类改革方案，公益一类、公益二类、生产经营类、行政类等不同类型事业单位财政补助政策不同。公益一类，即从事关系国家安全、公共安全、公共教育、公共文化、公共卫生、经济社会秩序和公民基本社会权利的公益服务，不能或不宜由市场配置资源的事业单位提供服务。公益一类事业单位基本上都是通常意义上的全额供给的财政拨款单位；公益二类，即面向全社会提供涉及人民群众普遍需求和经济社会发展需要的公益服务，可部分实现由市场配置资源的事业单位，也就是指有收费职能的事业单位提供服务。这部分事业单位主要是通常意义上的“差额”或者“自收自支”类事业单位集中的类型；生产经营类事业单位是指由国家设立的从事生产经营性活动的事业单位。这类单位的改革去向是全面改制为企业，推向市场，自主经营，自负盈亏；行政类事业单位是指行政监管类和行政辅助类，以及部分行政委托类事业单位，按照政策规定，其职能划归机关，今后不再设立行政类事业单位。综上，因事业单位分类改革要求不同，定额或定项补助政策必然会产生较大差异。

三、事业单位预算编制

《国务院关于进一步深化预算管理制度改革的意见》（国发〔2021〕5号）提出，加强部门和单位预算管理。政府的全部收入和支出都应当依法纳入预算，执行统一的预算管理制度。落实部门和单位预算管理主体责任。因此，事业单位要对预算完整性、规范性、真实性以及执行结果负责。

（一）编制原则

事业单位预算编制是预算管理工作的起点，根据《规则》的规定，结合预算管理制度改革的实践以及各类事业单位特点，总结事业单位编制应主要遵循以下原则。

一是依法依规原则。事业单位编制预算要符合《预算法》《事业单位财务规则》等法律法规要求，要正确体现和贯彻国家有关方针、政策和规章制度，落实“过紧日子”要求，在坚持适度从紧财政政策的前提下，既要保证国家确定的重点，又要兼顾一般。

二是真实可靠原则。事业单位编制预算各类基本信息、各项收支数据务求真实、准确，不主观臆断，不夸大隐瞒。不得编制赤字预算，应稳妥可靠，量入为出，收支平衡，并略有结余。

三是科学合理原则。事业单位编制预算必须程序科学、方法科学，合理安排预算资金。人员工资及机构运转等经费必须优先予以保证。

四是完整统一性原则。事业单位编制预算必须做到应收尽收，不重不漏。将单位的一切财务收支全部反映在预算中，不得打埋伏或在预算之外另留收支项目。并且要按照国家统一设置的预算表格、口径、科目、程序和计算依据，填列有关收支数字指标。

（二）编制方法

《规则》第九条规定：“事业单位参考以前年度预算执行情况，根据预算年度的收入增减因素和措施，以及以前年度结转和结余情况，测算编制收入预算草案；根据事业发展需要与财力可能，测算编制支出预算草案。事业单位预算应当自求收支平衡，不得编制赤字预算。”

1. 预算草案编制前的准备工作。

一是摸清家底，认真核实各项基本数字。事业单位基本信息代表本单位的规模、运营实力和水平，是编制年度预算草案的重要依据之一。主要涉及以下内容：人员情况，编制数和实有人数（包括离退休人数）；财产物资情况，包括房屋面积及价值，公务用车数量及价值，超过一定规模的大型设备数量及价值等基础信息；债权债务情况，债权债务规模、数量，特别是必须厘清重大债权债务的资金来源渠道和支出结构。

二是动态分析，详实梳理近三年预算执行情况。事业单位近三年，特别是上年度预算执行情况是编制本年度预算草案的重要依据之一。预算单位的年度收支计划根据近三年，特别是上年预算执行情况，结合年度收支增减因素、物价、支出标准变化情况进行科学测算。结合年度人员变化、一般性办公设备等资产配置需求测算基本收入支出预算草案，根据年度工作任务、事业发展需求、财力可能测算项目收入支出预算草案。具体来说，需要梳理分析以下几方面内容：根据年度计划，预计全年预算执行数，并完成近三年预算执行情况分析，推测出平均水平；通过因素分析法，科学分析近三年来基本支出和项目支出差异情况。特别是支出标准变化、物价水平变化、人员数量变化、项目工作变化等因素产生的差异，作为编制下一年度预算草案的重要依据；分析近三年预算结转结余资金形成的主要原因，逐步尝试将结转结余资金科学合理地纳入下年度预算草案中；分析财政政策、行业发展政策、事业单位分类改革政策等相关政策变化产生的预算需求差异情况。

三是科学研判，全盘考虑预算需求内容。主要包括事业单位中长期发展规划和年度工作计划；在职人员及离退休人员变化情况；资产配置计划，特别是大型设备购置维修计划；相关政策调整变化情况，特别是财政补助政策，例如人均定额补助标准，定项补助标准等，财政供养政策调整等；事业单位分类改革政策，如根据《事业单位分类改革实施方案》，公立医院、高校将“取消事业单位编制，但保留事业单位性质”。根据这一新政策，下一步将研究如何调整公立医院、高校的预算政策、行业发展政策，如医药卫生体制改革，进一步完善基层医疗卫生机构补偿政策、基本药物、医用耗材招标采购政策等，都将很大程度上影响预算内容。

四是符合要求，科学规范编制预算收支草案。为了规范编制年度预算收支草案，科学提出预算建议数。事业单位应认真研究同级财政部门下发的预算编制有关政策文件，主管部门应积极发挥作用，组织集中培训学习，确保所属事业单位负责预算编制的工作人员尽快熟悉各项预算政策、编制要求，预算收支科目和各个编制表格，熟练使用相关财政一体化管理信息系统等预算编制软件。事业单位财务人员应积极沟通有关业务人员，了解单位事业发展规划、年度工作任务，特别是积极参与项目预算的测算工作，做好业务与财务的协调工作，在财力允许的前提下，切实保障单位事业发展的资金需求。

2. 预算草案编制方法。

事业单位应充分利用关键因素分析法、定额法或定项法等方法，根据本级财政部门要求和需要，采取零基预算编制方法，结合近年实际支出和上年预算执行情况，厉行节约，落实“过紧日子”要求，编制财政三年滚动支出规划和年度部门预算。确保事业单位预算切合实际，满足事业发展需要，有效发挥预算管理在事业单位财务管理中的积极作用。

一是编制零基预算。根据近年来事业单位预算管理改革实施情况，积极采取零基预算法编制事业单位预算草案。所谓零基预算，是指在编制预算时，不考虑以往会计期间所发生的支出（费用）项目或数额，而是以所有的预算支出为零作为出发点，一切从实际需要与财力可能出发，逐项审议预算年度内各项支出（费用）的内容及其开支标准是否合理，结合本年度人事部门审定的人员情况和单位党组（党委）班子审定的年度各项工作任务合理配置资源，在综合平衡的基础上测算编制预算年度指标的方法。零基预算相比基数加增长的基期预算法，依据需求和可能，前期预算执行结果，编制预算草案，科学合理地考虑了事业单位的发展规划和工作任务，将事业单位改革需求纳入预算草案重点依据，克服了“大锅饭”苦乐不均的问题。

二是编制中期财政规则。《国务院关于进一步深化预算管理制度改革的意见》（国发〔2021〕5 号）提出“严格预算编制管理，增强财政预算完整性”，其中一个要求就是加强跨年度预算平衡：即“加强中期财政规划管理，进一步增强与国家发展规划的衔接，强化中期财政规划对年度预算的约束。对各类合规确定的中长期支出事项和跨年度项目，要根据项目预算管理等要求，将全生命周期内对财政支出的影响纳入中期财政规划。地方政府举借债务应当严格落实偿债资金来源，科学测算评估预期偿债收入，合理制定偿债计划，并在中期财政规划中如实反映。鼓励地方结合项目偿债收入情况，建立政府偿债备付金制度。”近年来，中央及地方财政已统筹安排，三年财政滚动支出规划已经同步纳入各年度预算编制工作中。没有纳入三年财政支出规划的，以及没有纳入项目库的项目支出预算的，不能纳入年度预算草案中。

3. 预算草案编制内容。

（1）收入预算草案。

《预算法》规定，未纳入预算的收入将不得安排支出；所有收入均按项目全部纳入项目库进行管理，包括基本支出收入项目；并要反映依法举借债务情况等要求。

事业单位收入预算草案按资金来源划分为财政补助收入预算草案和非财政补助收入预算草案。编制收入预算草案应重点关注以下几个方面的内容：

一是财政补助收入，其中经常性经费补助根据事业单位上个预算年末编制内实有人员情况，房屋、车辆、设备等财产物资实际情况，以及本级财政部门核定的定额或定项补助政策、支出标准进行测算。具体数字来源于经事业单位核实确认，并最终由本级政府人事部门、社会保障部门、国有资产管理部门等相关部门审核后确认的数据。项目经费补助根据事业发展规划和年度工作任务进行测算，对各类合规确定的中长期支出事项和跨年度项目，要根据项目预算管理等要求，将全生命周期内对财政支出的影响纳入中期财政规划以及三年滚动支出财政规划中。事业单位编制项目支出预算申报书，进入部门项目库管理。项目支出预算申报内容主要包括：立项依据、绩效目标、实施计划、资金需求、主管部门评审意见等内容。特别对新增重大投资项目、预算总投资额在 3 000 万元以上（或规定投资额）的项目等符合要求的项目，还需同步上报事前绩效评估结果。

二是非财政补助收入预算草案。主要包括事业收入预算草案和经营收入预算草案、上级补助收入预算草案、附属单位上缴收入预算草案和其他收入预算草案等。事业单位要加强预算管理，对预算完整性、规范性、真实性以及执行结果负责。事业单位全部收入和支出都应当依法纳入预算，执行统一的预算管理制度。这里需要重点强调的是，事业单位收入预算不能只编制财政补助收入，特别是医疗、学校、科研、林业等非财政补助收入占比较大的部门、单位，必须将事业收入等非财政拨款收入全口径纳入预算管理。

事业收入是事业单位开展专业业务活动及其辅助活动所实现的收入。编制事业收入预算草案的重点内容是对有明确的收费项目和收费标准，纳入中央或地方收费（或物价）文件中收费项目，应根据各个收费项目的业务量科学测算事业收入预算草案。其他收费项目，结合年度收费项目工作内容、业务量，以及近三年该项目执行情况合理测算。事业单位取得的按规定应上缴国库或专户的收费项目，不能直接纳入单位预算收入草案中，需根据收费相关政策规定，如上缴国库，根据该项目工作情况，申请财政项目补助经费的，纳入财政补助收入预算草案中。其他按预计核拨事业单位的收入纳入事业预算收入草案。

经营收入，是指事业单位在专业活动及其辅助活动之外开展非独立核算经营活动取得的收入。经营收入区别于事业收入的主要特征为：一是指经营活动取得的，非专业业务活动及其辅助活动取得的收入；二是指非独立核算的经营活动，而不是独立核算的经营活动取得的收入。同时具备上述两个特征的收入才是事业单位经营收入。

上级补助收入，是指事业单位从主管部门或上级单位取得的非财政拨款收入。事业单位应根据主管部门或上级单位的补助标准和任务量测算上级补助收入预算草案。

附属单位上缴收入，是指附属独立核算的事业单位按照有关规定上缴的收入。事业单位应根据规定的上缴比例及所属单位年度业务的开展情况，或附属事业单位上缴定额测算附属单位上缴收入预算草案。

其他收入等收入预算草案，事业单位需根据上年实际执行情况，结合预算年度相关业务工作计划合理测算上述收入预算草案。

（2）支出预算草案。

支出预算草案编制要充分体现以收定支、收支平衡原则。主要包括事业支出、经营支出、对附属单位补助支出以及其他支出等内容组成。编制支出预算草案应重点关注以下四个方面的内容：

一是收入与支出的配比。除经营收入外，事业单位其他的各项收入均可以用于事业支出，在编制事业支出预算草案时可以统筹考虑。

二是区别事业支出与经营支出的关系。经营支出需同时满足两个特征，即属于事业单位开展专业业务活动及其辅助活动以外的支出，事业单位非独立核算的经营活动发生的支出。

三是事业支出预算草案全面纳入项目管理。事业单位要将项目作为部门和单位预算管理的基本单元，预算支出全部以项目形式纳入预算项目库，实施项目全生命周期管理，未纳入预算项目库的项目一律不得安排预算。有关部门负责安排的建设项目，要按规定纳入部门项目库并纳入预算项目库。这里所指的预算项目按照支出性质和用途分为人员类项目、运转类项目和特定目标类项目三类。

人员类项目，是指事业单位有关人员的工资福利支出、对个人和家庭的补助支出项目。应按照人事部门核定的经相关部门批准人数和人员经费的标准（在职职工为人事部门核定，离退休人员由组织部门和社保部门核定）直接测算编制。

运转类项目，是指事业单位为保障其机构自身正常运转、完成日常工作任务所发生的公用经费项目和专项用于大型公用设施、大型专用设备、专业信息系统运行维护等的其他运转类项目。公用经费项目，按照财政部门对事业单位定员定额（或定项）方式管理，以人员编制、实有人员、通用资产等为计算对象，以保障单位日常运转和基本履职需要为目标进行测算编制。其他运转类项目，主要以各类大型专用资产等为计算对象，以保障事业单位管理的大型公用设施、大型专用设备、专业信息系统运行维护等方面的需要为目标进行测算编制。

特定目标类项目，是指事业单位为完成其特定的工作任务和事业发展目标所发生的支出项目。要牢固树立“钱随事走”的理念，提前研究谋划项目，按照中期财政规划管理要求，参照以前年度预算安排及执行等情况，组织项目申报，开展项目评审论证，根据评审报告和相关支出标准，按照效率最优的方法计算项目工作任务成本，进行测算编制。

四是经营支出预算草案、附属单位补助支出预算草案及其他支出预算草案，根据事业单位经营活动内容、其他支出活动项目、对附属单位补助计划等，结合近三年相关预算执行情况合理测算。

4. 预算编制修订的主要内容。

（1）编制预算收支草案。

对照原《规则》第八条，事业单位直接测算编制收入预算和支出预算，《规则》第九条规定："事业单位参考以前年度预算执行情况，根据预算年度的收入增减因素和措施，以及以前年度结转和结余情况，测算编制收入预算草案；根据事业发展需要与财力可能，测算编制支出预算草案。"《规则》增加"草案"两字，这里的"预算草案"，是指各事业单位编制的未经法定程序审查和批准的预算。突出强调部门预算草案经人大批准后，成为了具有法律效应的文件，此时，财政部门将这个预算下达给事业单位，才算形成"批复预算"。人大批准前，事业单位编制的是收支预算"草案"。《规则》第十条规定："事业单位根据财政部门下达的预算控制数编制预算草案，由主管部门审核汇总报财政部门，经法定程序审核批复后执行。"即事业单位依照法定程序提出预算建议数，财政部门依法审核预算建议数，下达预算控制数，事业单位据此编制草案，经主管部门审核汇总报财政部门，财政部门审核汇总形成部门预算草案，经人大批准后批复下达事业单位。

（2）补充预算草案编制依据。

对照原《规则》第九条，《规则》第十条规定："事业单位应当根据国家宏观调控总体要求、年度事业发展目标和计划以及预算编制的规定，提出预算建议数"，保留"事业单位根据年度事业发展目标和计划以及预算编制的规定，提出预算建议数"，增加"事业单位应当根据国家宏观调控总体要求"一项依据，明确事业单位提出预算建议数除依据"本单位年度事业发展目标和计划及预算编制的规定"外，即在"零基预算"的基础上，还应统筹考虑"国家宏观调控总体要求"，并将"国家宏观调控总体要求"放在首位。

四、事业单位预算审批

《规则》第十条规定："事业单位应当根据国家宏观调控总体要求、年度事业发展目标和计划以及预算编制的规定，提出预算建议数，经主管部门审核汇总报财政部门（一级预算单位直接报财政部门，下同）。事业单位根据财政部门下达的预算控制数编制预算草案，由主管部门审核汇总报财政部门，经法定程序审核批复后执行。”

事业单位预算审批流程可根据地方管理需要，由财政部门具体组织实施，可采取“三上三下”“二上二下”等方式开展预算编报审批。

（一）事业单位提出预算建议数（“一上”）

事业单位根据财政部门下达的部门预算编制文件规定表式和要求，按照编制原则和方式、步骤，对照事业发展规划和年度工作目标，逐项梳理本单位基本情况和预算收支。报经事业单位党组（党委）研究审核，形成预算建议数，同时还要编写好预算编制说明书，通过财政一体化管理信息系统上报行政主管部门（一级预算单位直接上报财政部门），行政主管部门审核汇总所属事业单位及本级预算建议数后，上报财政部门审核。

（二）财政部门审核、下达预算控制数（“一下”）

财政部门根据本地区经济发展情况、本地区的财力可能、政府及有关方面政策、文件规定和各部门各单位的实际情况，审核各部门上报的预算建议数，下达各部门各单位的预算控制数。

（三）事业单位编制预算草案（“二上”）

各部门批转财政部门下达的预算控制数。各部门本级、各单位根据财政部门下达的预算控制数，按照轻重缓急的原则，对本部门、本单位的预算建议数进行调整，编制本部门、本单位的预算草案，通过行政主管部门审核汇总上报财政部门。

各地方可根据实际预算管理需求，调整预算编制审批程序。增加“二上”“三下”审批流程。

（四）财政部门批复部门预算（“二下”或“三下”）

财政部门审核并汇总本地区各部门、各单位上报的预算草案，报经人代会批准后，在二十日内向各部门批复预算。各部门应当在接到同级财政部门批复的本部门预算后十五日内向所属各单位批复预算。

五、事业单位预算执行

《预算法》第五十三条规定："各级预算由本级政府组织执行，具体工作由本级政府财政部门负责。各部门、各单位是本部门、本单位的预算执行主体，负责本部门、本单位的预算执行，并对执行结果负责。"因此，预算一经人代会批准，财政部门及时下达各部门、各单位的预算后，财政部门和各部门、各单位应严格按批准的预算执行。

事业单位经主管部门（一级预算单位经财政部门）批复的预算，是年度预算执行的依据。《规则》第十一条规定："事业单位应当严格执行批准的预算。预算执行中，国家对财政补助收入和财政专户管理资金的预算一般不予调剂，确需调剂的，由事业单位报主管部门审核后报财政部门调剂；其他资金确需调剂的，按照国家有关规定办理。"

（一）预算执行的主要内容

1. 分解落实预算指标。各部门、各单位应对批复的预算进行分解，落实到事业单位内部各相关执行部门，根据年度工作计划制定分月用款计划，不得留有未落实的预算。

2. 制定实施预算的各项管理制度和管理办法。明确事业单位法人是预算执行的总负责人，财务部门是预算执行的具体牵头管理部门，各业务部门是本部门执行预算的第一责任人。根据国家和地方、部门、单位的管理规制，建立内部控制制度，制定各种支出控制定额，建立有效的权、责、利相结合的预算管理制度。并应严肃坚持贯彻执行，确保完成事业单位预算。

3. 依法依规组织预算收入。事业单位要认真组织各项收入，必须依照法律、行政法规的规定，做到应收尽收，及时入账。对按规定应上缴国库或财政专户的收入，要及时足额上缴，不得截留、占用或者挪用预算收入。

4. 强化支出管理，真实、准确地反映预算执行情况。各部门、各单位要按照财政部门的要求，严格执行批复的预算。严格执行差旅费、会议费、培训费、公务接待费、出国（境）经费、公车运行经费等国家有关财务规章制度和财经纪律，不得扩大开支范围和开支标准。事业单位要加强预算执行管理，提高执行效率。

5. 加强预算执行分析，提高预算执行效率。事业单位要加强预算执行管理，实现各种资源的优化配置，提高预算资金执行效益。定期对预算执行情况进行检查、分析，建立绩效评价制度。对照本年度的总体目标，分析预算执行中的不正常因素和对预算执行有重大影响的因素和环节，及时发现问题，提出改进措施。在预算执行中不断总结经验教训，厉行节约，反对浪费，切实保障预算高效、有序地执行。

（二）预算调剂

对照原《规则》第十条关于预算调整的有关规定，《规则》对预算调剂作出的规定，是本次修订的主要内容。

1. 对预算调剂作了规定。《预算法》第七十二条对“预算调剂”进行了规定。即“各部门、各单位的预算支出应当按照预算科目执行。严格控制不同预算科目、预算级次或者项目间的预算资金的调剂，确需调剂使用的，按照国务院财政部门的规定办理。”根据这一要求，对照原《规则》第十条规定：“事业单位应当严格执行批准的预算。预算执行中，国家对财政补助收入和财政专户管理资金的预算一般不予调整。”《规则》第十一条规定：“事业单位应当严格执行批准的预算。预算执行中，国家对财政补助收入和财政专户管理资金的预算一般不予调剂”，这里按照《预算法》的要求，将“调整”修改为“调剂”。

同时，《规则》规定，事业单位除财政补助收入和财政专户管理资金外，其他资金确需调剂的，按照国家有关规定办理。

2. 删除原《规则》中关于“预算调整”的内容。对照原《规则》第十条规定：“事业单位应当严格执行批准的预算。预算执行中，国家对财政补助收入和财政专户管理资金的预算一般不予调整。上级下达的事业计划有较大调整，或者根据国家有关政策增加或者减少支出，对预算执行影响较大时，事业单位应当报主管部门审核后报财政部门调整预算；财政补助收入和财政专户管理资金以外部分的预算需要调增或者调减的，由单位自行调整并报主管部门和财政部门备案。”《规则》第十一条作了较大调整，删除“上级下达的事业计划有较大调整，或者根据国家有关政策增加或者减少支出，对预算执行影响较大时，事业单位应当报主管部门审核后报财政部门调整预算；财政补助收入和财政专户管理资金以外部分的预算需要调增或者调减的，由单位自行调整并报主管部门和财政部门备案。”删除这部分内容，主要考虑的是，预算调整必须依法经过立法机构的批准，财政部门不可以随意改变预算的基本格局。有且只有当发生《预算法》第六十七条明确规定的预算调整事项时，即“需要增加或者减少预算总支出的、需要调入预算稳定调节基金的、需要调减预算安排的重点支出数额的、需要增加举借债务数额的。”中央和地方政府通过编制预算调整方案，报各级人民代表大会常务委员会批准后方可调整预算，而且地方各级预算的调整方案经批准后，应由本级政府报上一级政府备案。

3. 正确理解预算调剂与预算调整的区别。预算调剂是对预算结构性变更情形的规范，包括不同预算科目、预算级次或者项目间的预算资金的调剂。确需调剂使用的，由事业单位报主管部门审核后报财政部门调剂。预算调整是预算变更的一种情形，特指需要报本级人大常委会批准的预算变更，明确人大常委会对预算变更范围的界定。

六、事业单位决算管理

《规则》第十二条规定：“事业单位决算是指事业单位预算收支和结余的年度执行结果”，对照原《规则》第十一条规定：“事业单位决算是指事业单位根据预算执行结果编制的年度报告”，将“根据预算执行结果编制的年度报告”改为“预算收支和结余的年度执行结果”，更加明确了决算是预算的执行结果，强调对事业单位预算收、支、余三个方面全过程的管理。《规则》第十三条规定：“事业单位应当按照规定编制年度决算草案，由主管部门审核汇总后报财政部门审批。”对照原《规则》第十二条规定：“事业单位应当按照规定编制年度决算，由主管部门审核汇总后报财政部门审批。”同样增加了“草案”一词，作此修订的原因主要是为了规范决算管理的审批流程。《预算法》第七十八条规定，全国人民代表大会财政经济委员会和各级人代会有关专门委员会，审查财政部和各级政府财政部门上报的决算草案后，向本级人民代表大会常务委员会提出关于本级决算草案的审查结果报告。经相关立法机关批准，并经财政部门批复的决算才能称为事业单位决算。

（一）决算及决算草案的概念

事业单位决算，是指事业单位预算收支和结余的年度执行结果。决算草案，是指各级政府、各部门、各单位编制的未经法定程序审查和批准的预算收支和结余的年度执行结果。决算工作是反映事业单位财务状况和预算收支和结余的年度执行结果总结性书面文件。

（二）决算的内容

1. 决算前的准备。主要包括清理各项收支；核对人员情况、财产物资等单位基本情况；清理检查各项债权债务。

2. 编制决算草案。在做好决算准备工作的基础上，事业单位应按照财政部门的决算年度相关文件要求，及时、真实、准确地编制本部门、本单位的决算报表和决算报表说明及决算分析。《规则》第十四条规定："事业单位应当加强决算审核和分析，保证决算数据的真实、准确，规范决算管理工作。"决算数据的准确性、决算说明的完整性，反映预算收支和结余执行结果，是财政部门评价事业单位运行管理状况、预算绩效情况及预算草案安排的重要依据之一。

3. 决算的批复。财政部门收到经主管部门审核汇总的决算草案后，进行审核汇总，按规定程序报审并通过批准后，将年度决算批复给各部门、各单位。《预算法》第八十条规定："各级决算经批准后，财政部门应当在二十日内向本级各部门批复决算。各部门应当在接到本级政府财政部门批复的本部门决算后十五日内向所属单位批复决算"，同时，《预算法实施条例》第八十八条规定："县级以上地方各级政府应当自本级决算经批准之日起30日内，将本级决算以及下一级政府上报备案的决算汇总，报上一级政府备案；将下一级政府报送备案的决算汇总，报本级人民代表大会常务委员会备案。乡、民族乡、镇政府应当自本级决算经批准之日起30日内，将本级决算报上一级政府备案。"

七、事业单位预算绩效管理

预算绩效管理改革是预算管理制度改革的重点难点内容。预算管理制度改革取得显著成效，全面实施预算绩效管理要求必然提到突出重要日程上来。2018年，中共中央、国务院出台了《关于全面实施预算绩效管理的意见》。

2021 年修订的《全国人民代表大会常务委员会关于加强中央预算审查监督的决定》提出“加强预算绩效的审查监督工作”，将各事业单位实施全面预算绩效管理情况，是否强化事前绩效评估，严格绩效目标管理，完善预算绩效指标体系，是否加强绩效评价结果运用，推进预算绩效信息公开，作为重点审查监督内容。新修订的《审计法》提出审计报告将“重点报告对预算执行及其绩效的审计情况”。为贯彻实施事业单位全面实施预算绩效管理，本轮《规则》的修订，重点增加了预算绩效管理的相关内容。

（一）《规则》的主要变化情况

对照原《规则》，在第二章“预算管理”中增加全面实施预算绩效管理的内容，《规则》第十五条规定：“事业单位应当全面加强预算绩效管理，提高资金使用效益。”增加本条主要考虑以下几个方面的内容：

一是全面实施预算绩效管理是推进国家治理体系和治理能力现代化的内在要求，是深化财税体制改革、建立现代财政制度的重要内容，是优化财政资源配置、提升公共服务质量的关键举措。2018 年，财政部印发了《关于贯彻落实〈中共中央　国务院关于全面实施预算绩效管理的意见〉的通知》（财预〔2018〕167 号），要求各地区、各部门要充分认识贯彻落实全面预算绩效管理的重大意义，结合实际做好实施方案，抓好预算绩效管理的重点环节，加强绩效管理监督问责，并建立健全协调机制，确保全面预算绩效管理工作顺利实施。

二是突出了全面预算绩效管理在预算管理中的重要地位。《国务院关于进一步深化预算管理制度改革的意见》（国发〔2021〕5 号）第十七条提出“推动预算绩效管理提质增效”，对全面实施预算绩效管理工作提出了新的更高的要求；通过加强对预算绩效目标管理，开展预算运行监控工作，组织实施预算绩效评价和评价结果的应用，切实全面加强预算绩效管理，深入推进政府治理和预算管理的深刻变革。加强绩效评价结果应用，将绩效评价结果与完善政策、调整预算安排有机衔接。

三是规范全面预算绩效工作，提高预算资金使用效益的需要。《中共中央　国务院关于全面实施预算绩效管理的意见》中提出要构建全方位预算绩效管理格局、建立全过程预算绩效管理链条、完善全覆盖预算绩效管理体系、健全预算绩效管理制度、硬化预算绩效管理约束等几个方面的实施意见，努力提高预算资金使用效益，切实保障党中央、国务院及各级政府重大战略部署和政策目标如期实现。

（二）事业单位预算绩效管理的主要工作

1. 健全预算绩效标准体系。进一步完善与全面实施预算绩效管理相适应的预算项目设置规范和支出标准体系，推进项目规范化、标准化管理。

2. 开展事前绩效评估。预算单位对重大项目开展事前绩效评估，出具绩效评估报告，并将评估结果作为申请预算的必备要件。

3. 强化绩效目标管理。各单位应设置单位整体支出及项目绩效目标和绩效指标，加大对本部门及所属单位的绩效目标审核力度。

4. 开展绩效运行监控。将绩效实现情况与预期绩效目标进行比较，对目标完成、预算执行、组织实施、资金管理等情况进行分析评判。

5. 全面开展绩效评价与结果应用。通过自评和外部评价相结合的方式，对预算执行情况开展绩效评价。必要时可以引入第三方机构参与绩效评价。健全绩效评价结果反馈制度和绩效问题整改责任制，加强绩效评价结果应用。

6. 加大绩效信息公开力度。

第四章　收入管理

事业单位收入是其完成既定工作任务，实现发展规划目标的重要财力保障。收入管理是事业单位财务管理的重要环节。事业单位要依法依规将取得的各类收入纳入单位预算，未纳入预算的收入不得安排支出。各事业单位应当加强事业收入、经营收入等非财政拨款收入管理，在预算中如实反映非财政拨款收入情况。要加强行政事业性国有资产收入管理，资产出租、处置等收入按规定上缴国库或纳入单位预算。《规则》第三章“收入管理”共四条内容，对收入的概念、内容和管理要求提出了具体规定。对照原《规则》，此次修订基本保留了各项内容。但随着财税体制改革的有序进行，事业单位分类改革的深入推进，相关收入政策不断健全完善，收入管理要求也同步提高。厘清同级财政与本级财政内涵，完善、细化了其他收入内容，增加了“非本级财政补助收入和租金收入明细项。强化事业单位所有收入必须全部纳入预算管理，未纳入预算的收入不得安排支出的收入管理要求。”

一、事业单位收入的概念

《规则》第十六条规定：“收入是指事业单位为开展业务及其他活动依法取得的非偿还性资金。”

1. 收入取得具有目的性。

既包括事业单位为开展业务活动，从财政部门、主管部门或上级单位取得的补助收入，用于弥补相关费用的耗费的补偿，也包括事业单位经法定程序批准从事有偿服务及经营活动取得的事业收入和经营收入，用于弥补成本的耗费。事业单位事业收入和经营收入可以有盈利，但不是为了营利。同时，还包括收到独立核算的附属单位依规上缴的收入。

2. 收入取得具有法规性。

事业单位根据《预算法》和《预算法实施条例》相关条款，结合事业单位分类情况，获得财政补助收入；按照提供行政事业性服务，经批准的收入项目和标准，经法定程序获得事业收入；根据经营许可，依法开展经营活动，支付经营成本，获得经营收入；根据年度工作任务，遵照执行相关法律、法规及规章制度，获得其他收入，等等。

3. 收入渠道具有多样性。

与传统的经费收入相比，事业单位收入是“大口径”收入。既包括与经费收入对应的财政补助收入，也包括非财政补助收入的其他各项收入。如事业收入、经营收入等。

4. 收入性质具有非偿还性。

事业单位的收入是不需要偿还的资金。事业单位根据需要，依据有关规定取得的需要偿还的资金，如应付及暂存款、应缴款等需要偿还债权人和上缴财政部门的不属于事业单位收入。

二、事业单位收入的分类和内容

《规则》第十七条规定，事业单位收入包括：财政补助收入、事业收入、上级补助收入、附属单位上缴收入、经营收入、其他收入。

1. 财政补助收入，即事业单位从本级财政部门取得的各类财政拨款。这里财政补助收入是指事业单位按照预算隶属关系，从本级财政取得的财政拨款。即按照一般公共预算支出功能分类科目下的一般公共服务支出、教育支出、卫生健康支出、住房保障支出等；按照部门预算经济分类科目下的工资福利支出、商品服务支出、对个人和家庭补助支出、其他支出等。

财政补助收入一般用于事业单位的两方面支出，一是基本支出，即为保障其机构正常运转、完成日常工作任务所发生的支出，包括人员经费和公用经费；二是项目支出，是指事业单位为完成其特定的工作任务和事业发展目标所发生的支出。

对照原《规则》，由“本级”改为“同级”，厘清本级财政概念内涵，用词定位更精准。本级是专指本身所在这一级，而同级是指所有具有相等或平行地位的同一级次。即同级包括与本级在内的同一地位的级次。如“××省财政部门”，专指“××省”的各部门所在的财政部门。而“××省级财政”指包括“××省”在内的同省级在一个层级地位上的各个省级财政部门。

2. 事业收入，即事业单位开展专业业务活动及其辅助活动取得的收入。其中：按照国家有关规定应当上缴国库或者财政专户的资金，不计入事业收入；从财政专户核拨给事业单位的资金和经核准不上缴国库或者财政专户的资金，计入事业收入。这里的事业收入根据编制部门核定的职能范围，依据事业发展规划和工作任务开展专业业务活动及其相关的辅助业务活动，依据国务院、财政部相继下发的关于非税收入管理办法、管理规定收取的，经批准确认，或从财政部门依法取得的资金。深入推进非税收入改革，加强政府非税收入管理，是建立科学的财税体制的重要内容，是进一步理顺政府分配关系，健全公共财政职能，实现国家治理体系和治理能力现代化的保障。

3. 上级补助收入，即事业单位从主管部门和上级单位取得的非财政补助收入。这里的上级补助收入不能是来自主管部门或上级单位自身从本级财政收到的补助收入，只能是其非财政补助收入，如事业收入、附属单位上缴收入、其他收入等。

4. 附属单位上缴收入，即事业单位附属独立核算单位按照有关规定上缴的收入。这里的附属单位是指事业单位所属的独立核算的单位，既可以是事业单位，也可以是企业。但事业单位与附属单位根据投资协议、合同，依法从附属单位收到的投资收益不能计入附属单位上缴收入。因债权关系收回附属单位的往来款项，不能计入附属单位上缴收入。

5. 经营收入，即事业单位在专业业务活动及其辅助活动之外开展非独立核算经营活动取得的收入。这里的经营收入是指事业单位开展经营活动取得的收入，而非开展业务活动取得的，需重点关注事业收入与经营收入的区别。另外，事业单位所属的独立核算的单位，开展的经营活动取得的收入，不能纳入该事业单位的经营收入，其按规定从所属单位收取的收入，计入“附属单位上缴收入”。例如，医院附属食堂，是非独立法人单位，则其收入纳入医院账内统一核算，属于医院经营收入；若该食堂为独立法人单位，医院出租场地，引入餐饮机构，为医务人员及患者服务，则其经营收入不能纳入医院核算，医院按租赁合同收取租金收入。

6. 其他收入，即本事业单位取得的，除《规则》第十七条规定的财政补助收入等各项收入以外的收入，具体包括投资收益、利息收入、捐赠收入、非本级财政补助收入、租金收入等。对照原《规则》，这里增加的非本级财政补助收入，是指事业单位取得的来自非本级财政补助以外的财政补助资金。例如，中央部委管理事业单位，根据工作需要，及为地方提供服务情况，收到京外驻在地方财政部门拨入的财政补助收入。另外，增加了“租金收入”，主要是考虑与政府会计准则制度相衔接，《政府会计制度》在财务会计的收入要素核算体系中将“租金收入”单列为一级科目，在预算会计预算收入要素核算体系中的“其他预算收入”科目下设“租金预算收入”明细科目，并明确提出租金预算收入额度较大或业务较多的单位可以单独设置“租金预算收入”科目。因此，《规则》第十七条第六款“其他收入”中增加了“租金收入”。

三、事业单位收入管理的要求

事业单位能否顺利开展各项活动、实现政府交办的各项公益性服务目标、实现中长期事业发展规则，这些都离不开收入。《规则》第十八条规定：“事业单位应当将各项收入全部纳入单位预算，统一核算，统一管理，未纳入预算的收入不得安排支出。”第十九条规定：“事业单位对按照规定上缴国库或者财政专户的资金，应当按照国库集中收缴的有关规定及时足额上缴，不得隐瞒、滞留、截留、占用、挪用、拖欠或坐支。”结合《预算法》《预算法实施条例》等国家陆续印发的法律、法规中相关收入管理的各项规定，总体上看，收入管理要求主要包括以下几方面内容：

（一）收入统管，保证收入全部纳入事业单位财务核算体系

事业单位应当将各项收入全部纳入单位预算，统一管理。由财务部门统一核算，坚决杜绝“小金库”。

事业单位对按照规定上缴国库或者财政专户的资金，应当按照国库集中收缴的有关规定及时足额上缴，不得隐瞒、滞留、截留、占用、挪用、拖欠或坐支。对照原《规则》，《规则》在第十九条中进一步完善了对收费的管理要求，增加不得“占用”和“拖欠”。强调了事业单位必须及时、足额缴纳收费项目资金。

（二）保证收入的合法性与合理性

事业单位必须依法组织各项收入，严格遵守《预算法》《预算法实施条例》《行政事业性收费标准管理办法》等法律法规和规章制度。事业单位各项收入需合理用于事业单位发展需要，符合各项开支标准。根据《财政部关于将按预算外资金管理的收入纳入预算管理的通知》（财预〔2010〕88号）精神，除教育收费外，原预算外收入已全部纳入预算内管理，实现“收支脱钩”。事业单位根据职能要求开展的收费项目相关业务活动所需经费，按项目立项，纳入项目库管理，申请本级政府财政补助。进一步提高收入的合理性，取之得当，用之合理。

（三）正确划分各项收入，依法缴纳各种税费

事业单位各项事业收入有明确概念和含义，但也存在一些问题，容易产生歧义。主要需关注以下几方面：

一是正确划分事业收入与经营收入。区别的重点在于事业单位开展活动的属性。开展主要业务活动及辅助活动则为事业收入，开展经营活动，则为经营收入。

二是正确划分财政补助收入、上级补助收入与非本级财政补助收入。财政补助收入是指从本级财政部门取得的各类财政拨款，年末需与国库对账。上级补助收入是指从主管部门和上级单位收到的非财政补助收入。非本级财政补助收入一般是指从上级或下级财政部门等非本级财政部门取得的各类财政拨款。

（四）依法积极组织收入，不以营利为目的，坚持社会效益与经济效益相统一

事业收入中的收费项目，要根据职能定位和规定程序申请立项，按收费标准和内容组织收入。其他各项收入的取得也需符合国家有关规定。根据事业单位分类改革方案精神，要强化事业单位的公益性，开展业务活动主要是为了实现其职能，完成政府部署的各项任务，实现事业发展规划，必须将社会效益放在第一位，开展活动必须讲求经济效益，必须有成本意识，厉行节约，反对浪费。但注重经济效益，不等于以营利为目标。要实现社会效益与经济效益的协调统一。

（五）加强票据管理

财政票据包括非税收入类票据、结算类票据和公益事业捐赠票据、医疗收费票据、社会团体会费票据等其他财政票据。事业单位应当建立健全票据管理制度，财政票据的领用、发放、使用、保管、核销、销毁及监督检查等活动，都必须遵守《财政票据管理办法》（财政部令第 104 号，2020 年 12 月 3 日修订，2021 年 1 月 1 日起施行）。

四、事业单位收入核算案例

1. 财政补助收入会计核算内容主要包括收到本级财政拨款、因差错更正或使用财政拨款购货退回，年末确认拨款差额、期末或年末结转等业务。

【例 4 -1】某事业单位收到代理银行转来的“授权支付到账通知书”，本月该单位申请的财政授权支付额度为 50 万元，已经下达到代理银行，其中，基本支出拨款 40 万元，项目支出拨款 10 万元，则该单位账务处理如下（明细科目略，以下同）：

财务会计	预算会计
借：零余额账户用款额度　500 000 　贷：财政拨款收入——基本支出　400 000 　　　　　　　　——项目支出　100 000	借：资金结存——零余额账户用款额度 　　　　　　　　500 000 　贷：财政拨款预算收入——基本支出　400 000 　　　　　　　　——项目支出　100 000

【例 4 -2】某事业单位因质量问题，退回本年 8 月份通过财政直接支付方式采购的项目用材料一批。价值 2 万元，材料已入库，尚未使用，则该单位账务处理如下：

财务会计	预算会计
借：财政拨款收入——项目支出　20 000 　贷：库存物品　20 000	借：财政拨款预算收入　20 000 　贷：事业支出　20 000

【例4-3】某事业单位因合同问题，退回上年度12月份通过财政授权支付方式采购的材料一批，价值10万元，则该单位账务处理如下：

财务会计	预算会计
借：财政应返还额度——财政授权支付 100 000 贷：以前年度盈余调整/库存物品等 100 000	借：资金结存——财政应返还额度 100 000 贷：财政拨款结转——年初余额调整 100 000

【例4-4】年末，某事业单位根据本级财政国库部门对账单数据，全年预算指标数350万元。零余额账户余额5 800元，为财政基本支出结转，年末财政注销5 800元，则该单位账务处理如下：

财务会计	预算会计
借：财政应返还额度——财政授权支付 5 800 贷：零余额账户用款额度 5 800	借：资金结存——财政应返还额度 5 800 贷：资金结存——零余额账户用款额度 5 800

【例4-5】沿用［例4-4］。年末，若财政将未支出的5 800元全部收回财政总预算，抵减当年财政拨款，则该单位账务处理如下：

财务会计	预算会计
借：财政拨款收入——基本支出 5 800 贷：零余额账户用款额度 5 800	借：财政拨款预算收入——基本支出 5 800 贷：资金结存——零余额账户用款额度 5 800

2. 事业单位事业收入会计核算的内容主要包括采用财政专户返还方式、采用预收款方式确认、采用应收款方式确认等不同服务提供方式下确认事业收入、期末或年末结转等业务。

【例4-6】某职业技术学院秋季开学，9月2日收到学费收入500万元，款项已经存入银行账户，次日按规定需要全额上缴财政专户，则该单位账务处理如下：

财务会计	预算会计
借：银行存款 5 000 000 贷：应缴财政款——应缴财政专户款 5 000 000	不需处理

财务会计	预算会计
借：应缴财政款——应缴财政专户款 5 000 000 贷：银行存款 5 000 000	不需处理

【例4-7】沿用［例4-6］。该校9月20日收到本级财政核拨事业收入200万元，款已到账，则该单位账务处理如下：

财务会计	预算会计
借：银行存款 2 000 000 贷：事业收入 2 000 000	借：资金结存——货币资金 2 000 000 贷：事业预算收入 2 000 000

【例4-8】某科研院根据合同规定开展某科研项目，合同期3年，合同金额50万元。合同签订后10日内，合作方预付科研项目款20万元，则该单位账务处理如下：

财务会计	预算会计
借：银行存款 200 000 贷：预收账款 200 000	借：资金结存——货币资金 200 000 贷：事业预算收入 200 000

【例4-9】沿用［例4-8］。年末按进度，该单位完成科研任务，按照合同确认收入15万元，则该单位账务处理如下：

财务会计	预算会计
借：预收账款 150 000 贷：事业收入 150 000	不需处理

【例4－10】 沿用［例4－8］［例4－9］。结转当年科研项目收入（假设该单位专项事业收入只此一笔），则该单位账务处理如下：

财务会计	预算会计
借：事业收入 150 000 　贷：本期盈余 150 000	不需处理

财务会计	预算会计
不需处理	借：事业预算收入 200 000 　贷：非财政拨款结转——本年收支结转 200 000

【例4－11】 沿用［例4－8］［例4－9］［例4－10］。该科研项目结题，合作方按合同补付项目款30万元，则该单位账务处理如下：

财务会计	预算会计
借：银行存款 300 000 　贷：应收账款 300 000	借：资金结存——货币资金 300 000 　贷：事业预算收入 300 000

【例4－12】 某医院某日收到门诊现金收入5 000元，则该单位账务处理如下：

财务会计	预算会计
借：库存现金 5 000 　贷：事业收入——医疗收入——门急诊收入 5 000	借：资金结存——货币资金 5 000 　贷：事业预算收入——医疗预算收入——门急诊预算收入 5 000

【例4－13】 某事业单位年末结转事业收入30万元（假设该单位事业收入均不含专项性质资金），则该单位账务处理如下：

财务会计		预算会计	
借：事业收入	300 000	借：事业预算收入	300 000
贷：本期盈余	300 000	贷：其他结余	300 000

3. 上级补助收入会计核算内容主要包括事业单位收到补助以及期末或年末转账等业务。

【例4－14】某单位收入上级单位补助50万元，专项用于聘用专家购房补助经费，则该单位账务处理如下：

财务会计		预算会计	
借：银行存款	500 000	借：资金结存——货币资金	500 000
贷：上级补助收入	500 000	贷：上级补助预算收入	500 000

【例4－15】沿用［例4－14］。年末，该单位收入结转上级补助收入，则该单位账务处理如下：

财务会计		预算会计	
借：上级补助收入	500 000	借：上级补助预算收入	500 000
贷：本期盈余	500 000	贷：非财政拨款结转——本年收支结转	500 000

【例4－16】某事业单位年末结转上级单位补助10万元，该补助不具备限定用途，则该单位账务处理如下：

财务会计		预算会计	
借：上级补助收入	100 000	借：上级补助预算收入	100 000
贷：本期盈余	100 000	贷：其他结余	100 000

4. 附属单位上缴收入会计核算内容主要包括事业单位收到收入以及期末或年末结转等业务。

【例4－17】某事业单位收到附属单位按季度上缴管理费5万元，则该单位账务处理如下：

财务会计	预算会计
借：银行存款 50 000 贷：附属单位上缴收入 50 000	借：资金结存——货币资金 50 000 贷：附属单位上缴预算收入 50 000

【例4－18】 沿用［例4－17］。该事业单位年末结转附属单位上缴收入5万元，则该单位账务处理如下：

财务会计	预算会计
借：附属单位上缴收入 50 000 贷：本期盈余 50 000	借：附属单位上缴预算收入 50 000 贷：其他结余 50 000

5. 经营收入会计核算业务内容主要包括事业单位不同确认方式下收到经营收入以及期末或年末结转等业务。

【例4－19】 某事业单位附设复印室（没有实行独立核算），为用户提供服务。某日，财务科收到现金复印费收入100元，通过微信转账收入220元，款项已经存入银行，则该单位账务处理如下：

财务会计	预算会计
借：库存现金 100 银行存款——微信账户 220 贷：经营收入 320	借：资金结存——货币资金 320 贷：经营预算收入 320

【例4－20】 某检测检验所，对外提供检测服务（没有实行独立核算）。某日，与某长期合作单位签订实验室试剂检测合同，合同金额10万元。按规定，完成检测任务后，合同方支付检测费，则该单位账务处理如下：

财务会计	预算会计
借：银行存款 100 000 贷：应收账款 100 000	借：资金结存——货币资金 100 000 贷：经营预算收入 100 000

【例4－21】 沿用［例4－20］。该检测检验所期末结转经营收入10万元，则该单位账务处理如下：

财务会计		预算会计	
借：经营收入	100 000	借：经营预算收入	100 000
贷：本期盈余	100 000	贷：经营结余	100 000

6. 其他收入会计核算内容主要包括投资收益、利息收入、捐赠收入、非本级财政补助收入、捐赠收入以及诸如现金盘盈收入、无形资产处置（科技成果转化）收入、收回已核销的其他应收款、无法偿付的应付及预收款项、资产置换中的估价增值等其他《规则》中规定范围以外的各项收入的取得，以及这部分收入期末或年末结转等业务。

【例4-22】某事业单位持有的一笔短期国债到期兑付，收回国债投资本息103 800元。其中，短期投资成本10万元，利息3 800元，则该单位账务处理如下：

财务会计		预算会计	
借：银行存款	103 800	借：资金结存——货币资金	103 800
贷：短期投资	100 000	贷：投资支出	100 000
投资收益	3 800	投资预算收益	3 800

【例4-23】沿用［例4-22］。该单位年末结转投资收益，则该单位账务处理如下：

财务会计		预算会计	
借：投资收益	3 800	借：投资预算收益	3 800
贷：本期盈余	3 800	贷：其他结余	3 800

【例4-24】某事业单位6月21日收到基本户银行转来银行利息收据20元，则该单位账务处理如下：

财务会计		预算会计	
借：银行存款	20	借：资金结存——货币资金	20
贷：利息收入	20	贷：其他预算收入——利息收入	20

【例 4－25】 沿用［例 4－24］。该单位年末结转利息收入 192 元，则该单位账务处理如下：

财务会计	预算会计
借：利息收入　192 　贷：本期盈余　192	借：其他预算收入——利息收入　192 　贷：其他结余　192

【例 4－26】 某山区小学接受捐赠电脑一批，账面价值 5 万元，已投入使用，则该单位账务处理如下：

财务会计	预算会计
借：固定资产　50 000 　贷：捐赠收入　50 000	不需处理

【例 4－27】 沿用［例 4－26］。该小学年末结转捐赠收入 5 万元，则该单位账务处理如下：

财务会计	预算会计
借：捐赠收入　50 000 　贷：本期盈余　50 000	不需处理

【例 4－28】 某省 CDC 收到国家 CDC 拨来慢性病防治补助经费 10 万元，用于配合完成属地高血压筛查工作，则该单位账务处理如下：

财务会计	预算会计
借：银行存款　100 000 　贷：非同级财政拨款收入　100 000	借：资金结存——货币资金　100 000 　贷：非同级财政拨款预算收入　100 000

【例 4－29】 沿用［例 4－28］。该单位年末结转非本级财政补助收入 30 万元，则该单位账务处理如下：

财务会计	预算会计
借：非同级财政拨款收入　　300 000 　贷：本期盈余　　300 000	借：非同级财政拨款预算收入　　300 000 　贷：非财政拨款结转——本年收支结转　　300 000

【例4－30】某事业单位1月初经批准出租闲置办公用房2间，年租金4.8万元。6月20日，收到承租方通过银行转账4.8万元，则该单位1～5月账务处理如下：

财务会计	预算会计
借：应收账款　　48 000 　贷：租金收入　　48 000	不需处理

【例4－31】沿用［例4－30］。该单位6月20日收到全年房租4.8万元，则该单位账务处理如下：

财务会计	预算会计
借：银行存款　　48 000 　贷：应收账款　　20 000 　　　预收账款　　24 000 　　　租金收入　　4 000	借：资金结存——货币资金　　48 000 　贷：其他预算收入——租金收入　　48 000

【例4－32】沿用［例4－30］［例4－31］。该单位年末结转租金收入4.8万元，则该单位账务处理如下：

财务会计	预算会计
借：租金收入　　48 000 　贷：本期盈余　　48 000	借：其他预算收入——租金收入　　48 000 　贷：其他结余　　48 000

【例4－33】某事业单位某日现金盘库，现金盘盈20元，无法查明原因，经批准，转入其他收入，则该单位账务处理如下：

财务会计	预算会计
借：库存现金　　20 　　贷：待处理财产损益　　20	借：资金结存——货币资金　　20 　　贷：其他收入——现金盘盈收入　　20

同时：

财务会计	预算会计
借：待处理财产损益　　20 　　贷：其他收入——现金盘盈收入　　20	不需处理

第五章　支出管理

事业单位支出，是指事业单位开展业务及其他活动发生的资金耗费和损失。支出管理是事业单位管理的重要内容。加强事业单位支出管理是厉行节约，反对铺张浪费的要求。规范预算支出管理，推进财政支出标准化是现阶段进一步深化预算管理制度改革的重要举措。《国务院关于进一步深化预算管理制度改革的意见》（国发〔2021〕5号）提出，要推进支出标准体系建设。根据支出政策、项目要素及成本、财力水平等，建立不同行业、不同地区、分类分档的预算项目支出标准体系。根据经济社会发展、物价变动和财力变化等动态调整支出标准。要大力优化财政支出结构，不折不扣地落实“过紧日子”要求，厉行节约办一切事业，建立节约型财政保障机制，精打细算，严控一般性支出。

《规则》第四章“支出管理”共八条内容，对支出的概念、内容和管理要求提出了具体规定。对照原《规则》，此次修订基本保留了各项内容。具体细化了基本支出内容，理顺了项目支出内容。进一步强化了项目库管理内容，提出事业单位支出应符合厉行节约的精神，并规范了专项资金使用情况报告。增加事业单位实行成本核算的规定。

一、事业单位支出的概念

《规则》第二十条规定：“支出是指事业单位开展业务及其他活动发生的资金耗费和损失。”资金耗费是指事业单位履行职能的过程中，为保障机构正常运转和完成工作任务目标所正常消耗的各种财产，如支付货币等；资金损失是事业单位因故造成的财产毁损与损失，如资产盘亏、报废等。

二、事业单位支出的分类和内容

事业单位支出有多种分类方式。根据事业单位支出特点，《规则》第二十一条规定，事业单位支出包括：事业支出、经营支出、对附属单位补助支出、上缴上级支出、其他支出。对每项具体支出，结合支出特点及需求，根据支出的用途，即按照政府预算收支科目的“目”级科目的规定分类，包括工资福利支出中基本工资，津贴补贴等；商品服务支出中办公费、差旅费等，对个人和家庭补助支出中离休费、退休费等；资本性支出中办公设备购置、专用设备购置等；其他支出。

1. 事业支出，即事业单位开展专业业务活动及其辅助活动发生的基本支出和项目支出。基本支出，是指事业单位为保障其单位正常运转、完成日常工作任务所发生的支出，包括人员经费和公用经费；项目支出，是指事业单位为完成其特定的工作任务和事业发展目标所发生的支出。事业支出是事业单位支出最主要内容，重点关注以下几个方面：

（1）事业支出是事业单位最主要的支出，并不与事业收入相对应、匹配。只要与事业单位开展专业业务活动及其辅助活动发生的支出，都属于事业支出范畴。包括了事业单位通过财政补助收入、事业收入、上级补助收入、附属单位上缴收入、其他收入等用于事业发展的支出，等等。事业支出首先分为基本支出和项目支出。再根据支出特点、事项，按政府支出经济分类中部门预算经济分类科目的“目”级科目进行细化。

事业支出并不与事业收入相对应、匹配。说明事业单位开展专业业务活动及其辅助活动资金来源不仅仅是事业收入，更主要是来自财政补助收入，政府投入是事业单位履行职能，完成任务目标，实现事业发展规划的重要保障。这一方面体现了事业单位的公益性，另一方面体现了事业单位不以创收为目的，取得事业收入，更将社会效益放在第一位的收入管理原则。

（2）进一步明确了基本支出与项目支出的概念内涵。对照原《规则》第十九条基本支出的含义，即“基本支出是指事业单位为了保障其正常运转，完成日常工作任务而发生的人员支出和公用支出。项目支出是指事业单位为了完成特定工作任务和事业发展目标，在基本支出之外所发生的支出。”《规则》

第二十一条第一款，进一步明确了基本支出和项目支出的内容，关于基本支出，给出如下定义："基本支出，是指事业单位为保障其单位正常运转，完成日常工作任务所发生的支出，包括人员经费和公用经费"，首先定性基本支出是一项保基本运转、保日常的支出，然后阐明基本支出内容，包括人员经费和公用经费。关于项目支出，规范了项目支出的概念表述。明确指出，"项目支出，是指事业单位为完成其特定的工作任务和事业发展目标所发生的支出"。强调是为特定任务和目标而发生的支出，而不是为此任务和目标而发生的基本支出外的所有支出。这种表述方式理顺了逻辑关系，内涵明晰，不会产生歧义，有利于规范事业单位支出，合理划分基本支出和项目支出，加强支出管理。

2. 经营支出，即事业单位在专业业务活动及其辅助活动之外开展非独立核算经营活动发生的支出。经营支出与经营收入相匹配。事业单位开展非独立核算活动发生的支出，全部纳入经营支出范畴。

3. 对附属单位补助支出，即事业单位用财政补助收入之外的收入对附属单位补助发生的支出。重点关注补助支出的资金不能是事业单位收到的财政补助收入。例如，某事业单位收到主管部门拨付项目补助经费，根据该项目实施方案，支付由附属单位完成的部分工作经费，则不属于对附属单位补助支出。

4. 上缴上级支出，即事业单位按照财政部门和主管部门的规定上缴上级单位的支出。事业单位的非财政补助收入，按照主管部门和本级财政部门规定的政策，按定额或比例上缴上级单位的支出，属于上缴上级支出。但事业单位返还上级单位在其事业支出中垫支的工资、水电费、房租、住房公积金和福利费等各种费用时，应计入相应支出，不能作为上缴上级支出处理。

5. 其他支出，即本条上述规定范围以外的各项支出，包括利息支出、捐赠支出等。事业单位除专业业务及其辅助活动、非独立核算经营活动，对附属单位的补助和上缴上级单位的支出外，根据需要，完成相关任务而发生的支出，纳入其他支出范畴。

三、事业单位支出管理的要求

事业单位是具有公益性质的机构，其支出是为了完成公益性工作目标而发生的，承载着预算管理制度改革的重要内容。随着国家财税体制改革的不断深入推进，国家、社会及事业单位自身，对支出管理的要求越来越高。《规则》用大量篇幅规范事业单位支出管理。对比原《规则》，此次修订，在原有管理要求基础上，提出史上最严支出管理要求。一是实施项目库管理，事业单位各项支出需全部纳入单位预算，并对基本支出实行项目库管理；二是坚决贯彻实施《党政机关厉行节约反对浪费条例》，将"厉行节约"明确写入规则；三是明确将事业单位成本核算纳入支出管理要求，逐步提升事业单位成本管理意识，进一步强调"厉行节约"这一支出管理首要原则和目标。

（一）事业单位的支出应当严格按照批准的支出预算执行，并健全规章制度，监督约束机制

《规则》第二十二条规定："事业单位应当将各项支出全部纳入单位预算，实行项目库管理，建立健全支出管理制度。"这里重点关注以下内容：

一是事业单位应将全部支出纳入预算管理，由财务部门统一核算，没有预算就不能支出。

二是事业单位要合理安排支出预算规模。坚持量入为出原则，积极运用零基预算理念，打破支出固化僵化格局，根据事业发展规划和财力水平，合理确定支出预算规模。

三是事业单位要建立健全规章制度，并严格遵照执行。做好财务管理的基础工作，加强各项支出的日常综合管理，履行支出分级审批手续，完备各项财务报销手续。建立各单项管理制度，例如，差旅、会议、培训、公务接待、设备购置、车辆管理等，各项支出要符合国家和地方财政部门规定的开支范围和开支标准。不得任意扩大开支范围和擅自提高开支标准；国家有关财务规章制度没有统一规定的，由事业单位规定，报主管部门和财政部门备案。要按照批准的支出预算以及规定的开支范围和开支标准合理安排各项支出，坚持禁止无预算、超预算支出，保证人员经费和单位正常运转必需的开支。

四是事业单位所有支出均纳入项目库管理。《国务院关于进一步深化预算管理制度改革的意见》（国发〔2021〕5号）提出，事业单位将项目作为部门和单位预算管理的基本单元，预算支出全部以项目形式纳入预算项目库，实施项目全生命周期管理，未纳入预算项目库的项目一律不得安排预算。有关部门负责安排的建设项目，要按规定纳入部门项目库，并纳入预算项目库。实行项目标准化分类，规范立项依据、实施期限、支出标准、预算需求等要素。基本

支出按照事业单位性质、工作任务和相关财政政策，确定人员经费和公用经费，纳入人员类项目和运转类项目中，实行项目管理。事业单位按照从严从紧、零基预算原则，根据事业单位发展规划，把握轻重缓急顺序，合理编制项目支出预算申报书，纳入滚动支出规划和年度部门预算。

（二）事业单位支出应当厉行节约，增强成本意识，优化支出结构

“厉行节约，反对铺张浪费”是事业单位支出管理一贯坚持的原则。党的十八大以后，中共中央、国务院印发了《党政机关厉行节约反对铺张浪费条例》（以下简称《条例》），进一步强调并细化了厉行节约的原则和可操作性规章制度，并明确要求企事业单位参照执行。《条例》在国内差旅与因公临时出国（境）、公务接待、公务用车、会议活动、办公用房和资源节约等方面明确了应该怎么做，不允许做什么。并且在经费管理、宣传教育、监督检查、责任追究等方面作出了具体规定。为贯彻实施《条例》，《规则》第二十三条规定：“事业单位的支出应当厉行节约，严格执行国家有关财务规章制度规定的开支范围及开支标准”，明确将“厉行节约”写入《规则》条款。因此，事业单位要精打细算、注重“节流”，厉行节约，杜绝铺张浪费、大手大脚花钱的现象，努力争取以较少的资金消耗，完成更多的任务目标。《规则》第二十五条规定：“事业单位应当加强经济核算，可以根据开展业务活动及其他活动的实际需要，实行成本核算。成本核算的具体办法按照国务院财政部门相关规定执行。”成本管理是实现事业单位合理配置资源，降低消耗，实现预算管理目标的有效手段。事业单位应当从优化支出结构入手，科学使用资金，增强成本意识，公益性机构，不以追加利润为目标，但不能没有成本意识，优化支出结构，降低成本也是厉行节约的要求。财政部印发了《事业单位成本核算基本指引》（以下简称《基本指引》）（财会〔2019〕25号），为事业单位开展成本核算提供了基本遵循依据。《基本指引》明确了事业单位成本、成本核算和成本信息的概念、内容。确定了成本核算对象分类，明确了成本项目和范围、规范了成本归集和分配方法。2021 年 11 月，财政部发布了《事业单位成本核算具体指引——公立医院》（财会〔2021〕26 号），后续还将发布高等学校、科研事业单位等具体指引。基本指引和具体指引，以及事业单位制定成本核算管理办法等规章制度，将系统、规范地指导事业单位正确开展成本核算，逐步提高成本管理意识和水平，进而促进预算管理水平跃上一个新台阶。

（三）事业单位应当加强专项资金管理，提高专项资金使用效益和效率

在保障事业单位正常运转的前提下，接受指定任务、完成指定项目是事业单位履行职能的重要工作，对事业单位开展业务活动，实现事业发展目标有着十分重要的意义。如何提高专项资金使用效率和效益是事业单位支出管理的重点内容之一。项目工作种类繁杂多样，部分项目活动代表一定的政府行政活动，因此，项目管理难度大、要求高，项目资金管理是事业单位支出管理的重点、难点内容。应主要关注以下几个方面：

一是建立健全项目入库评审机制和项目滚动管理机制。做实做细项目储备，纳入预算项目库的项目应当按规定完成可行性研究论证、制定具体实施计划等各项前期工作，做到预算一经批准即可实施，并按照轻重缓急等排序，突出保障重点。

二是确保专款专用，单独管理、单独核算。项目支出按经费来源、性质、政府收支分类功能科目进行核算，同时，需按政府收支经济分类项级科目进行明细核算，不得挤占、挪用专项资金。不得随意改变项目内容和扩大项目范围。对因项目执行条件发生变化，项目执行单位发生合并、拆分的，需变更项目实施方案或调整项目执行单位的，需以书面报告形式向主管部门和财政部门提出申请，经批准后作相应调整。如项目完成，项日结余资金应缴回本级财政部门，如需调剂本单位其他相关工作的，同样需以书面报告形式向主管部门和财政部门提出申请，经批准后作相应调整。

三是按照规定报送专项资金使用情况的报告。对照原《规则》，事业单位对取得的专项资金“按照规定向财政部门或者主管部门报送专项资金使用情况；项目完成后，应当报送专项资金支出决算和使用效果的书面报告”调整为“按照规定报送专项资金使用情况的报告”，明确了事业单位要按规定报送专项资金使用情况报告，并接受财政部门或者主管部门检查和验收。《规则》不再具体规定报送的对象和报送的内容。财政部门或主管部门可以委托第三方评价机构对项目资金执行情况和绩效情况进行监督检查。

（四）事业单位应当严格执行国库集中支付制度和政府采购制度

《规则》第二十六条规定：“事业单位应当严格执行国库集中支付制度和政府采购制度等有关规定”。国库集中支付是以国库单一账户体系为基础，以

健全的财政支付信息系统和银行间实时清算系统为依托，支付款项时，由预算单位提出申请，经规定审核机构（国库集中支付执行机构或预算单位）审核后，将资金通过单一账户体系支付给收款人的制度。国库集中支付制度改革是最早出台的财政支出改革内容之一，二十年成功改革经验，有效解决了财政资金层层下拨，环节多、周期长、效率慢的老大难问题，提高了资金使用效益。近年来，随着财政支出改革的深入和财政信息化的推进，财政管理一体化信息系统（一体化管理系统）投入使用，并陆续覆盖了大部分业务，而且涉及财政部门、预算单位及其主管部门。从单项国库集中支付业务，到部门预、决算信息系统，绩效管理系统，下一步将逐步拓展到资产管理信息系统、政府采购管理信息系统。按照财政部整体部署和管理一体化、业务一体化、技术标准化的要求，以统一信息平台为标准，将各系统整合成信息通畅、数据集中、覆盖财政部门和预算单位、所有财政业务和所有财政资金一体化的财政管理系统，将事业单位计划管理、支付管理、政府采购管理、公务卡消费等业务纳入一体化管理，实现了基本业务信息的实时共享。事业单位应加强一体化信息系统的管理使用，建立健全相关规章制度，借力于一体化信息系统，全面及时掌握相关信息，提高工作效率。积极配合主管部门和财政部门推进财政一体化管理，进一步提升财务管理的规范化、信息化、精细化水平。更好地支撑和促进财政管理目标的实现。

政府采购是指各级国家机关、事业单位和团体组织，使用财政性资金采购依法制定的集中采购目录以内的或者采购限额标准以上的货物、工程和服务的行为。事业单位是政府采购的主要主体之一，应细化政府采购预算编制，确保与年度预算相衔接。通过法定的采购方式、采购方法、采购程序，依法依规，合理规范使用公共资金实施采购。事业单位应配合财政部门，积极拓展政府采购政策功能，结合行业特点提出政府采购相关政策需求，推动在政府采购需求标准中嵌入支持创新、绿色发展等政策要求。

财政一体化管理系统整合了包括政府采购在内的各个单项管理系统，完成财政性资金全方位、全过程、全生命周期的管理，实现了预算资金执行过程的实时动态监控。一是可以减少资金流转链条，提高支付速度，提高资金使用效益。二是通过实时动态监控，可以第一时间截停违规资金，有效堵塞管理漏洞，降低预算资金风险。三是信息互联，数据集中，有利于降低管理成本，提高管理工作效率。

（五）事业单位应当加强项目支出预算绩效管理，科学评价项目资金使用效果。逐步提高财政预算绩效目标管理的科学性、规范性和有效性

为着重解决一些地方和部门存在重投入轻管理、重支出轻绩效的意识，绩效激励约束作用不强，绩效评价结果与预算安排和政策调整的挂钩机制尚未建立等问题，《中共中央 国务院关于全面实施预算绩效管理的意见》规划了全方位预算绩效管理格局，项目预算绩效管理是其中一个重要环节。按照财政支出规划和部门预算编制政策，事业单位项目支出必须同步编制绩效目标和绩效指标。新增重大项目还将开展财政事前绩效评估。事业单位要把好绩效评估的入门关。结合事业发展规划和年度工作目标，科学编制绩效目标，认真组织绩效运行监控。通过自评和引入第三方机构参与绩效评价，并将评价结果应用到内部科室年度目标考评中，逐步提升事业单位绩效管理水平和项目资金使用效率和效益。

对照原《规则》第二十六条："事业单位应当加强支出的绩效管理，提高资金使用的有效性"。《规则》将相关内容调整到第一章总则中，纳入第四条事业单位财务管理的主要任务中。将原《规则》总则事业单位财务管理的主要任务中"实施绩效评价"调整为"全面实施绩效管理"，贯彻实施预算管理改革精神，由单一的对预算资金的绩效评价要求，提升到"全面预算绩效管理"要求，增加了绩效管理的广度和深度。全面预算绩效评价贯穿于事业单位预算管理全过程，通过强化全生命周期的绩效管理，优化资源配置，提高预算资金使用效益。

四、事业单位支出核算案例

1. 事业支出会计核算的内容主要包括事业单位为开展专业业务活动及其辅助活动而支付职工薪酬等工资福利支出、对个人和家庭补助支出，购买资产或支付费用等商品服务支出和资本性支出，以及事业支出期末或年末结转等业务。事业支出既包括基本支出，也包括项目支出。

【例 5－1】 某事业单位某日归集当月在职职工工资 50 万元，其中，业务

人员 40 万元，行政人员 10 万元，则该单位账务处理如下：

财务会计	预算会计
借：业务活动费用 400 000 单位管理费用 100 000 贷：应付职工薪酬 500 000	不需处理

【例 5－2】沿用［例 5－1］。12 日，该单位某日实际支付职工工资 49.85 万元，代扣个人所得税 1 500 元，则该单位账务处理如下：

财务会计	预算会计
借：应付职工薪酬 500 000 贷：零余额账户用款额度 498 500 其他应交税费——应交个人所得税 1 500	借：事业支出——财政拨款支出——基本支出 498 500 贷：资金结存——零余额账户用款额度 498 500

【例 5－3】沿用［例 5－1］［例 5－2］。次月 6 日，通过零余额账户上缴个人所得税，则该单位账务处理如下：

财务会计	预算会计
借：其他应交税费—应交个人所得税 1 500 贷：零余额账户用款额度 1 500	借：事业支出——财政拨款支出——基本支出 1 500 贷：资金结存——零余额账户用款额度 1 500

【例 5－4】某单位结算职工张某前往北京参加年度工作会议差旅费 2 560 元，其中，个人公务卡结算往返车费 2 200 元，个人出差补助 360 元，转入职工个人账户，则该单位账务处理如下：

财务会计	预算会计
借：单位管理费用——差旅费 2 560 贷：零余额账户用款额度 2 560	借：事业支出——财政拨款支出——基本支出 2 560 贷：资金结存——零余额账户用款额度 2 560

【例 5－5】某单位购买汽油储值卡 5 万元，则该单位账务处理如下：

财务会计	预算会计
借：库存物品——汽油　50 000 　贷：零余额账户用款额度　50 000	借：事业支出——财政拨款支出 　——基本支出——公车运行维护费 　50 000 　贷：资金结存——零余额账户用款额度 　50 000

【例 5－6】沿用［例 5－5］。该单位结算某月汽油费 8 000 元，根据派车单统计，其中，行政出车用 3 500 元，业务出车用 4 500 元，则该单位账务处理如下：

财务会计	预算会计
借：业务活动费用——公车运行维护费 　4 500 　单位管理费用——公车运行维护费 　3 500 　贷：库存物品——汽油　8 000	不需处理

【例 5－7】某单位计提当月无形资产累计摊销 1 万元，则该单位账务处理如下：

财务会计	预算会计
借：单位管理费用　10 000 　贷：无形资产累计摊销　10 000	不需处理

【例 5－8】某单位预付某项目活动需用试剂款 2 万元，则该单位账务处理如下：

财务会计	预算会计
借：预付账款——某公司　20 000 　贷：零余额账户用款额度　20 000	借：事业支出——财政拨款支出——项目支出 　——其他商品服务支出　20 000 　贷：资金结存——零余额账户用款额度 　20 000

【例5-9】 沿用［例5-8］。收到试剂，实际结算试剂款2.1万元，补付1 000元，则该单位账务处理如下：

财务会计	预算会计
借：库存物品——试剂 21 000 贷：预付账款——某公司 20 000 零余额账户用款额度 1 000	借：事业支出——财政拨款支出——项目支出——其他商品服务支出 1 000 贷：资金结存——零余额账户用款额度 1 000

【例5-10】 沿用［例5-8］。收到试剂，实际结算试剂款1.9万元，当月退回1 000元，则该单位账务处理如下：

财务会计	预算会计
借：库存物品——试剂 19 000 零余额账户用款额度 1 000 贷：预付账款——某公司 20 000	借：资金结存——零余额账户用款额度 1 000 贷：事业支出——财政拨款支出——项目支出——其他商品服务支出 1 000

【例5-11】 沿用［例5-8］。若采购试剂业务发生在年末，次年初收到试剂，实际结算货款1.9万元，退回1 000元，则该单位账务处理如下：

财务会计	预算会计
借：库存物品——试剂 19 000 零余额账户用款额度 1 000 贷：预付账款——某公司 20 000	借：资金结存——零余额账户用款额度 1 000 贷：财政拨款结转——年初余额调整 1 000

【例5-12】 某单位因质量原因退回上月采购项目用材料，价值5万元，已收到供应商退款，则该单位账务处理如下：

财务会计	预算会计
借：零余额账户用款额度 50 000 贷：库存物品——材料 50 000	借：资金结存——零余额账户用款额度 50 000 贷：事业支出——财政拨款支出——项目支出——其他商品服务支出 50 000

【例 5 - 13】沿用［例 5 - 12］。某单位因质量原因退回上月采购项目用材料，价值 5 万元，该材料已领用 2 万元，退款尚未收到，则该单位账务处理如下：

财务会计	预算会计
借：应收账款——某供应商 50 000 贷：库存物品——材料 30 000 业务活动费用 20 000	不需处理

【例 5 - 14】某单位购入办公电脑一批，价值 3 万元，货已收到并付款，则该单位账务处理如下：

财务会计	预算会计
借：固定资产——电脑 30 000 贷：零余额账户用款额度 30 000	借：事业支出——财政拨款支出 ——基本支出——办公设备购置 30 000 贷：资金结存——零余额账户用款额度 30 000

【例 5 - 15】某单位通过直接支付方式支付在建实验楼工程款 50 万元，通过零余额账户结算临时聘用工地值班人员工资 1 万元，则该单位账务处理如下：

财务会计	预算会计
借：在建工程——实验楼 510 000 贷：财政拨款收入——项目支出 500 000 零余额账户用款额度 10 000	借：事业支出——财政拨款支出 ——项目支出——房屋建筑物购建 510 000 贷：财政拨款预算收入 500 000 资金结存——零余额账户用款额度 10 000

【例 5 - 16】某医院购入药品 50 万元，货已收到，款尚未支付，则该单位账务处理如下：

财务会计	预算会计
借：库存物品——药品　500 000 　　贷：应付账款——某公司　500 000	不需处理

【例 5－17】沿用［例 5－16］。该院用银行存款支付购药款 50 万元，则该单位账务处理如下：

财务会计	预算会计
借：应付账款——某公司　500 000 　　贷：银行存款　500 000	借：事业支出——其他资金支出 　　——医疗支出——药品　500 000 　　贷：资金结存——货币资金　500 000

【例 5－18】某事业单位年末结转，业务活动费用 50 万元，单位管理费用 12 万元，则该单位账务处理如下：

财务会计	预算会计
借：本期盈余　620 000 　　贷：业务活动费用　500 000 　　　　单位管理费用　120 000	不需处理

【例 5－19】某事业单位年末结转，事业支出 60 万元，其中，财政拨款支出 50 万元（项目支出 15 万元），非财政拨款支出 10 万元（非专项），则该单位账务处理如下：

财务会计	预算会计
不需处理	借：财政拨款结转——本年收支结转——基本支出结转 　　350 000 　　财政拨款结转——本年收支结转——项目支出结转 　　150 000 　　其他结余　100 000 　　贷：事业支出——财政拨款支出——基本支出　350 000 　　　　事业支出——财政拨款支出——项目支出　150 000 　　　　事业支出——非财政拨款支出——基本支出　100 000

2. 经营支出会计核算内容主要包括事业单位为开展非独立核算经营活动支付职工薪酬、缴纳税款、购买资产、购货退回等相关业务。

【例5－20】某研究所某日归集当月经营人员工资20万元，则该单位账务处理如下：

财务会计	预算会计
借：经营费用　200 000 　贷：应付职工薪酬　200 000	不需处理

【例5－21】沿用［例5－20］。12日，该所发放经营人员工资，并代扣个人所得税500元，则该单位账务处理如下：

财务会计	预算会计
借：应付职工薪酬　200 000 　贷：银行存款　199 500 　　其他应交税费——应交个人所得税　500	借：经营支出——工资　199 500 　贷：资金结存——货币资金　199 500

【例5－22】沿用［例5－20］［例5－21］。次月6日，上缴个人所得税，则该单位账务处理如下：

财务会计	预算会计
借：其他应交税费——应交个人所得税　500 　贷：银行存款　500	借：经营支出——工资　500 　贷：资金结存——货币资金　500

【例5－23】某研究所经计算，本季应当缴纳城建税及教育费附加400元，企业所得税200元，缴纳印花税50元，其他税费忽略不计，则该单位账务处理如下：

财务会计	预算会计
借：经营费用——税费　400 　贷：其他应交税费——应交城建税及教育费附加　400	不需处理

财务会计	预算会计
借：企业所得税 200 　贷：其他应交税费——应交企业所得税 200	不需处理

财务会计	预算会计
借：经营费用——税费 50 　贷：银行存款 50	借：经营支出——税费 50 　贷：资金结存——货币资金 50

【例 5－24】某事业单位计提当月经营活动应分摊固定资产折旧费 2 万元，则该单位账务处理如下：

财务会计	预算会计
借：经营费用——折旧费 20 000 　贷：固定资产累计折旧 20 000	不需处理

【例 5－25】某事业单位年末结转经营费用 100 万元，则该单位账务处理如下：

财务会计	预算会计
借：本期盈余 1 000 000 　贷：经营费用 1 000 000	不需处理

【例 5－26】沿用［例 5－25］。该事业单位年末结转经营支出 85 万元，则该单位账务处理如下：

财务会计	预算会计
不需处理	借：经营结余 850 000 　贷：经营支出 850 000

3. 对附属单位补助支出会计核算内容主要包括事业单位财政拨款收入之外的收入对附属单位的补助业务。

【例 5－27】某事业单位用自有资金对所属独立核算单位补助 10 万元，用于资助其开展设备改造，以银行存款支付，则该单位账务处理如下：

财务会计	预算会计
借：对附属单位补助费用　100 000 　贷：银行存款　100 000	借：对附属单位补助支出　100 000 　贷：资金结存—货币资金　100 000

【例 5－28】 某事业单位用自有资金对所属独立核算单位补助 10 万元，用于资助其开展设备改造，以银行存款支付 80%，其余 2 万元，设备改造完成后支付，则该单位账务处理如下：

财务会计	预算会计
借：对附属单位补助费用　100 000 　贷：其他应付款　20 000 　　银行存款　80 000	借：对附属单位补助支出　80 000 　贷：资金结存——货币资金　80 000

【例 5－29】 沿用［例 5－28］。附属单位完成既定设备改造任务，该事业单位支付 2 万元，则该单位账务处理如下：

财务会计	预算会计
借：其他应付款　20 000 　贷：银行存款　20 000	借：对附属单位补助支出　20 000 　贷：资金结存—货币资金　20 000

【例 5－30】 年末，某事业单位结转对附属单位补助费用 10 万元，则该单位账务处理如下：

财务会计	预算会计
借：本期盈余　100 000 　贷：对附属单位补助费用　100 000	不需处理

【例 5－31】 年末，某事业单位结转对附属单位补助支出 10 万元，则该单位账务处理如下：

财务会计	预算会计
不需处理	借：其他结余 100 000 贷：对附属单位补助支出 100 000

4. 上缴上级支出会计核算内容主要包括事业单位按照财政部门和主管部门的规定上缴上级单位的支出业务。

【例5－32】某事业单位月末按照规定计算应上缴上级费用5万元，次月初，上缴上级单位，则该单位账务处理如下：

财务会计	预算会计
借：上缴上级费用 50 000 贷：其他应付款——上级单位 50 000	不需处理

【例5－33】沿用［例5－32］。该事业单位按规定上缴上级单位费用5万元，则该单位账务处理如下：

财务会计	预算会计
借：其他应付款——上级单位 50 000 贷：银行存款 50 000	借：上缴上级支出 50 000 贷：资金结存—货币资金 50 000

【例5－34】年末，某事业单位结转上缴上级单位费用5万元，则该单位账务处理如下：

财务会计	预算会计
借：本期盈余 50 000 贷：上缴上级费用 50 000	不需处理

【例5－35】年末，某事业单位结转上缴上级单位支出5万元，则该单位账务处理如下：

财务会计	预算会计
不需处理	借：其他结余 50 000 　　贷：上缴上级支出 50 000

5. 其他支出会计核算内容主要包括事业单位支付利息费用、捐赠支出以及相关税费、运输费支付、罚没支出、坏账损失、资产处置净损失支出等业务。

【例 5 -36】 某事业单位因业务发展的需要，经批准从建设银行借入了一笔5 年期的长期借款，该项目已完工，按规定计提本月非建设期间借款利息 4.8 万元，则该单位账务处理如下：

财务会计	预算会计
借：其他费用——利息 48 000 　　贷：应付利息 48 000	不需处理

【例 5 -37】 沿用［例 5 -36］。该单位次月支付本期借款利息 4.8 万元，则该单位账务处理如下：

财务会计	预算会计
借：应付利息 48 000 　　贷：银行存款 48 000	借：其他支出——利息支出 48 000 　　贷：资金结存—货币资金 48 000

【例 5 -38】 某事业单位通过银行存款向某医院捐赠 20 万元，用于为抗击疫情一线医护人员购买防护装备，则该单位账务处理如下：

财务会计	预算会计
借：其他费用——捐赠 200 000 　　贷：银行存款 200 000	借：其他支出——捐赠支出 200 000 　　贷：资金结存——货币资金 200 000

【例 5 -39】 年末，某事业单位坏账准备账面余额 1.5 万元，按照规定对收回后不需上缴财政的应收账款和其他应收款余额为 200 万元，应计提坏账准备 2 万元［假设坏账准备提取比例为 1%，(2 000 000 × 1% = 20 000 元)］，需

补提5 000元，则该单位账务处理如下：

财务会计	预算会计
借：其他费用——坏账损失 5 000 贷：坏账准备——坏账损失 5 000	不需处理

【例5－40】沿用［例5－39］。年末，某事业单位坏账准备账面余额1.5万元，按照规定对收回后不需上缴财政的应收账款和其他应收款余额为100万元，应计提坏账准备1万元［假设坏账准备提取比例为1%，（1 000 000×1%＝10 000元）］，需冲回多提5 000元，则该单位账务处理如下：

财务会计	预算会计
借：坏账准备——坏账损失 5 000 贷：其他费用——坏账损失 5 000	不需处理

【例5－41】某事业单位接到财政监督局处罚通知，根据处罚决算，需上交专项检查罚款1万元，则该单位账务处理如下：

财务会计	预算会计
借：其他费用——罚没 10 000 贷：银行存款 10 000	借：其他支出——罚没支出 10 000 贷：资金结存——货币资金 10 000

【例5－42】某事业单位接受某团体捐赠的设备一批，按规定应当缴纳税费5 000元，并缴税务局，则该单位账务处理如下：

财务会计	预算会计
借：其他费用——相关税费 5 000 贷：零余额账户用款额度 5 000	借：其他支出——相关税费 5 000 贷：资金结存——零余额账户用款额度 5 000

【例5－43】某事业单位经财政批准处置一批报废办公设备，其残值收入200元，处置过程中发生的运输搬运费用和税费300元，收支结清后净损失100元，则该单位账务处理如下：

财务会计	预算会计
借：银行存款　200 　贷：待处理财产损益——处置净收入　200	不需处理

财务会计	预算会计
借：待处理财产损益——处置净收入　300 　贷：银行存款　300	不需处理

财务会计	预算会计
借：资产处置费用　100 　贷：待处理财产损益——处置净收入　100	借：其他支出　100 　贷：资金结存——货币资金　100

【例 5 - 44】 年末，某事业单位结转其他费用余额 1.2 万元，则该单位账务处理如下：

财务会计	预算会计
借：本期盈余　12 000 　贷：其他费用　12 000	不需处理

【例 5 - 45】 年末，某事业单位结转其他支出余额 2 万元，其中，非财政拨款项目支出 1.5 万元，则该单位账务处理如下：

财务会计	预算会计
不需处理	借：其他结余　5 000 　非财政拨款结转—本年收支结转　15 000 　贷：其他支出　20 000

第六章　结转和结余管理

事业单位结转和结余管理是事业单位预算执行管理的重要组成部分。结转和结余情况反映事业单位预算执行情况，资金使用效果，财务管理水平。事业单位要盘活财政存量资金，完善结余资金收回使用机制。新增资产配置要与资产存量挂钩，依法依规编制相关支出预算。《规则》第五章“结转和结余管理”共八条内容，主要对结转和结余的概念和管理提出了具体规定。对照原《规则》，此次修订有相对较大的变化，与政府会计准则制度相衔接，取消了事业基金。《规则》提出要加强非财政拨款结余管理，着重强调要盘活存量资金。《国务院关于进一步深化预算管理制度改革的意见》（国发〔2021〕5 号）提出盘活各类存量资源，其中，首先要盘活财政存量资金，完善结余资金收回使用机制。将结转资金纳入部门预算统筹安排，合理使用。

一、事业单位结转和结余的概念

《规则》第二十八条第一款规定：“结转和结余是指事业单位年度收入与支出相抵后的余额”。

第二款规定：“结转资金是指当年预算已执行但未完成，或者因故未执行，下一年度需要按照原用途继续使用的资金。结余资金是指当年预算工作目标已完成，或者因故终止，当年剩余的资金。经营收支结转和结余应当单独反映”。这里重点关注以下几方面内容：

一是事业单位结转和结余包括事业单位所有收入支出相抵后的余额。不仅指财政拨款结转和结余，还包括非财政拨款结转和结余，经营收支结转结余。按照国库集中支付管理制度，结转结余资金包括国库集中支付结余资金和非国库集中支付结余资金。

二是需要注意区别结转和结余。所谓结转资金，是指当年预算已执行但未完成，或者因故未执行，下一年度需要按照原用途继续使用的资金。而结余资金，是指当年预算工作目标已完成，或者因故终止，当年剩余的资金。也就是说，一方面，不能单独以时间长短判断结转和结余，当年项目目标完成或项目提前终止，尚未列支的预算资金也称为结余资金；另一方面，也不仅仅以目标任务是否完成判断结转和结余，预算批复后连续两年未用完的预算资金，或者因项目实施计划调整，不需要继续支出的预算资金，按照结余资金管理。结转资金和结余资金因性质不同，管理要求也不同。

三是经营收支结转结余应当单独反映。事业单位经营收入与经营支出相抵后的余额，纳入非财政拨款结余中，参与分配，形成积累，可以用于以后补充事业单位专业业务活动及其辅助活动支出。但当年经营收支产生亏损，形成负结余，按规定只能通过以后年度经营活动收支结余来弥补，不能用事业单位其他非财政拨款结余资金弥补经营亏损。

二、事业单位财政拨款结转和结余的管理

《规则》第二十九条规定："财政拨款结转和结余的管理，应当按照国家有关规定执行"。事业单位财政拨款结转和结余实施分级分类单独管理。对照原《规则》第二十九条"财政拨款结转和结余的管理，应当按照同级财政部门的规定执行"。将"同级财政"调整为"国家"，明确提出对结转结余资金管理应按照国家有关规定执行。2010 年以来，财政部先后印发了《财政部关于加强地方财政结余结转资金管理的通知》（财预〔2010〕383 号）、《关于进一步加强地方财政结余结转资金管理的通知》（财预〔2013〕372 号）、《财政部关于印发〈中央部门结转和结余资金管理办法〉的通知》（财预〔2016〕18 号）等政策文件，一方面出台中央部门结转结余资金管理办法，同时，不断加强对地方财政结转结余资金管理的指导。2021 年，《国务院关于进一步深化预算管理制度改革的意见》（国发〔2021〕5 号）对盘活存量资金、完善结余资金收回机制提出了具体要求。因此，《规则》进一步强调，地方各级财政部门在贯彻落实中央文件精神，制定结转结余资金管理具体实施办法时，应严格

遵照国家规定执行。

（一）基本支出结转管理

事业单位年度预算执行结束时，尚未列支的基本支出全部作为结转资金管理，结转下年继续用于基本支出。基本支出结转资金包括人员经费和公用经费结转资金。事业单位应根据定额或定项补助政策编制基本支出预算，根据预算执行情况充分预计和反映基本支出结转资金，并结合结转资金情况统筹安排以后年度基本支出预算。事业单位应牢固树立节约意识，落实“过紧日子”要求，对结转比例较大的单位，应当调整优化经费保障政策。事业单位预算执行中因增人增编需增加基本支出的，应首先通过基本支出结转资金安排，不足部分方可申请本级财政追加预算解决。

（二）项目支出结转结余管理

项目支出结转资金按原批复项目用途继续使用。但是连续两年未使用完的预算资金，作为结余资金管理。

项目支出结余资金原则上由本级财政部门收回。项目原批复执行周期内，没有超过 2 年，但是项目目标完成，或项目提前终止，尚未列支的预算资金，以及项目实施周期内，因实施计划调整，不需要继续支出的预算资金，均属于项目结余资金，原则上由本级财政部门收回，或经主管部门商定由本级财政部门调剂使用。

《国务院办公厅关于改革完善中央财政科研经费管理的若干意见》（国办发〔2021〕32 号）规定，改进结余资金管理。财政补助科研项目完成任务目标并通过综合绩效评价后，结余资金留归项目承担单位使用，统筹安排用于科研活动直接支出，优先考虑原项目团队科研需求，并加强结余资金管理，健全结余资金盘活机制，加快资金使用进度。

三、事业单位非财政拨款结转和结余的管理

《规则》第三十条规定：“非财政拨款结转按照规定结转下一年度继续使用。非财政拨款结余可以按照国家有关规定提取职工福利基金，剩余部分用于

弥补以后年度单位收支差额；国家另有规定的，从其规定。”对照原《规则》，《规则》与政府会计准则制度相衔接，按照《政府会计制度——行政事业单位会计科目和报表》中财务会计和预算会计核算要求，事业单位按规定从本年度非财政拨款结余或经营结余中提取专用基金后的余额转入“累计盈余”和“非财政拨款结余——累计结余”中，不再提取事业基金。新旧会计制度衔接时，原《会计准则》中“事业基金”的概念与《政府会计制度——行政事业单位会计科目和报表》中非财政拨款结余的概念相同，科目余额相应转入财务会计下“累计盈余”，预算会计下“非财政拨款结余”中。因此，事业基金的含义已并入其中，《规则》取消了事业基金。

1. 非财政拨款结转按原定项目内容结转下一年度继续使用。事业单位事业收入、上级补助收入、其他收入属于限定性用途的资金收支结转属于非财政拨款结转资金，需按照原限定性用途继续使用。《规则》第八条第三款规定："非财政补助收入大于支出较多的事业单位，可以实行收入上缴办法。具体办法由财政部门会同有关主管部门制定。”

2. 非财政拨款结余按规定提取职工福利基金后的余额，用于弥补事业单位以后年度收支差额。

四、事业单位结转和结余管理的要求

（一）分类管理，加强核算

事业单位业务活动复杂多样，所有收支应全部纳入预算，明确各项收入支出口径，统一由财务部门核算，应收尽收，按国家规定的开支范围和开支标准如实列支。对不同性质的收支结转和结余，按财政拨款结转和结余、非财政拨款结转和结余及经营收支结转和结余实施分类管理，分别计算，不能随意调整口径，混淆内容。

（二）控制结转资金规模，合理调剂使用

1. 科学、合理编制预算。事业单位应努力提高预算编制的科学性、准确性，认真编制项目实施预算申报书，纳入支出滚动规划，合理安排分年支出计

划，根据实际支出需求编制年度预算。

2. 加强预算执行监督、分析。事业单位应合理加快预算执行进度，及时跟踪预算资金使用情况，定期分析执行中存在的问题和原因，积极采取措施解决。

3. 合理调剂当年预算。对当年批复的预算，年度执行中预计年底将形成结转资金的部分，或预计当年难以支出的部分，除基本建设项目外，事业单位应按照规定程序报经批准后，可调减当年预算或调剂用于其他急需资金的支出。

（三）按照相关政策，及时足额上交结转结余资金

对项目目标完成、项目提前终止或实施计划调整，不需要继续支出的财政拨款结转结余资金，事业单位应及时清理，报主管部门审核后上报本级财政部门，由财政部门发文收回。对结转资金规模较大、占年度支出比重较高的，财政部门可收回部分结转资金。

事业单位应按财政部门收回结转结余资金的文件，区分国库集中支付结转结余资金和非国库集中支付结转结余资金，及时足额将资金上交国库。

五、事业单位结转和结余核算案例

1. 财政拨款结转和结余会计核算分为结转核算和结余核算两部分内容。

（1）财政拨款结转会计核算主要包括三部分内容：一是会计差错更正、以前年度支出收回业务；二是财政拨款调拨业务，具体包括归集调入、归集调出、归集上缴、单位内部调剂；三是年末财政拨款归集结转业务，具体包括本年收支结转和事业单位累计结转，形成滚存积累。

【例 6－1】某事业单位 1 月初，收到代理银行转来授权支付退款通知书，因供应商账户信息错误，退回上年 12 月末采购材料款 2 万元，则该单位账务处理如下：

财务会计	预算会计
借：零余额账户用款额度　20 000 　贷：应付账款　20 000	借：资金结存——零余额账户用款额度 　20 000 　贷：财政拨款结转——年初余额调整　20 000

【例 6－2】沿用［例 6－1］。该事业单位 2 月核对账目发现，错将某项目 2 000 元试剂款当 2 万元汇出（本试剂已使用完毕），但该项目尚未执行完毕。经与供应商沟通，退回 1.8 万元，已收到款项，则该单位账务处理如下：

财务会计	预算会计
借：零余额账户用款额度　18 000 　贷：以前年度盈余调整　18 000	借：资金结存——零余额账户用款额度 　18 000 　贷：财政拨款结转——年初余额调整　18 000

【例 6－3】沿用［例 6－1］［例 6－2］。该单位某项目根据需要调整方案，资金缺口 10 万元，财政部门调剂该部门其他单位结余项目经费 10 万元，则该单位账务处理如下：

财务会计	预算会计
借：银行存款　100 000 　贷：累计盈余　100 000	借：资金结存——货币资金　100 000 　贷：财政拨款结转——归集调入　100 000

【例 6－4】某事业单位 10 月份某项目完成目标任务，结余经费 5 万元，经主管部门同意，报财政部门批准，调剂本部门另一事业单位，则该单位账务处理如下：

财务会计	预算会计
借：累计盈余　50 000 　贷：零余额账户用款额度　50 000	借：财政拨款结转——归集调出　50 000 　贷：资金结存——零余额账户用款额度 　50 000

【例 6－5】某事业单位去年结转某项目补助 2 万元，因职能调整，项目中止，通过本单位零余额账户主动缴回财政部门，则该单位账务处理如下：

财务会计	预算会计
借：累计盈余 20 000 　贷：零余额账户用款额度 20 000	借：财政拨款结转——归集上缴 20 000 　贷：资金结存——零余额账户用款额度 20 000

【例6－6】某事业单位A项目经费缺口5万元，经主管部门同意，报财政部门批准，调剂本单位B项目结余资金5万元用于A项目，则该单位账务处理如下：

财务会计	预算会计
不需处理	借：财政拨款结余——单位内部调剂 50 000 　贷：财政拨款结转——单位内部调剂 50 000

【例6－7】某事业单位年末结账，相关科目余额如下：①“财政拨款预算收入——基本支出拨款”贷方累计发生额300万元；②“财政拨款预算收入——项目支出拨款”贷方累计发生额20万元；③“事业支出——财政拨款支出——基本支出”借方累计发生额298万元；④“事业支出——财政拨款支出——项目支出”借方累计发生额30万元，则该单位账务处理如下：

财务会计	预算会计
不需处理	借：财政拨款预算收入——基本支出 3 000 000 　财政拨款预算收入——项目支出 200 000 　贷：财政拨款结转——本年收支结转——基本支出结转 3 000 000 　　财政拨款结转——本年收支结转——项目支出结转 200 000

财务会计	预算会计
不需处理	借：财政拨款结转——本年收支结转——基本支出结转 2 980 000 　财政拨款结转——本年收支结转——项目支出结转 300 000 　贷：事业支出——财政拨款支出——基本支出 2 980 000 　　事业支出——财政拨款支出——项目支出 300 000

【例 6-8】该事业单位年末结账，冲销“财政拨款结转”各明细科目余额，其中：①“财政拨款结转——年初余额调整”贷方余额 3.3 万元（项目支出结转）；②“财政拨款结转——归集调入”贷方余额 10 万元；③“财政拨款结转——归集调出”借方余额 5 万元；④“财政拨款结转——单位内部调剂”贷方余额 5 万元；⑤“财政拨款结转——归集上缴”借方余额 2 万元；⑥“财政拨款结转——本年收支结转——基本支出结转”贷方余额 2 万元；⑦“财政拨款结转——本年收支结转——项目支出结转”借方余额 10 万元，则该单位账务处理如下：

财务会计	预算会计
不需处理	借：财政拨款结转——本年收支结转——基本支出结转　20 000 财政拨款结转——年初余额调整　33 000 财政拨款结转——归集调入　100 000 财政拨款结转——单位内部调剂　50 000 贷：财政拨款结转——累计结转——基本支出结转　20 000 财政拨款结转——累计结转——项目支出结转　183 000

财务会计	预算会计
不需处理	借：财政拨款结转——累计结转——项目支出结转　170 000 贷：财政拨款结转——归集调出　50 000 财政拨款结转——归集上缴　20 000 财政拨款结转——项目支出结转　100 000

（2）财政拨款结余会计核算内容主要包括事业单位取得的本级财政拨款项目支出结余资金的差错、以前年度支出收回、购货退回业务、资金调整业务，以及结转和滚存的业务。

【例 6-9】某事业单位年末对账，发现将一笔应在 A 项目报账的差旅费 0.5 万元误记入 B 项目下，B 项目已完成任务目标，则该单位账务处理如下：

财务会计	预算会计
不需处理	借：财政拨款结转——年初余额调整　5 000 贷：财政拨款结余——年初余额调整　5 000

【例 6-10】某事业单位 A 项目经费缺口 5 万元，经主管部门同意，报财政部门批准，调剂本单位 B 项目结余资金 5 万元用于 A 项目，则该单位账务处理如下：

财务会计	预算会计
不需处理	借：财政拨款结余——单位内部调剂 50 000 贷：财政拨款结转——单位内部调剂 50 000

【例 6-11】某事业单位按规定，缴回国库结余项目资金 3 万元，则该单位账务处理如下：

财务会计	预算会计
借：累计盈余 30 000 贷：零余额账户用款额度 30 000	借：财政拨款结余——归集上缴 30 000 贷：资金结存——零余额账户用款额度 30 000

【例 6-12】年末，某事业单位“财政拨款结余”各明细科目余额如下：①“财政拨款结余——累计结余”贷方余额 10 万元；②“财政拨款结余——年初余额调整”贷方余额 0.5 万元；③“财政拨款结余——归集上缴”借方余额 3 万元；④“财政拨款结余——单位内部调剂”借方余额 5 万元，结账前对财政拨款结余明细科目进行冲销，则该单位账务处理如下：

财务会计	预算会计
不需处理	借：财政拨款结余——年初余额调整 5 000 贷：财政拨款结余——累计结余 5 000

财务会计	预算会计
不需处理	借：财政拨款结余——累计结余 80 000 贷：财政拨款结余——单位内部调剂 50 000 财政拨款结转——归集上缴 30 000

2. 非财政拨款结转和结余会计核算分为结转核算和结余核算两部分内容。

（1）非财政拨款结转会计核算主要包括三部分内容：一是会计差错更正、以前年度支出收回业务；二是非财政拨款结转的调整业务，具体包括缴回资金、项目间接费用；三是年末结转滚存业务，具体包括本年收支结转和事业单位累计结转。

【例 6 －13】某科研院承担科技厅一项重点课题项目，收到科研经费 50 万元，根据有关规定，该院按 8% 的比例计提科研项目管理费 4 万元，则该单位账务处理如下：

财务会计	预算会计
借：单位管理费用　40 000 　贷：预提费用——项目间接费用或管理费　40 000	借：非财政拨款结转——项目间接费用　40 000 　贷：非财政拨款结余——项目间接费用　40 000

【例 6 －14】某事业单位某项非财政拨款项目因故终止，结转资金 2 万元按规定返还给项目拨款单位。该单位款项已支付，则该单位账务处理如下：

财务会计	预算会计
借：累计盈余　20 000 　贷：银行存款　20 000	借：非财政拨款结转——缴回资金　20 000 　贷：资金结存——货币资金　20 000

（2）非财政拨款结余会计核算主要包括三部分内容：一是会计差错更正、以前年度支出收回业务；二是非财政拨款结余调整业务，具体包括缴回资金、项目间接费用；三是年末结转滚存业务，具体包括本年收支结转和事业单位累计结转。

事业单位经营结余为借方余额时，按规定，不能结转，只能留待以后年度经营收支予以弥补亏损。

【例 6 －15】某事业单位承担科研课题项目结题，通过验收，项目经费结余 3.2 万元，按合同规定留本单位使用，则该单位账务处理如下：

财务会计	预算会计
不需处理	借：非财政拨款结转——累计结转　32 000 　贷：非财政拨款结余——结转转入　32 000

【例 6－16】 某事业单位年终结账，按有关规定提取职工福利基金后，“非财政拨款结余分配”贷方余额 9 万元转入非财政拨款结余，则该单位账务处理如下：

财务会计	预算会计
不需处理	借：非财政拨款结余分配 90 000 贷：非财政拨款结余——累计结余 90 000

【例 6－17】 某事业单位年末结账，本年度经营收支余额为 25 万元，截至上年末经营收支结余为负 10 万元，则该单位账务处理如下：

财务会计	预算会计
借：本期盈余 150 000 贷：本年盈余分配 150 000	借：经营结余 150 000 贷：非财政拨款结余分配——年末结余 150 000

【例 6－18】 沿用［例 6－17］。假设该单位其他结余 2 万元，年末可分配结余合计 17 万元，按 20% 计提职工福利基金，则该单位账务处理如下：

财务会计	预算会计
借：本年盈余分配 34 000 贷：专用基金——职工福利基金 34 000	借：非财政拨款结余分配 34 000 贷：专用结余 34 000

财务会计	预算会计
借：本年盈余分配 136 000 贷：累计盈余 136 000	借：非财政拨款结余分配 136 000 贷：非财政拨款结余——累计结余 136 000

第七章　专用基金管理

《规则》第六章“专用基金管理”共四条内容，规定了专用基金的概念、内容、使用和提取等管理要求。与原《规则》相比，本章对专用基金的组成内容进行了调整，强化了专用基金的管理。一是取消了原《规则》专用基金中的“修购基金”。2019年以前，为适应事业单位固定资产更新和维修不均衡的特点，国家明确规定差额事业单位和自收自支事业单位可以按规定提取修购基金，使事业单位从内部建立起固定资产修缮、购置的稳定资金来源。同时也加强了事业单位的财务管理和成本核算。2019年，事业单位执行政府会计准则制度以后，规定事业单位对固定资产计提折旧，对固定资产的耗费和价值补偿进行了核算，无需再计提修购基金，因此，《规则》取消了专用基金中的“修购基金”；二是强化了对专用基金规模的管理，从提高资金使用效益的角度，强调专用基金应保持合理的规模。单位计提专用基金时，应结合实际需要按规定提取，防止专用基金余额过大，降低资金使用绩效；对专用基金余额较多的单位，可降低提取比例或暂停提取；三是明确将专用基金纳入预算管理，改变了过去专用基金在预算体系之外循环，脱离预算监管的现状。

一、事业单位专用基金的概念

《规则》第三十二条规定：“专用基金是指事业单位按照规定提取或者设置的有专门用途的资金”。事业单位提取或者设置的专用基金主要有：职工福利基金和其他专用基金。

专用基金是事业单位专有的一种资金形态，一般不直接参加单位的业务活动和经营活动。与事业单位其他资金相比，专用基金具有以下特点：

（一）专用基金的取得均有专门规定

专用基金的取得主要有两个来源：一是提取，即按照收入、支出或结余的一定比例提取。如职工福利基金是按照非财政拨款结余的一定比例提取以及按照其他规定提取转入形成。如医疗风险基金是医院和基层医疗卫生机构按照医疗支出的一定比例提取形成的。二是设立，即按照相关规定设立专用基金。如留本基金是高等学校使用捐赠资金设立形成的。

（二）专用基金都有专门的用途

专用基金都有专门的用途和使用范围，除有相关制度规定可以合并使用外，专用基金之间一般不得互相占用。如职工福利基金专门用于单位职工的集体福利设施、集体福利待遇等；医疗风险基金专门用于支付医院购买医疗风险保险和医疗事故赔偿。

（三）专用基金的使用不能取得补偿

专用基金的使用均属于一次性消耗，不能通过支出取得补偿。

专用基金对事业单位的发展发挥了积极的作用。一是专用基金控制和专用的特点，控制了某些支出项目的方向和规模，规范了单位资金的合理使用；二是专用基金需要通过必要积累，满足某方面支出的特点，调动了单位增收节支、“过紧日子”的积极性，增强事业单位职工凝聚力。

二、事业单位专用基金的分类和内容

《规则》第三十三条规定：“专用基金包括职工福利基金和其他专用基金”。目前，事业单位的专用基金包括职工福利基金和科技成果转化基金、医疗风险基金、学生奖助基金、留本基金等其他专用基金。

（一）职工福利基金

《规则》第三十三条规定：“职工福利基金是指按照非财政拨款结余的一定比例提取以及按照其他规定提取转入，用于单位职工的集体福利设施、集体福利待遇等的资金”。

1. 职工福利基金提取方法。

（1）一般事业单位。

职工福利基金提取金额 =（非财政拨款结余 + 经营结余）× 提取比例

非财政拨款结余是指非财政拨款中非项目资金的结余，如银行存款利息的结余等，在会计核算中即为预算会计下“其他结余”科目的余额。经营结余金额在会计核算中即为预算会计下“经营结余”科目的余额。

（2）公立医院、基层医疗卫生机构。

根据《医院执行〈政府会计制度——行政事业单位会计科目和报表〉的补充规定》和《基层医疗卫生机构执行〈政府会计制度——行政事业单位会计科目和报表〉的补充规定》，公立医院及基层医疗卫生机构依据财务会计下医疗盈余（不含财政基本拨款形成的盈余）计算提取职工福利基金。

2. 提取比例的确定。

财政部《关于事业单位提取专用基金比例问题的通知》（财教〔2012〕32号）规定：事业单位职工福利基金的提取比例，在单位年度非财政拨款结余的40%以内确定；中央级事业单位职工福利基金的提取比例，由主管部门会同财政部在单位年度非财政拨款结余的40%以内核定；地方事业单位职工福利基金的提取比例，由省级财政部门参照本通知的有关规定，结合本地实际确定。

事业单位要按照财政部门规定的提取比例提取职工福利基金，提取比例不超过40%。

3. 职工福利基金的使用。

职工福利基金用于单位职工的集体福利设施、集体福利待遇等。职工福利基金与事业单位公用经费中“福利费”的区别：“福利费”主要用于职工个人的福利，如困难补助等；职工福利基金主要用于单位职工的集体福利，如单位浴池、理发室、食堂等支出。

（二）其他专用基金

《规则》第三十三条规定：“其他专用基金是指除职工福利基金外，按照有关规定提取或者设置的专用资金”。事业单位的其他专用基金包括科技成果转化基金、医疗风险基金、留本基金等。

1. 科技成果转化基金。

科技成果转化基金，是指科学事业单位从事业收入中提取，在事业支出的相关科目中列支，以及在经营收支结余中提取转入，用于科技成果转化的资金。事业收入和经营收支结余较少的单位可以不提取科技成果转化基金。

（1）提取方法。

科技成果转化基金提取金额 = 事业收入 × 提取比例 + 经营结余 × 提取比例

上面公式中的事业收入是指科学事业单位从事业收入中扣除从财政部门、主管部门和其他相关部门取得的有指定项目和用途的专项资金后形成的事业收入。

（2）提取比例。

财政部、科技部《关于执行〈科学事业单位财务制度〉有关问题的通知》（财教〔2014〕10 号）规定：自 2013 年 1 月 1 日起，科技成果转化基金仍从事业收入和经营收支结余中提取，但调整计提的基数和列支的科目，即事业收入扣除从财政部门、主管部门和其他相关部门取得的有指定项目和用途的专项资金形成的事业收入后，按照不超过 10% 的比例提取并在事业支出的相关科目中列支；以及按照当年经营收支结余的 10% 提取。

事业单位科技成果转化基金提取比例不超过 10% 。

（3）科技成果转化基金的使用。

科技成果转化基金用于科技成果转化发生的支出。

2. 医疗风险基金。

医疗风险基金，是指医院从医疗支出中计提，专门用于支付医院购买医疗风险保险发生的支出，或实际发生医疗事故赔偿的资金。一般情况下，累计计提比例不超过当年医疗收入的 1‰～3‰。

3. 留本基金。

留本基金是指高等学校等事业单位按照规定，使用捐赠资金建立的具有永久性保留本金或在一定时期内保留本金的限定性基金。保留本金，收益用于支出的资金。

需要说明的是，《规则》取消了专用基金中的“修购基金”。自 1989 年财政部 2 号令规定差额预算管理单位和自收自支管理单位计提修购基金以来，修购基金对满足事业单位设备、仪器的修理和更新需要、强化事业单位成本核算取得了较好的效果。2019 年实行新的政府会计准则制度以后，事业单位在制度转换时补提了以前年度的固定资产折旧，并从 2019 年 1 月 1 日起开始按月计提折旧，不需再提取修购基金。这也与财政部《关于事业单位提取专用基金比例问题的通知》（财教〔2012〕32号）“实行固定资产折旧的事业单位不提取修购基金”的规定相一致。因此，《规则》关于专用基金的规定中删除了有关修购基金的内容。

三、事业单位专用基金管理的要求

（一）专用基金管理的原则

《规则》第三十三条规定：专用基金管理应当遵循先提后用、专款专用的原则，支出不得超出基金规模。

“先提后用”，是指各项专用基金必须根据相关管理规定，通过提取或设立方式，先取得，才能安排使用。

“专款专用”，是指各项专用基金应按照规定的专门用途使用，不得相互挤占、挪用。在会计核算上应单独核算。

“支出不得超出基金规模”，是指事业单位要根据专用基金取得的额度安排支出，量入为出，不能出现赤字，保证资金收支平衡。

（二）专用基金管理要求

1. 收支纳入预算管理。

《规则》第三十四条规定：事业单位应当将专用基金纳入预算管理。《规则》体现预算管理改革精神，规定事业单位应当根据年度发展目标，编制专用基金年度收支计划，将专用基金收支纳入预算管理。

2. 收入结合实际需要，按照规定提取。

《规则》第三十四条规定：事业单位应结合实际需要按照规定提取，保持合理规模，提高使用效益。专用基金余额较多的，应当降低提取比例或者暂停提取。《规则》强化专用基金的管理，从提高专用基金使用效益出发，明确规定事业单位应当按照实际需要提取，保持专用基金合理规模，避免造成资金闲置。具体来说，对专用基金余额较多的事业单位，要求其自行降低专用基金的提取比例或者暂停提取，以保持专用基金的合理规模，提高专用基金使用绩效。

3. 支出符合规定用途。

事业单位各项专用基金均有专门用途，在使用中要严格划清各项专用基金的使用范围，不能串项使用。例如，职工福利基金只能用于单位职工的集体福利设施、集体福利待遇等，不能用来发奖金。事业单位根据事业发展，确需调整专用基金用途的情况，《规则》第三十四条规定："对确需调整用途的，由主管部门会同本级财政部门确定"。《规则》结合实际，为事业单位发展需要调整专用基金用途的情况指出路径，体现了关注专用基金使用效益的宗旨。

4. 基金的提取比例和管理办法。

《规则》第三十五条规定："各项基金的提取比例和管理办法，国家有统一规定的，按照统一规定执行；没有统一规定的，由主管部门会同本级财政部门确定"。《规则》对事业单位提取各项专用基金的具体比例未作明确规定。我国事业单位类型多、分布地域广、所属财政级次多，即使是同一项专用基金，提取比例也不一定相同。例如，职工福利基金的提取比例，中央级事业单位的提取比例，由主管部门会同财政部在单位年度非财政拨款结余的 40% 以内核定；地方事业单位的提取比例，由省级财政部门参照本通知的有关规定，结合本地实际确定。可见，中央级事业单位与地方事业单位提取专用基金的比例不一定相同。所以，《规则》规定了两种方法。

四、事业单位专用基金核算案例

1. 专用基金提取核算的主要内容是根据各项基金的管理办法，按照非财政拨款或收入、支出等的规定比例，计算确认专用基金计提金额。

【例 7－1】 某事业单位年末非财政拨款结余 2 万元，经营结余 10 万元。按照 40% 提取职工福利基金，共计 4.8 万元。该单位应编制如下会计分录：

财务会计	预算会计
借：本年盈余分配　48 000 　贷：专用基金——职工福利基金　48 000	借：非财政拨款结余分配　48 000 　贷：专用结余——职工福利基金　48 000

【例 7－2】某医院实现医疗收入 1 000 万元，按照医疗收入的千分之一提取医疗风险基金 1 万元。该单位应编制如下会计分录：

财务会计	预算会计
借：业务活动费用——计提专用基金　10 000 　贷：专用基金——医疗风险基金　10 000	

【例 7－3】某高校收到校友捐赠 10 万元，用于设置留本基金。该单位应编制如下会计分录：

财务会计	预算会计
借：银行存款　100 000 　贷：专用基金——留本基金　100 000	

2. 专用基金支出核算的主要内容是各项基金的支出，重点关注专用基金购置固定资产、无形资产时，不但要反映基金的减少，还要做净资产科目的再分类。

【例 7－4】某事业单位用职工福利基金购置文体用品，金额 200 元。该单位应编制如下会计分录：

财务会计	预算会计
借：专用基金——职工福利基金　200 　贷：银行存款　200	借：专用结余——职工福利基金　200 　贷：资金结存　200

【例 7－5】某事业单位用职工福利基金购置跑步机 1 台，价值 2 000 元。该单位应编制如下会计分录：

财务会计	预算会计
借：固定资产——跑步机　2 000 　贷：银行存款　2 000 借：专用基金——职工福利基金　2 000 　贷：累计盈余　2 000	借：专用结余——职工福利基金　2 000 　贷：资金结存　2 000

第八章　资 产 管 理

《规则》第七章“资产管理”共十二条内容，规定了事业单位资产的含义、分类及内容、资产配置、日常管理、处置等管理要求。与原《规则》相比，本章与《行政事业性国有资产管理条例》相衔接，增加了事业单位应当明确资产使用人和管理人的岗位职责、设置国有资产台账、汇总编制行政事业性国有资产管理情况报告、定期盘点资产、及时办理资产权属登记等要求，增加了利用国有资产对外投资的程序性要求以及货币性资产损失核销的内容等，并规定事业单位对外投资形成的股权纳入经营性国有资产集中统一监管体系，进一步完善开展国有资产共享共用工作有关内容。

一、事业单位资产的概念

（一）事业单位资产的概念和特征

《规则》第三十六条规定：“资产是指事业单位依法直接支配的各类经济资源”。与原《规则》相比，《规则》对资产定义从“占有或者使用”拓展到“直接支配”。根据《民法典》第二百五十六条规定：“国家举办的事业单位对其直接支配的不动产和动产，享有占有、使用以及依照法律和国务院的有关规定收益、处分的权利”。所以，“直接支配”权利包含并大于占有、使用的权利。

事业单位资产具有以下基本特征：

1. 资产是有价值的经济资源。

资产是能够为事业单位提供服务或带来经济利益流入的有用的经济资源。

一方面表现为事业单位利用资产开展业务活动，提供公共产品和服务以履行政府职能，如办公楼能够为事业单位人员提供办公条件；另一方面表现为事业单位能够借助于资产的运用而在未来获得一定的经济利益，即带来现金及现金等价物的流入，或者现金及现金等价物流出的减少，如房屋出租能够为事业单位带来租金收入；以存货抵账能够减少事业单位的现金流出。

2. 资产由特定的事业单位直接支配使用。

事业单位资产属于行政事业性国有资产。《行政事业性国有资产管理条例》（2021 年国务院令第 738 号）明确规定："行政事业性国有资产属于国家所有，实行政府分级监管、各部门及其所属单位直接支配的管理体制"。也就是说，事业单位资产在法律上的所有权属于国家。事业单位资产的监督管理权属于各级政府，一般由各级政府授权财政部门监管，也有政府授权机关事务管理等其他部门监管的。事业单位对其确认的资产可依法直接支配使用。

3. 资产是由过去的经济业务或事项形成的，能够用货币计量的。

事业单位资产是由过去的交易或事项形成的，能够为事业单位开展业务活动提供服务或能够给单位带来经济流入的经济资源，如房屋、文物、专利、公路等。未来能够形成的经济资源不属于资产，如已列入次年预算的"购置公务车辆"，目前不属于单位资产，待次年购入后，才归属为该单位资产。资产的计量方式多种多样，如价值量、实物量等。只有能够用货币这一共同价值尺度作为计量单位，才能够全面、综合、系统、连续地记录、汇总和分析事业单位整个业务活动和资产管理状况。不能用货币计量的经济资源，难以确认和计量它的价值，不能被确认为资产，如人力资源是事业单位重要的资源，但由于它不能用货币计量，因此，不能确认为企业的资产。

4. 资产的形态多种多样。

事业单位资产的形态多种多样，它可以是有形的实物资产，如车辆、桥梁、材料等，也可以是无形的非实物资产，如专利权、软件使用权、应收账款等；可以是流动的，如短期投资等，也可以是非流动的，如固定资产、在建工程等；可以是货币的，如银行存款、库存现金等，也可以是非货币的，如应收账款、公共基础设施等。凡是能够为事业单位开展业务活动提供服务或能够给事业单位带来经济流入、能够用货币计量、由事业单位控制和使用的经济资源，无论其以何种形态存在，都属于事业单位资产。

（二）事业单位资产的来源

事业单位资产通过以下方式取得或者形成：

1. 使用财政资金形成的资产，是指事业单位根据业务活动需要，履行预算管理等必要的程序，使用财政资金购买的资产。

2. 接受调拨或者划转、置换形成的资产。调拨是指同级政府财政部门根据事业单位需要，将其他单位闲置资产无偿调拨给事业单位的资产；划转是指由于事业单位发生划转、改制、撤销、合并、分立等情况，经主管部门和财政部门批准，划转给事业单位的资产。置换是指事业单位根据业务发展需要，经主管部门和财政部门批准，用单位资产换取所需资产的方式。

3. 接受捐赠形成的资产，是指事业单位接受捐赠取得的资产。

4. 其他国有资产，是指事业单位通过其他方式取得的资产。

（三）事业单位资产的分类

事业单位资产按照流动性，分为流动资产和非流动资产。流动资产是指预计在1年内（含1年）耗用或者可以变现的资产，包括货币资金、短期投资、应收及预付款项、存货等。非流动资产是指流动资产以外的资产，包括固定资产、在建工程、无形资产、长期投资、公共基础设施、政府储备资产、文物文化资产、保障性住房和自然资源资产等。

《规则》第三十七条规定：事业单位的资产包括流动资产、固定资产、在建工程、无形资产、对外投资、公共基础设施、政府储备物资、文物文化资产、保障性住房等。

与原《规则》相比，《规则》中增加了公共基础设施、政府储备物资、文物文化资产和保障性住房的分类。

二、流动资产管理

《规则》第三十七条规定："流动资产是指可以在一年以内变现或者耗用的资产，包括现金、各种存款、应收及预付款项、存货等"。流动资产具有以下特点：一是流动性强，在1年以内（含1年）能够变现。比如现金、各种存款属于完全流动的资产，随时可以用来购置资产、偿还债务、支付费用等；二是价值一次性耗用。一般情况下，流动资产属于一次性消耗，比如存货中的汽油，一经使用，价值一次性转入车辆费用。

（一）现金

现金是指事业单位存放在本单位的现金。主要用于单位的日常零星开支。现金是最富流动性的一种资产，可以立即用来购买商品或服务、偿还债务等。

现金的管理要求：

1. 建立健全单位现金管理内部控制制度。

（1）建立健全现金岗位责任制，做到不相容岗位相分离。

（2）规范现金管理流程。严格按照流程管理现金，做到各司其职、相互制约。

（3）建立现金的定期盘点和账目日清月结制度。

2. 严格遵守《现金管理暂行条例》《现金管理暂行条例实施细则》等现金管理规定。

（1）严格执行开户银行核定的库存现金限额。库存现金限额一般为单位3～5天的日常零星开支所需现金。

（2）严格按照规定的范围和程序使用现金。

一是在如下范围使用现金：职工工资、津贴；个人劳务报酬；根据国家规定颁发给个人的科学技术、文化艺术、体育等各种奖金；各种劳保，福利费用以及国家规定的对个人的其他支出；向个人收购农副产品和其他物资的价款；出差人员必须随身携带的差旅费；结算起点（1 000 元）以下的零星支出和中国人民银行确定需要支付现金的其他支出。

二是超过现金使用限额需要履行必要的审批程序。单位在上述规定范围内支付给个人的款项，超过使用现金限额（1 000 元）部分，除“向个人收购农副产品和其他物资的价款”及“出差人员必须随身携带的差旅费”两项外，均须经开户银行审核后，予以支付现金。

（3）严格遵守现金收支管理规定。

一是现金收入应当于当日送存开户银行。当日送存确有困难的，由开户银行确定送存时间。

二是不得从本单位的现金收入中直接支付（即坐支）现金。特殊情况需要坐支现金的，应当事先报经开户银行审查批准，由开户银行核定坐支范围和限额。

三是从开户银行提取现金，应当写明用途，由本单位财会部门负责人签字盖章，经开户银行审核后，予以支付现金。

四是因采购地点不固定，交通不便，生产或者市场急需，抢险救灾以及其他特殊情况必须使用现金的，单位应当向开户银行提出申请，由本单位财会部门负责人签字盖章，经开户银行审核后，予以支付现金。

（二）各种存款

各种存款是指事业单位存入银行或其他金融机构的各种存款，包括银行存款、微信存款、支付宝存款、外埠存款、银行汇票存款、银行本票存款、信用卡存款等各种货币资金存款。

各种存款的管理要求：

1. 建立健全银行存款内部控制制度。

一是建立健全岗位责任制。单位应当合理设置银行存款管理岗位，明确各岗位职责，确保不相容岗位相互分离。

二是加强银行预留印鉴管理。严禁一人保管全部银行预留印鉴，负责保管印鉴的人员要配置单独的保管设备，并做到人走柜锁。

三是明确银行存款业务办理流程和授权审批权限，不得由一人办理银行存款业务的全过程，严格履行签字或盖章手续。

四是建立银行存款的定期核对和账目日清月结制度。

2. 严格遵守《人民币银行结算账户管理办法》等相关规定。

（1）严格按照规定程序开立、变更和撤销银行存款账户。一是单位只能在银行开立一个基本存款账户；二是开户银行的选择要经单位集体决策。

（2）银行存款账户只供本单位使用，不得出租、出借银行结算账户，不得利用银行结算账户套取银行信用。

（3）加强银行结算票证的管理和使用。一是加强支票管理，不准签发空头支票；二是必须如实填写各种收支款项凭证，不得巧立名目、弄虚作假、套取现金等。

（4）认真及时与银行对账，保证账账相符、账款相符。如果银行存款日记账与银行对账单的余额不符，要及时与银行核对清楚，查明原因。

3. 加强对各种存款资金的管理，及时办理结算，对于逾期尚未办理结算的银行汇票、银行本票等，应按规定及时转回。

（三）应收及预付款项

应收及预付款项是事业单位的债权，是指在开展业务活动中应收未收、按照约定预付或暂时支付待达到一定条件可收回的款项。可以分为应收款项、预付款项和暂付款项。

1. 应收款项是指事业单位在开展业务活动中应收取而未收取的款项。事业单位应收款项包括应收账款、应收票据、应收股利、应收利息、其他应收款等。

（1）应收账款是指事业单位提供服务、销售产品等应收取的款项，以及单位因出租资产、出售物资等应收取的款项。如事业单位为某企业提供科技服务应收而尚未取得的款项。

（2）其他应收款是指事业单位在应收账款、应收票据、应收股利、应收利息以外应收取而未收取的款项。如事业单位支付给其他单位的、可以收回的订金、押金、质量保证金等。

2. 预付款项是指事业单位按照购货、服务合同或协议规定预付给供应单位（或个人）的款项，以及按照合同规定向承包工程的施工企业预付的备料款和工程款。如事业单位购买材料，按照合同约定预付的材料款。

3. 暂付款项。暂付款项是指事业单位临时垫付给其他有关单位或者个人的款项，如垫付的职工差旅费借款，已经偿还银行尚未报销的单位职工公务卡欠款，垫付的水费、电费等。

4. 应收及预付款项的管理要求。

（1）建立健全应收及预付款项内部控制制度，做到岗位职责明确、业务流程清晰、不相容岗位分离。

（2）及时清理应收及预付款项。要严格控制应收及预付款项的额度规模和占用时间，及时进行结算和催收，杜绝长期挂账。

（3）事业单位应当于每年年末，对应收及预付款项进行全面检查。一是发生不能收回的迹象，对收回后不需上缴财政的应收账款、其他应收款，应当计提坏账准备。二是对于账龄超过规定年限、确认无法收回的应收暂付款项，按照规定报经批准后予以核销。核销的应收暂付款项应当在备查簿中保留登记。三是对有确凿证据表明预付账款不再符合预付款项性质，或者因供应单位破产、撤销等原因可能无法收到所购货物、服务的，应当先将其转入其他应收款，再按照规定进行处理。

（四）存货

1. 存货的含义与特征。

《规则》第三十七条第二款规定：“存货是指事业单位在开展业务活动

及其他活动中为耗用或出售而储存的资产，包括材料、燃料、包装物和低值易耗品以及未达到固定资产标准的用具、装具、动植物等”。存货具有以下特征：

（1）事业单位持有存货的目的是为满足业务活动及其他活动的耗用或者出售，如办公用品作为存货，是为了满足日常工作的耗用；医院的自制试剂作为存货，是为了满足出售，保障患者康复。

（2）存货是具有流动性的资产，容易变现。存货处于不断的购置、耗用中，流动性强。

（3）存货的形态多样，既有有形的存货，如低值易耗品；也有无形的，如地质勘察部门的勘查报告等。

（4）存货具有时效性。存货及时耗用，能充分发挥效用，长期不用的存货很可能过保质期或形成积压物资，造成损失。

2. 存货的种类。

存货包括材料、燃料、包装物和低值易耗品以及未达到固定资产标准的用具、装具、动植物等。

（1）材料是指用于制造物品或产品的物质。事业单位的材料经过使用，全部或部分消耗，改变其物质形态或性质的各种原材料，如公路掩护事业单位存储的水泥、沙子等材料。

（2）燃料是指事业单位耗用的各种燃料，如汽油、柴油等。

（3）包装物是指事业单位用来包装产品的容器。

（4）低值易耗品是指单位价值没有达到规定的固定资产标准，价值较低，不属于材料、燃料、包装物性质的物品或器具，如乐团存储的乐器零件等。

（5）其他存货是指没有达到规定的固定资产标准的用具、装具、动植物等，如没有达到固定资产标准的文件柜等。

与原《规则》相比，存货的概念中增加了“事业单位为出售而储存的资产”和“未达到固定资产标准的用具、装具、动植物”，既实事求是地反映了事业单位的存货类别，同时又强化了对其的管理。

3. 存货的管理要求。

存货是事业单位资产的重要组成部分，存货具有种类多、价值小等特点，在日常管理中容易被忽略。存货的管理水平直接关系到事业单位的资金使用效率和资产的配置，因此，要加强存货的管理。

(1) 建立健全存货管理制度。事业单位应当建立健全存货的内部控制制度，明确岗位职责，健全存货的购置、验收入库、保管、领用、发出与使用制度及业务流程，做到不相容岗位相互分离、相互制约、互相监督。

(2) 合理控制存货规模，加强日常管理。存货是事业单位开展业务活动的必要保障。如果存货过多，会造成存货积压或变质，形成损失；如果存货不足，又会影响事业单位业务发展进度，因此，要合理控制单位的存货规模。同时，在日常管理中，又要结合实际采取适当的管理措施，如对于价值高、数量大的存货品类，可进行分类管理，领用时分次计入费用；若存货购入或领用时，一次性计入费用，应设置备查账进行明细核算。对于价值低、数量少的存货，可在存货购入或领用时，一次性计入费用，相对弱化日常管理。

(3) 事业单位应当定期或不定期对存货进行清查盘点，对盘盈盘亏的存货，应及时查明原因，分清责任，按照规定进行处理，并完善单位存货的内部控制制度。

三、固定资产管理

(一) 固定资产的含义与特点

《规则》第四十一条规定："固定资产是指使用期限超过一年，单位价值在1 000 元以上，并在使用过程中基本保持原有物质形态的资产。单位价值虽未达到规定标准，但是耐用时间在一年以上的大批同类物资，作为固定资产管理"。固定资产具有如下特点：

1. 固定资产的使用时间较长。

固定资产必须是使用期限在1年以上、在使用过程中基本保持原有物质形态的资产。固定资产能够多次参与事业单位的业务活动，价值随着资产的消耗程度分期、逐渐转入费用中。

2. 固定资产有明确的单位价值标准。

固定资产的单位价值标准是由国家统一规定，并随着经济社会的发展和物价水平变化不断调整的。《规则》将固定资产单位价值标准确定在1 000 元以上。与原《规则》相比，取消了关于专用设备单位价值标准的特殊规定。固定资产执行统一的单位价值标准，相对于低值易耗品而言，固定资产价值较高。

3. 固定资产的确认实质重于形式。

事业单位批量采购的实物资产，虽然单位价值没有达到固定资产标准，但使用期限超过 1 年，也应作为固定资产管理。如事业单位批量采购的铁皮卷柜、沙发、椅子等。《规则》第四十一条规定："单位价值虽未达到规定标准，但是耐用时间在一年以上的大批同类物资，作为固定资产管理"。

（二）固定资产分类

事业单位固定资产种类繁多，原《规则》在结合 2011 年修订实施的《中华人民共和国国家标准——固定资产分类与代码》和事业单位固定资产管理的实际情况基础上，将事业单位固定资产一般分为六类：房屋及构筑物；专用设备；通用设备；文物和陈列品；图书、档案；家具、用具、装具及动植物。目前仍在遵照执行。

1. 房屋及构筑物，是指事业单位占有和使用的房屋、建筑物以及附属设施。房屋包括业务及管理用房、车库、仓库等；建筑物包括围墙、学校操场、塑胶跑道等；附属设施是指与房屋及构筑物不可分割的配套设施，包括电梯、水暖管道等。

2. 专用设备，是指事业单位根据单位业务特点购置的具有专门用途的设备。如医院的医疗器械、体育局的体育设备、学校的教学设备等。

3. 通用设备，是指事业单位开展业务活动使用的通用性设备，如电脑、车辆、复印机、扫描仪等办公设备。

4. 文物和陈列品，是指事业单位为满足自身业务活动或其他活动需要，依法能够直接支配的各种文物和陈列品。它与文物文化资产的主要区别是：文物文化资产是事业单位监管、满足社会公共需求的文物和陈列品，如故宫博物院的展品；这里的文物和陈列品是事业单位占有使用的、满足单位自身活动需要的文物和陈列品，如事业单位办公室悬挂的字画等。

5. 图书、档案，是指事业单位贮藏的统一管理和使用的图书和档案。包括书籍、文献资料、档案、影像资料、视听资料等。

6. 家具、用具、装具及动植物，是指事业单位可以支配的各种家具、用具、装具及特种用途动物、植物。如办公桌椅、沙发等办公家具等。

另外，事业单位因开展的业务活动类型不同，分属于不同的行业。不同行业对某一项固定资产的管理侧重点和要求会有所不同，如黑板、白板，一般事业单位都将其作为家具、用具管理，而学校则把它作为专用设备管理。因此，以上分类只是对事业单位固定资产进行了一般分类，没有考虑到行业差异，没有对事业单位固定资产按照行业进行分类。《规则》第四十一条第二款规定："行业事业单位的固定资产明细目录由国务院主管部门制定，报国务院财政部门备案"。

（三）固定资产的管理要求

1. 事业单位应建立健全固定资产管理制度。一是明确固定资产购置、处置及日常管理的岗位职责及管理流程，将固定资产管理责任落实到人。二是建立固定资产卡片，详细记载固定资产取得时的有关信息，使用中的大修、出租出借等情况以及处置报废的有关情况等。三是通过固定资产账管理固定资产，及时准确地反映固定资产的原值、折旧、净值情况，并做到账与凭证记载相符、总账与明细账相符、账与实物相符、账与卡片相符、卡片与实物相符，即账证相符、账账相符、账卡相符、账实相符。

在单位固定资产管理制度中，明确"单位价值虽未达到规定标准，但是耐用时间在一年以上的大批同类物资，作为固定资产管理"的实际操作标准，即明确界定"大批同类物资"，一是以购置的数量为标准界定"大批同类物资"，如购置数量在 10 个单位以上的；二是以购置的金额为标准界定"大批同类物资"，如购置支付的金额在 5 万元以上的。无论是购置数量标准，还是购置金额标准，均由各事业单位根据单位实际管理情况确定。

2. 事业单位应当结合行业事业单位的固定资产明细目录规定和本单位实际情况，对单位资产进行分类管理。充分利用信息手段管理固定资产，固定资产变动情况，应及时录入财政资产管理信息系统，确保固定资产账与财政资产管理信息系统数据一致。

3. 事业单位应当定期或不定期对固定资产进行清查盘点，保证账面数与实际盘点数、财政资产管理信息系统数相符。对盘盈盘亏的固定资产，应及时查明原因，分清责任，按照规定进行处理，并及时完善单位固定资产的内部控制制度。对不能用的固定资产，按规定程序处理；对不需用的固定资产，按规定提出处置方案。

四、在建工程管理

（一）在建工程的概念及内容

《规则》第四十二条规定："在建工程是指已经发生必要支出，但尚未达到交付使用状态的建设工程"。事业单位尚未完工的建设项目工程，在实施过程中形成的各项资产都属于在建工程。建设项目工程种类包括固定资产项目工程、信息系统项目工程、公共基础设施项目工程、保障性住房项目工程等。各类项目工程按建设性质分为新建、改建、扩建、恢复重建等，和固定资产的技术改造、大修理及设备更新等。

随着我国经济社会发展水平的提升，国家不断加大对事业单位的基本建设投入，主要用于市场不能有效配置资源的公共基础设施、社会公益服务、农业农村等公共领域建设项目，在稳增长、促改革、调结构、惠民生、防风险以及补齐发展短板、优化供给结构、增强发展后劲等方面发挥着关键作用。这些建设项目工期较长，从项目立项到项目竣工验收交付使用时间一般都在 1 年以上，其间所形成的资产都属于在建工程。

（二）在建工程的管理要求

事业单位应当按照《事业单位财务规则》《政府投资条例》《基本建设财务规则》《基本建设项目建设成本管理规定》和《基本建设项目竣工财务决算管理暂行办法》等相关规定，加强在建工程管理。

1. 在建工程管理应正确执行财务规则。

《规则》第六十五条规定："事业单位基本建设投资的财务管理，应当执行本规则，但国家基本建设投资财务管理制度另有规定的，从其规定"。事业单位在建工程管理，应当做好《规则》与《基本建设财务规则》等相关基本建设财务制度的衔接，因《基本建设财务规则》是在行政、事业单位财务制度体系下对基本建设财务行为的专门规范，所以，单位基本建设财务行为应当执行本《规则》，但国家基本建设投资财务管理制度另有规定的，从其规定。如基本建设项目成本的归集，应执行《基本建设项目建设成本管理规定》。

2. 及时办理资产交付使用、在建工程转其他资产和工程竣工财务决算。

《规则》第四十二条第二款规定："在建工程达到交付使用状态时，应当按照规定办理工程竣工财务决算和资产交付使用，期限最长不得超过1年"。事业单位采用建设方式配置资产的，本款强调了在建工程竣工财务决算和资产交付使用的时限。

（1）在建工程交付使用。

事业单位在建工程项目达到交付使用状态，应履行交工验收或竣工验收程序，验收合格后及时办理资产交付手续，期限最长不得超过1年。

（2）在建工程转固定资产等其他资产。

在建工程交付使用时，应及时办理在建工程转固定资产等其他资产的手续。已交付使用但尚未办理竣工财务决算手续的固定资产、公共基础设施，应当按照估计价值入账，待办理竣工财务决算后再按实际成本调整原来的暂估价值。一是对于建设周期长、建设内容多的大型项目，单项工程已交付使用但尚未办理竣工财务决算手续的，单位应当先按照估计价值将单项工程转为固定资产、公共基础设施。二是对于一项在建工程涉及多项固定资产的，在建工程按照估计价值转固时，单位应当分别确定各项固定资产的估计价值。

估计价值是指在办理竣工财务决算前，单位在建的建设项目工程的实际成本，包括项目建设资金安排的各项支出，以及应付未付的工程价款、职工薪酬等。

（3）在建工程竣工财务决算时限。

一般情况下，在建工程完工达到交付使用状态，或者试运行合格后，或者工程缺陷责任期后，应当在3个月内编报竣工财务决算，特殊情况确需延长的，中小型项目不得超过2个月，大型项目不得超过6个月，明确期限最长不得超过1年。如公路建设项目，交工验收后即可投入使用，但需在2年的工程缺陷责任期后通过竣工验收，方能办理竣工财务决算。

例如：

情形1：某事业单位经批准自建办公用房，8月1日，工程完工达到交付使用状态。

根据规定，首先，该单位应立即履行交工验收程序，验收合格后办理资产交付手续，交付使用，期限最长不得超过1年。其次，办公用房交付使用时，财务核算上应将该项目资产由"在建工程"转入"固定资产"管理。最后，自办公用房交付使用开始计算，3 个月内编报完成竣工财务决算，特殊情况确需延长的，中小型项目不得超过 2 个月，大型项目不得超过 6 个月，期限最长不得超过 1 年。

情形 2：某公路养护事业单位经批准，改建 A 公路项目，9 月 30 日，工程完工达到交付使用状态。

根据规定，首先，该公路养护单位应立即履行交工验收程序，验收合格后办理资产交付手续，该公路交付使用，通车运行，期限最长不得超过 1 年。其次，该公路交付使用时，财务核算上应将该项目资产由“在建工程”转入“公共基础设施”管理。最后，该公路交付使用，经过 2 年的工程缺陷责任期后，3 个月内编报完成竣工财务决算，特殊情况确需延长的，中小型项目不得超过 2 个月，大型项目不得超过 6 个月，期限最长不得超过 1 年。

3. 建立健全单位基本建设财务管理制度和内部控制制度。

4. 按项目管理在建工程。

事业单位按照规定编制项目资金预算，根据批准的项目概（预）算，按照项目分别核算，及时掌握建设进度，定期进行财产物资清查，做好核算资料档案管理。

如事业单位在建工程实行代理记账和项目代建制，代理记账单位和代建单位应当配合项目建设单位做好项目财务管理的基础工作。

与原《规则》相比，《规则》和原《规则》都规定“在建工程达到交付使用状态时，应当按照规定办理工程竣工财务决算和资产交付使用”，但《规则》增加了“期限最长不得超过 1 年”的规定。

五、无形资产管理

（一）无形资产的概念及特点

《规则》第四十三条规定：“无形资产是指不具有实物形态而能为使用者提供某种权利的资产，包括专利权、商标权、著作权、土地使用权、非专利技术以及其他财产权利”。无形资产具有以下特点：

1. 无形资产不具有实物形态。

无形资产是没有实物形态的资产，这与固定资产等有实物形态的资产形成鲜明的对比，它没有具体的物质实体，通常表现为事业单位所拥有的一种权利，如专利权、商标权、著作权、土地使用权、非专利技术等。

2. 无形资产可为事业单位带来经济利益流入或服务潜力。

无形资产是能为使用者提供某种权利的资产，能够单独或者与相关合同、资产或负债一起，用于出售、转移、授予许可、租赁或者交换，为事业单位带来经济利益。如事业单位转让专利权，能够为单位带来收入。

（二）无形资产的类别

无形资产包括专利权、商标权、著作权、土地使用权、非专利技术以及其他财产权利。

1. 专利权，是指国家专利管理部门依法向发明人授予的在一定期限内生产、销售或以其他方式使用发明的排他权利。专利权分为发明专利权、实用新型专利权和外观设计专利权三种。专利权被授予后，任何单位或者个人未经专利权人许可，都不得实施其专利。事业单位的发明专利，对国家利益或者公共利益具有重大意义的，国务院有关主管部门和省、自治区、直辖市人民政府报经国务院批准，可以决定在批准的范围内推广应用，允许指定的单位实施，由实施单位按照国家规定向专利权人支付使用费。

2. 商标权，是指经政府相关部门核准注册的、专门在某种商品或劳务上使用特殊标记的权利。注册商标包括商品商标、服务商标和集体商标、证明商标；商标注册人享有商标专用权，受法律保护。

按照《中华人民共和国商标法》的规定，注册商标可以转让或许可他人使用。转让注册商标的，转让的是商标专用权；许可他人使用注册商标的，许可的是注册商标的使用权，这种使用权也称为特许权。

3. 著作权，也称版权，是指作者对自己的文学、艺术和科学创作作品依法享有的人身权和财产权的民事权利。中国公民、法人或者非法人组织的作品，不论是否发表，依照本法享有著作权。著作权包括下列人身权和财产权：发表权、署名权、修改权、保护作品完整权、复制权、发行权、出租权、展览权、表演权、放映权、广播权、信息网络传播权、摄制权、改编权、翻译权、汇编权和应当由著作权人享有的其他权利。著作权人可以转让或许可他人行使著作权。

4. 土地使用权，是指事业单位依照法定程序或依约定对国有土地或农民集体土地所享有的占有、利用、收益和有限处分的权利。事业单位土地使用权一般通过划拨方式取得，可以依法转让。

5. 非专利技术，也称专有技术，是指事业单位在开展业务活动中已采用了的、不享有法律保护，能够为单位带来经济利益或服务的各种技术和经验。如独特的设计、造型、计算公式、软件等。非专利技术包括未申请专利的技术成果、未授予专利权的技术成果和专利法规定不授予专利权的技术成果。

非专利技术不受法律保护，需要事业单位通过自我保密，不对外公开方式维护其独占权。非专利技术除单位自己使用外，可以转让、对外投资。

6. 其他财产权利，是指事业单位享有的除专利权、商标权、著作权、土地使用权和非专利技术以外，占有和使用的其他无形资产权利。如收费公路经营权等。

（三）无形资产的管理要求

1. 建立健全单位无形资产管理制度和内部控制制度。明确岗位职责，将无形资产的管理责任落实到人。

2. 做好无形资产的保护。事业单位要通过加强自身管理，做好无形资产的保护。一是充分利用法律保护，如及时对发明创造申请专利、及时对商标申请注册等；二是加强对非专利技术的自我保护，如采取从制度和程序上强化单位自我保密、拒绝对外公开非专利技术等方式。

3. 正确核算单位无形资产。事业单位取得的无形资产要及时入账核算，并特别关注以下两点：一是事业单位自行研究开发项目最终形成无形资产的，开发阶段的支出应当确认为无形资产，包括从事研究开发及其辅助活动人员计提的薪酬，研发活动领用的库存物品，研发活动使用的固定资产和无形资产计提的折旧和摊销，为研发活动支付的其他各类费用等；按法律程序申请无形资产过程中发生的注册费、聘请律师费等费用确认为无形资产。二是事业单位自创商誉及内部产生的品牌、报刊名等，不应确认为无形资产。

4. 事业单位转让无形资产取得的收入、取得无形资产发生的支出，应当按照国家有关规定处理。这是《规则》第四十三条第二款的规定，与原《规则》相比，也是新增加的规定。

六、对外投资管理

（一）对外投资的含义

《规则》第四十四条规定："对外投资是指事业单位依法利用货币资金、实物、无形资产等方式向其他单位的投资"。事业单位是用国有资产对外投资，被投资单位可以是企业，也可以是事业单位。对外投资的目的是为了事业发展和实现国有资产保值增值。对外投资按照形成的权力分为债权投资和股权投资；按照投资持有时间是否超过 1 年（含 1 年），分为短期投资和长期投资。

以下投资不属于事业单位对外投资：

1. 事业单位根据国务院和地方人民政府授权、代表本级人民政府对国家出资企业履行出资人职责的单位，与其履行出资人职责的国家出资企业之间不存在股权投资关系，其履行出资人职责的行为不作为单位的对外投资进行处理。

2. 事业单位按规定出资成立非营利法人单位，如事业单位、社会团体、基金会等，不作为单位的对外投资进行处理。单位应当对出资成立的非营利法人单位设置备查簿进行登记。

（二）对外投资的管理要求

《规则》第四十四条第二款规定："事业单位应当严格控制对外投资。利用国有资产对外投资应当有利于事业发展和实现国有资产保值增值，符合国家有关规定，经可行性研究和集体决策，按照规定的权限和程序进行。事业单位不得使用财政拨款及其结余进行对外投资，不得从事股票、期货、基金、企业债券等投资，国家另有规定的除外"。对事业单位对外投资提出明确要求：

1. 事业单位应当严格控制对外投资行为。事业单位主要从事公益性活动，向社会提供公共产品和公共服务，不以盈利为目的，注重社会效应。而对外投资属于经营行为，不属于事业单位发展方向。因此，事业单位应当严格控制对外投资行为。

2. 事业单位对外投资应当有利于事业发展和实现国有资产保值增值。事业单位的资产属于国有资产，事业单位国有资产是事业单位履行职能，保障事业单位正常运转以及提供公共服务的物质基础，不宜用于对外投资。但从事业单位对外投资的实际情况看，一些事业单位需要通过对外投资实现其资产的价值，如事业单位的科技成果转化，既能将科技成果应用于社会生产实践中，又能实现事业单位国有资产保值增值，这也是国家支持的方向。

3. 事业单位对外投资应当履行规定的审批程序。事业单位利用国有资产对外投资，应当对投资进行可行性研究，并经集体决策后，按照规定报经主管部门审核、财政部门审批后执行。利用非货币性资产进行对外投资的，应当严格履行资产评估程序，法律另有规定的，从其规定。

4. 严格控制对外投资资金来源和投资方向。一是在资金来源上，事业单位不得使用财政拨款及其结余进行对外投资。目前的财政管理体制下，财政拨款只能用于事业单位开展业务活动，财政拨款结余需要缴回财政；二是投资方向上，一般情况下，事业单位不得从事股票、期货、基金、企业债券等投资。国家另有规定的除外。

5. 事业单位对外投资权益管理。事业单位应当明确对外投资形成的股权及其相关权益管理责任，按照国家有关规定将对外投资形成的股权纳入经营性国有资产集中统一监管体系。按照深化国有企业改革的总体部署，以管资本为主，国家鼓励将行政事业单位所属企业的国有资本纳入经营性国有资产集中统一监管体系。按照“政企分开、事企分开”的原则，建立以资本为纽带的产权关系，加强和规范监管，确保国有资产保值增值。

与原《规则》相比，《规则》在同样强调“应当严格控制对外投资”的同时，增加了“利用国有资产对外投资应当有利于事业发展和实现国有资产保值增值，符合国家有关规定，经可行性研究和集体决策，按照规定的权限和程序进行”和“事业单位应当明确对外投资形成的股权及其相关权益管理责任，按照国家有关规定将对外投资形成的股权纳入经营性国有资产集中统一监管体系”的内容，明确了事业单位对外投资的目标、程序和对外投资形成股权的管理。

七、公共基础设施管理

（一）公共基础设施的含义

按政府会计准则规定，公共基础设施是指事业单位为满足社会公共需求而控制的有形资产，并同时具有以下特征：

1. 公共基础设施是一个有形资产系统或网络的组成部分，如城市的给排水系统、公路基础设施是成网络的。

2. 公共基础设施具有特定用途。公共基础设施都有专门用途，如公路是为公众出行提供载体、城市的给排水系统是为城市提供供水和排水服务。

3. 公共基础设施一般不可移动。公共基础设施一般是不可移动的资产，如公园、公路、航道等公共基础设施一经建成，无法移动。但水上的航标，会随着水的流动而小幅度地飘动。

（二）公共基础设施分类

公共基础设施主要包括市政基础设施、交通基础设施、水利基础设施和其他公共基础设施。

1. 市政基础设施。包括城市道路、桥梁、隧道、公交场站、路灯、广场、公园绿地、室外公共健身器材，以及环卫、排水、供水、供电、供气、供热、污水处理、垃圾处理系统等。

2. 交通基础设施。包括公路、航道、港口等。

3. 水利基础设施。包括大坝、堤防、水闸、泵站、渠道等。

4. 其他公共基础设施。

（三）公共基础设施管理要求

公共基础设施是政府资产的重要组成部分，我国政府公共基础设施规模庞大，为经济社会发展提供了强有力的基础支撑条件，事业单位应加强对公共基础设施的管理。

1. 建立健全公共基础设施管理制度和内部控制制度。明确公共基础设施建设主体、管理主体，并按照“谁负责管理维护、谁入账”的原则确认公共基础设施记账主体。

2. 县级以上人民政府投资建设公共基础设施，应当依法落实资金来源，加强预算约束，防范政府债务风险，并明确公共基础设施的管理维护责任单位。

3. 不能将公共基础设施作为固定资产管理。从资产的实物形态和相关价值标准而言，事业单位公共基础设施与其固定资产有一定的相似性，但公共基础设施在资金来源、建造和管理方式、产权关系、用途、会计核算等方面与固定资产有较大区别，如事业单位管理维护的公共基础设施是为公众服务，满足社会需要，而事业单位固定资产是为事业单位开展业务活动提供服务，满足事业发展需要；再比如，事业单位对公共基础设施和固定资产进行会计核算，执行的会计核算具体准则也不相同。因此，事业单位要严格区分单位的公共基础设施和固定资产。

4. 加强公共基础设施会计核算。2019 年以前，事业单位将其占有、使用的公共基础设施作为固定资产在其账簿中核算，而由事业单位控制的、满足社会公共需要的大量的公共基础设施资产未入账核算，导致政府投资形成的巨额公共基础设施资产未在事业单位资产负债表中反映。自 2019 年开始，按照政府会计准则制度的规定，事业单位对其控制的公共基础设施均应入账核算。

5. 《规则》第四十五条规定：“公共基础设施、政府储备物资、文物文化资产、保障性住房等资产管理的具体办法，由国务院财政部门会同有关部门制定”。事业单位要严格执行公共基础设施各项管理规定，如交通运输事业单位应严格执行财政部与交通运输部联合印发的《公路资产管理暂行办法》（财资〔2021〕83 号）、《关于进一步加强公路水路公共基础设施政府会计核算的通知》（财会〔2020〕23 号）等。

与原《规则》相比，《规则》增加了公共基础设施的内容。

八、政府储备物资管理

（一）政府储备物资的含义

按政府会计准则规定，政府储备物资是指事业单位为满足实施国家安全与发展战略、进行抗灾救灾、应对公共突发事件等特定公共需求而控制的，同时具有下列特征的有形资产：

1. 在应对可能发生的特定事件或情形时动用。

2. 其购入、存储保管、更新（轮换）、动用等由政府及相关部门发布的专门管理制度规范。

政府储备物资包括战略及能源物资、抢险抗灾救灾物资、农产品、医药物资和其他重要商品物资，通常情况下由事业单位委托承储单位存储。

（二）政府储备物资的管理要求

政府储备物资是政府资产的重要组成部分。我国政府储备物资包括战略及能源物资、抢险抗灾救灾物资、农产品、医药物资和其他重要商品物资，对于保障国家安全、服务国计民生具有重要意义。事业单位应加强对政府储备物资的管理。

1. 建立健全政府储备物资管理制度和内部控制制度，明确政府储备物资管理主体。政府储备物资管理涉及多个层级的部门、单位，从职责分工角度包括行政管理部门和基层承储单位。行政管理部门负责政府储备物资收储、存储保管、更新（轮换）、动用等的组织管理工作；基层承储单位根据行政管理部门指令进行具体执行与运作。实质上对政府储备物资实施“控制”的是其行政管理部门而非基层承储单位。另外，由于政府储备物资的“行政管理职责”涉及收储计划、更新（轮换）计划、动用方案等的提出、拟定、审批等，而提出、拟定、审批职责有时存在由不同部门行使的情况。因此，事业单位应明确对政府储备物资管理职责，并建立健全政府储备物资管理制度和内部控制制度。

2. 政府储备物资不能作为存货管理。从资产物质形态上看，事业单位控制的政府储备物资与其占有、使用的存货具有一定相似性，但政府储备物资在功能作用、管理方式、资金来源、业务流程等方面与存货存在着显著差异：第一，从功能作用来看，政府储备物资是事业单位为满足特定公共需求而储备的物资，其主要目的是进行“储备”以用于应对可能发生的特定事件或情况，其规模和种类反映政府维护社会经济稳定、确保国家安全、部署发展战略、应对各类突发事件等的能力，与事业单位在开展日常性活动中为自身耗用或出售而储存的存货具有本质区别。第二，从管理方式来看，事业单位对于存货一般采取由其自身直接储存的方式进行管理，而我国政府储备物资主要采取委托存储的管理模式，承储单位按照行政管理部门要求进行实际储存和日常管理，行政管理和存储执行相分离。基层代储单位性质也呈现多样化，涉及行政事业单位和企业。此外，有些储备物资品种还涉及多个事业单位管理以及多级次行政事业单位管理的情况。第三，从资金来源上看，存货采购资金来源于部门预算资金，而政府储备物资的收储资金来源更为复杂，除来源于部门预算资金外，还存在来源于银行专项贷款等情况。第四，从日常业务流程来看，政府储备物资具有区别于存货的独特业务内容和环节，如政府储备物资需要根据特定文件规定进行采购、存储、保管、轮换、发出等，发出物资收回往往具有不确定性。鉴于此，政府储备物资不能作为存货管理。

3. 加强政府储备物资会计核算。2019 年以前，事业单位未对其控制的、满足社会公共需要的大量的政府储备物资资产入账核算，导致政府投资形成的政府储备物资资产未在事业单位资产负债表中反映。自 2019 年开始，按照政府会计准则制度的规定，事业单位对其控制的政府储备物资均应入账核算。另外，我国政府储备物资管理体系复杂，政府储备物资会计核算主体的确定也比较复杂。一般情况下，对政府储备物资负有行政管理职责的单位为政府储备物资的会计核算主体；对政府储备物资不负有行政管理职责但接受委托负责执行其存储保管等工作的事业单位应当将受托代储的政府储备物资作为受托代理资产核算。

4.《规则》第四十五条规定："公共基础设施、政府储备物资、文物文化资产、保障性住房等资产管理的具体办法，由国务院财政部门会同有关部门制定"。事业单位应严格执行政府储备物资各项管理规定。

与原《规则》相比，《规则》增加了政府储备物资的内容。

九、文物文化资产管理

（一）文物文化资产的含义

根据政府会计准则规定，文物文化资产是指事业单位为满足社会公共需求而控制的文物文化资产。

（二）文物文化资产的管理要求

1. 建立健全文物文化资产的管理制度和内部控制制度。

2. 正确区分文物文化资产与“固定资产”中的文物和陈列品。主要区别如下：文物文化资产是事业单位为满足社会公共需求而控制的文物和陈列品；“固定资产”中的文物和陈列品是事业单位为满足自身开展业务活动或其他活动需要而控制的文物和陈列品。

3.《规则》第四十五条规定：“公共基础设施、政府储备物资、文物文化资产、保障性住房等资产管理的具体办法，由国务院财政部门会同有关部门制定”。事业单位要严格执行文物文化资产各项管理规定。

与原《规则》相比，《规则》增加了文物文化资产的内容。

十、保障性住房管理

根据政府会计准则规定，保障性住房是指事业单位为满足社会公共需求而控制的住房。主要指地方政府住房保障主管部门持有全部或部分产权份额、纳入城镇住房保障规划和年度计划、向符合条件的保障对象提供的住房。

《规则》第四十五条规定：“公共基础设施、政府储备物资、文物文化资产、保障性住房等资产管理的具体办法，由国务院财政部门会同有关部门制定”。事业单位要严格执行保障性住房各项管理规定。

与原《规则》相比，《规则》增加了保障性住房的内容。

十一、事业单位资产管理的要求

事业单位国有资产保障了单位履行职能、提供公共服务及事业发展需要。《规则》对事业单位资产管理作出了相关规定，事业单位应当根据这些规定及《行政事业性国有资产管理条例》等相关规定，加强资产管理。

（一）资产的配置

《规则》第三十九条规定："事业单位应当根据依法履行职能和事业发展的需要，结合资产存量、资产配置标准、绩效目标和财政承受能力配置资产。优先通过调剂方式配置资产。不能调剂的，可以采用购置、建设、租用等方式"。该条对资产配置提出明确要求。与原《规则》相比，进一步完善事业单位资产配置管理规定，明确事业单位资产基本功能、资产配置应当综合考虑的因素和资产配置方式，强调了"优先通过调剂方式配置资产"。

资产配置是资产管理的关键环节，应遵循以下要求：

1. 根据事业发展需要，合理配置资产。事业单位国有资产应当用于保障事业发展、提供公共服务，因此，事业单位资产配置要从履行职能和事业发展需要的角度出发，结合单位存量资产状况，评估拟配置资产的绩效、考虑财政财力情况，研究确定是否配置资产。资产配置应当遵循资产功能、数量与单位职能相匹配，资产存量与增量相结合，厉行勤俭节约、讲求绩效和绿色环保的原则。

2. 严格执行资产配置标准，不得超标准配置资产。事业单位配置资产，应符合相应的资产配置标准；没有资产配置标准的，应当按照勤俭节约、讲求绩效和绿色环保的要求合理配置。资产配置标准是各级政府（一般为政府财政部门）对事业单位配置资产的品目、数量、价格、使用年限、技术等指标的限额规定，是事业单位编报和审核新增资产配置相关预算、实施资产采购的重要依据。如2016年，财政部印发了《中央行政单位通用办公设备家具配置标准》，事业单位参照执行。文件明确了中央行政事业单位通用办公设备和办公家具的配置标准，其中，配置碎纸机的标准是：数量上限按单位编制内实有人数的5%计算、价格上限1 000元/台、最低使用年限6年、性能要求是按照《中华人民共和国政府采购法》的规定，配置具有较强安全性、稳定性、兼容性，且能耗低、维修便利的设备，不得配置高端设备。

3. 履行审批程序，合理选择资产配置方式。事业单位资产配置包括调剂、购置、建设、租用、接受捐赠等方式，单位应当优先通过调剂方式配置资产，不能调剂的，可以采用购置、建设、租用等方式。

事业单位选择资产配置方式，应当履行审批程序。在对资产配置开展可行性研究的基础上，对资产配置重大事项进行集体决策，合理选择资产配置方式。资产价值较高的，按照国家有关规定进行资产评估，并履行审批程序。

4. 严格履行预算审批和采购程序配置资产。事业单位购置、建设、租用资产应当提出资产配置需求，编制资产配置相关支出预算，并严格按照预算管理规定和财政部门批复的预算配置资产。资产购置、建设应当按照政府采购和招投标的相关管理规定进行。

（二）资产的日常管理

《规则》第三十八条和第四十七条对资产日常管理作出规定。《规则》第三十八条规定："事业单位应当建立健全单位资产管理制度，明确资产使用人和管理人的岗位责任，按照国家规定设置国有资产台账，加强和规范资产配置、使用和处置管理，维护资产安全完整，提高资产使用效率。涉及资产评估的，按照国家有关规定执行"。《规则》第四十七条规定："事业单位应当在确保安全使用的前提下，推进本单位大型设备等国有资产共享共用工作，可以对提供方给予合理补偿"。与原《规则》相比，《规则》进一步完善、细化了资产的日常管理，新增了"明确资产使用人和管理人的岗位职责""设置国有资产台账""汇总编制行政事业性国有资产管理情况报告""定期盘点资产""及时办理资产权属登记""对国有资产共享共用工作，可以对提供方给予合理补偿"等要求。事业单位国有资产应当遵循安全规范、节约高效、公开透明、权责一致的原则，实现实物管理与价值管理相统一，资产管理与预算管理、财务管理相结合。资产的日常管理要求如下：

1. 建立健全单位资产管理制度，防控资产管理风险。单位应当加强资产管理制度建设，明确管理责任，规范使用流程，加强产权保护，推进相关资产安全有效使用。

（1）明确资产使用人和管理人的岗位责任。事业单位要结合单位实际情况，合理设置资产管理岗位，明确岗位职责。资产使用人、管理人应当按照单位资产管理规程合理使用、管理资产，及时提出资产需要维修、保养、调剂、更新、报废等情况，充分发挥资产效能。另外，资产使用人、管理人发生变化的，应当及时办理资产交接手续。

（2）明确资产的维护、保养、维修的岗位责任。因使用不当或者维护、保养、维修不及时造成资产损失的，应当依法承担责任。

2. 设置国有资产台账，规范资产的会计核算。事业单位应当按照规定设置国有资产台账，依照国家统一的会计制度进行会计核算，不得形成账外资产。处置资产应当及时核销相关资产台账信息，同时进行会计处理，做到账实相符。

3. 事业单位要定期对资产进行清查盘点。《规则》第三十八条第三款规定："事业单位应当定期或者不定期对资产进行盘点、对账。出现资产盘盈盘亏的，应当按照财务、会计和资产管理制度有关规定处理，做到账实相符和账账相符"。原《规则》只强调对"固定资产"进行定期或者不定期的清查盘点，而《规则》要求对全部资产定期盘点。

（1）事业单位应本着价值量与实物量并重的原则，定期对资产进行清查盘点，对清查过程中出现的资产盘盈盘亏，及时进行会计处理并调整事业单位资产管理信息系统，做到总账与明细账相符、账与报表相符、账与实物相符、账与事业单位资产管理信息系统记录相符。

（2）事业单位发生重大资产调拨、划转以及单位分立、合并、改制、撤销、隶属关系改变等情形；因自然灾害等不可抗力造成资产毁损、灭失；会计信息严重失真；国家统一的会计制度变更涉及资产核算方法发生重要变化等情形时，事业单位应当进行资产清查。资产清查结果和涉及资产核实的事项，应当按照规定履行审批程序。资产清查中发现账实不符、账账不符的，应当查明原因，予以说明，并随同清查结果一并履行审批程序。事业单位应当根据审批结果及时调整资产台账信息，同时进行会计处理。

4. 及时办理产权登记。《规则》第三十八条第四款规定："事业单位对需要办理权属登记的资产应当依法及时办理"。事业单位产权登记分为设立产权登记、变动产权登记和撤销产权登记。新设立的事业单位要办理设立产权登记；发生分立、合并、改制，以及隶属关系、单位名称变化等行为的要办理变动产权登记；事业单位撤销、被合并后终止活动的要办理撤销产权登记。产权登记的主要内容为：单位名称、住所、单位负责人、单位性质、主管部门、资产总额、国有资产总额、负债总额。

事业单位对有账簿记录但权证手续不全的国有资产，可以向本级政府有关主管部门提出确认资产权属申请，及时办理权属登记；事业单位与其他单位和个人之间发生资产纠纷的，应当依照有关法律法规规定采取协商等方式处理。

5. 按时汇总编制本单位行政事业性国有资产管理情况报告。《规则》第三十八条第二款规定："事业单位应当汇总编制本单位行政事业性国有资产管理情况报告"。按照《行政事业性国有资产管理条例》要求，事业单位应当每年编制本单位行政事业性国有资产管理情况报告，报告内容主要包括资产负债总量，相关管理制度建立和实施，资产配置、使用、处置和效益，推进管理体制机制改革等情况。事业单位应当及时汇总编报，真实反映本单位资产管理情况，并按照国家有关规定向社会公开单位国有资产管理情况。

6. 推进本单位大型设备等国有资产共享共用。《规则》第四十七条规定："事业单位应当在确保安全使用的前提下，推进本单位大型设备等国有资产共享共用工作，可以对提供方给予合理补偿"。事业单位资产是国有资产的重要组成部分，事业单位应牢固树立大局意识和长远意识，打破单位利益界限，积极推进本单位大型设备等国有资产共享共用，实现国有资产的合理配置和有效利用。如科研事业单位的科研仪器设施在满足本单位科学研究和技术开发活动需要的同时，可以向社会提供科研仪器设施共享服务，并做好开放共享的科研仪器设施使用情况登记。事业单位在疫情期间购置的可重复使用的防控资产，疫情结束后可以向社会提供共享服务，提高资产的使用效率。事业单位国有资产共享共用，可以对提供方给予合理补偿。

7. 加强出租、出借资产管理。事业单位对短期内闲置的资产进行出租出借，有利于提高资产使用效率。出租、出借资产应当严格履行相关审批程序。一般情况下，单位内部应履行集体决策程序，然后经单位主管部门审核通过后，报同级财政部门审批。出租资产应遵循公开、公平、公正和竞争、择优的原则，依照有关规定，可以通过相应公共资源交易平台进行，以公开招租方式确定承租方和租金。出租资产取得的租金收入，按照同级财政部门的规定上缴财政或留归单位使用。

（三）资产的处置

事业单位资产处置是指事业单位对其可支配的资产出售、转让、对外捐赠和报废、报损以及货币性资产损失核销等行为。事业单位资产处置应当遵循公开、公平、公正和竞争、择优的原则，严格履行相关审批程序。一般情况下，单位内部应履行集体决策程序，然后经单位主管部门审核同意后报本级财政部门审批。事业单位将资产转让、拍卖、置换、对外投资等，应当按照《国有资产评估管理办法》（2020 年国务院令第 732 号）、《国有资产评估管理若干问题的规定》（财政部令第 14 号）等国家有关规定进行资产评估；出售、出让、转让、变卖资产数量较多或者价值较高的，可以在相应公共资源交易平台进行，通过拍卖等市场竞价方式公开处置。处置资产取得的收入，按照同级财政部门的规定上缴财政或留归单位使用。

十二、资产核算案例

资产会计核算内容主要包括资产的取得、日常维护、折旧或摊销、资产处置等。

（一）固定资产

【例8－1】1月6日，某事业单位业务部门采购打印机1台，经验收合格后交付使用，通过财政直接支付方式支付价款2 700元。

财务会计	预算会计
借：固定资产——打印机 2 700 　　贷：财政拨款收入 2 700	借：事业支出——财政拨款支出 　　——资本性支出——办公设备购置 2 700 　　贷：财政拨款预算收入 2 700

【例8－2】1月16日，某事业单位从A事业单位无偿调入打印机1台，A单位账面价值1 000元，运费100元。

财务会计	预算会计
借：固定资产——打印机 1 100 　　贷：零余额账户用款额度 100 　　　　无偿调拨净资产 1 000	借：其他支出——财政拨款支出 100 　　贷：资金结存——零余额账户用款额度 100

【例8－3】1月15日，某事业单位从A事业单位无偿调入打印机1台，A单位账面价值0元，固定资产账户余额1 700元，运费100元。

财务会计	预算会计
借：固定资产——打印机 1 700 　　贷：固定资产累计折旧——打印机 1 700 借：其他费用 100 　　贷：零余额账户用款额度 100	借：其他支出——财政拨款支出 100 　　贷：资金结存——零余额账户用款额度 100

【例 8-4】1 月 16 日，某事业单位从 A 事业单位无偿调入打印机 1 台，A 单位账面余额为名义金额 1 元，运费 100 元。

财务会计	预算会计
借：固定资产——打印机 1 　贷：无偿调拨净资产 1 借：其他费用 100 　贷：零余额账户用款额度 100	借：其他支出——财政拨款支出 100 　贷：资金结存—零余额账户用款额度 100

【例 8-5】1 月 30 日，事业单位业务部门购入打印机硒鼓 1 个，价值 95 元，通过零余额账户支付。

财务会计	预算会计
借：业务活动费用——办公费 95 　贷：零余额账户用款额度 95	借：事业支出——财政拨款支出 95 　贷：资金结存—零余额账户用款额度 95

【例 8-6】1 月 31 日，事业单位对本月购入的打印机计提折旧。按照《政府会计准则第 3 号——固定资产应用指南》的规定并结合实际情况，确定该打印机预计使用年限为 6 年，按照年限法计提折旧。打印机原值 2 700 元，业务部门使用。

1 月份应计提折旧额 = 2 700/6 年/12 个月 = 37.50（元）

财务会计	预算会计
借：业务活动费用——固定资产折旧 37.50 　贷：固定资产累计折旧——打印机 37.50	

【例 8-7】2 月 1 日，经财政部门审批，某事业单位出租闲置业务用房，收到半年租金收入 6 万元。按规定留归单位使用。

财务会计	预算会计
借：银行存款 60 000 　贷：预收账款——业务用房租金收入 60 000	借：资金结存——货币资金 60 000 　贷：其他预算收入——业务用房租金收入 60 000

【例8－8】沿用［例8－7］。2月28日，确认本月业务用房租金收入1万元。

财务会计	预算会计
借：预收账款——业务用房租金收入 10 000 贷：其他收入——业务用房租金收入 10 000	

【例8－9】某事业单位有1台轿车，固定资产账面余额12万元，固定资产累计折旧10.8万元。已使用9年，经技术部门鉴定不能再使用，单位领导办公会决定予以报废。已向财政部门提出报废申请。

财务会计	预算会计
借：待处理财产损溢——待处理财产价值 12 000 固定资产累计折旧——轿车 108 000 贷：固定资产 120 000	

【例8－10】沿用［例8－9］。财政批复后：

财务会计	预算会计
借：资产处置费用 12 000 贷：待处理财产损溢——待处理财产价值 12 000	

【例8－11】沿用［例8－9］［例8－10］。报废车辆取得残值收入2 000元，发生清理费用500元。处理净收入上缴财政。

财务会计	预算会计
借：库存现金 2 000 贷：待处理财产损溢——处理净收入 2 000 借：待处理财产损溢——处理净收入 500 贷：库存现金 500 借：待处理财产损溢——处理净收入 1 500 贷：应缴财政款 1 500 借：应缴财政款 1 500 贷：库存现金 1 500	

【例 8－12】 沿用［例 8－9］。若资产处置费用大于残值收入 200 元：

财务会计	预算会计
借：资产处置费用 200 贷：待处理财产损溢——处理净收入 200	

（二）在建工程——自建项目

【例 8－13】 某公路建设事业单位收到财政部门拨入公路建设款 3 000 万元，为财政一般预算拨款。

财务会计	预算会计
借：银行存款 30 000 000 贷：财政拨款收入——财政一般预算拨款 30 000 000	借：资金结存—货币资金 30 000 000 贷：财政拨款预算收入 30 000 000

【例 8－14】 某月，支付征地拆迁款 260 万元。

财务会计	预算会计
借：在建工程——公路建设—待摊投资 2 600 000 贷：银行存款 2 600 000	借：事业支出 2 600 000 贷：资金结存——货币资金 2 600 000

【例 8－15】 公路建设项目分 2 个标段招标，其中，1 标段价款 2 100 万元，A 公司中标。按照合同规定，开工前预付 A 公司工程款 200 万元。

财务会计	预算会计
借：预付账款——预付工程款——A 公司 2 000 000 贷：银行存款 2 000 000	借：事业支出 2 000 000 贷：资金结存——货币资金 2 000 000

【例 8－16】 某月，收到由监理工程师核证的计量支付单据及发票，应支付 A 公司工程款 450 万元。按照合同规定应扣回预付款，余款以银行存款

支付。

财务会计	预算会计
借：在建工程——公路建设——建筑工程投资 4 500 000 贷：银行存款 2 500 000 预付账款——预付工程款——A 公司 2 000 000	借：事业支出 2 500 000 贷：资金结存—货币资金 2 500 000

【例 8 – 17】某月，用银行存款支付需安装设备款 60 万元，办公费 800 元，培训费 2 000 元，购置建设期间使用的办公用房支付 20 万元。

财务会计	预算会计
借：在建工程——公路建设——设备投资——某设备 600 000 在建工程——公路建设——待摊投资——建设单位管理费 2 800 在建工程——公路建设——其他投资——办公用房 200 000 贷：银行存款 802 800	借：事业支出 802 800 贷：资金结存——货币资金 802 800

【例 8 – 18】某月，收到由监理工程师核证的计量支付单据及发票，应支付 A 公司工程款 1 650 万元，以银行存款支付；应支付 B 公司工程款 500 万元，以银行存款支付；支付 C 公司设备安装款 20 万元。

财务会计	预算会计
借：在建工程——公路建设——建筑工程投资——A 公司 16 500 000 在建工程——公路建设——建筑工程投资——B 公司 5 000 000 在建工程——公路建设——安装工程投资——某设备 200 000 贷：银行存款 21 700 000	借：事业支出 21 700 000 贷：资金结存——货币资金 21 700 000

【例 8 – 19】竣工验收时，发生待摊投资 2 602 800 元，建筑投资 2 600 万元，安装投资 20 万元，设备投资 60 万元，其他投资 20 万元。

待摊投资分摊率 =2 602 800/(26 000 000 +200 000 +600 000) =0.09748

建筑工程应分摊 =26 000 000 ×0.09748 =2 525 104.48（元）

安装工程投资应分摊 =200 000 ×0.09748 =19 423.88（元）

设备投资应分摊 =600 000 ×0.09748 =58 271.64（元）

财务会计	预算会计
借：在建工程——公路建设——建筑工程投资 2 525 104.48 在建工程——公路建设——安装工程投资 19 423.88 在建工程——公路建设——设备投资 58 271.64 贷：在建工程——公路建设——待摊投资 2 602 800	

【例8 -20】竣工验收，交付使用资产。

财务会计	预算会计
借：固定资产——设备　877 695.52 贷：在建工程——公路建设—安装工程投资 219 423.88 在建工程——公路建设——设备投资 658 271.64	

财务会计	预算会计
借：公共基础设施——某公路 28 525 104.48 贷：在建工程——公路建设 ——建筑工程投资　28 525 104.48	

【例8 -21】竣工验收，购置的办公用房移交。

财务会计	预算会计
借：固定资产——办公用房　200 000 贷：在建工程——公路建设——其他投资 200 000	

【例 8-22】 经财政部门审核批准，建成的电力设施 20 万元，交电力部门使用。

财务会计	预算会计
借：在建工程——公路建设—基建转出投资 200 000 贷：在建工程——公路建设—建筑工程投资 200 000 借：无偿调拨净资产 200 000 贷：在建工程——公路建设—基建转出投资 200 000	

【例 8-23】 公路建设过程中发生山体滑坡，发生净损失 10 万元，经有关部门批准，作核销处理。

财务会计	预算会计
借：在建工程——公路建设—待核销基建支出 100 000 贷：在建工程——公路建设—建筑工程投资 100 000	

竣工验收，经批准冲销待核销基建支出。

财务会计	预算会计
借：资产处置费用 100 000 贷：在建工程——公路建设——待核销基建支出 100 000	

（三）在建工程——代建项目

甲事业单位经有关部门批准建设业务用房，工程总造价 1 000 万元。资金来源为财政一般预算拨款，工期 1 年。该工程采用代建制方式建设，通过招标确定代建单位为乙事业单位。发生经济业务如下：

【例 8-24】 甲单位按照合同，开工前预付乙单位工程款 50 万元。

甲单位会计处理：

财务会计	预算会计
借：预付账款——预付工程款——乙单位 500 000 贷：零余额账户用款额度 500 000	借：事业支出——资本性支出——房屋建筑物构建 500 000 贷：资金结存——零余额账户用款额度 500 000

乙单位会计处理：

财务会计	预算会计
借：银行存款 500 000 贷：预收账款——预收工程款——甲单位 500 000	

【例 8-25】 某月，乙单位支付工程材料等款项 110 万元。

乙单位会计处理：

财务会计	预算会计
借：代建项目——建筑安装工程投资 1 100 000 贷：银行存款 1 100 000	

【例 8-26】 乙单位按工程进度与甲单位结算工程款 110 万元。

甲单位会计处理：

财务会计	预算会计
借：在建工程——建筑安装工程投资 1 100 000 贷：预付账款——预付工程款——乙单位 500 000 零余额账户用款额度 600 000	借：事业支出——资本性支出——房屋建筑物构建 600 000 贷：资金结存——零余额账户用款额度 600 000

乙单位会计处理：

财务会计	预算会计
借：代建项目——代建项目转出　1 100 000 　贷：代建项目——建筑安装工程投资 　　　　　　　　　　　　1 100 000 借：银行存款　　　　　　　600 000 　预收账款——预收工程款——甲单位 　　　　　　　　　　　　500 000 　贷：代建项目——代建项目转出　1 100 000	

【例 8－27】甲单位根据合同确认代建管理费 20 万元并支付。

甲单位会计处理：

财务会计	预算会计
借：在建工程——待摊投资　　200 000 　贷：零余额账户用款额度　　200 000	借：事业支出——资本性支出 　——房屋建筑物构建　　　200 000 　贷：资金结存——零余额账户用款额度 　　　　　　　　　　　　200 000

乙单位会计处理：

财务会计	预算会计
借：银行存款　　　　　　200 000 　贷：事业收入——工程代建——乙单位 　　　　　　　　　　　　200 000	借：资金结存——货币资金　　200 000 　贷：事业预算收入——工程代建——乙单位 　　　　　　　　　　　　200 000

【例 8－28】项目交工前，乙单位支付工程款 860 万元。

乙单位会计处理：

财务会计	预算会计
借：代建项目——建筑安装工程投资 　　　　　　　　　　8 600 000 　贷：银行存款　　　　　8 600 000	

【例 8－29】项目完工，业务用房交付使用。甲单位支付工程结算款 860 万元。

甲单位会计处理：

支付款项。

财务会计	预算会计
借：在建工程——建筑安装工程投资　8 600 000 　贷：零余额账户用款额度　8 600 000	借：事业支出——资本性支出 　——房屋建筑物构建　8 600 000 　贷：资金结存——零余额账户用款额度　8 600 000

【例 8－30】转增资产。

财务会计	预算会计
借：固定资产——业务用房　9 900 000 　贷：在建工程——建筑安装工程投资　9 700 000 　　在建工程——待摊投资　200 000	

乙单位会计处理：

财务会计	预算会计
借：代建项目——代建项目转出　8 600 000 　贷：代建项目——建筑安装工程投资　8 600 000 同时， 借：银行存款　8 600 000 　贷：代建项目——代建项目转出　8 600 000	

（四）无形资产

【例 8－31】1 月 5 日，某科研事业单位研发应用软件发生工资费用 2 万元，购置图书资料 500 元，从零余额账户支付。

财务会计	预算会计
借：研发支出——软件开发——工资 20 000 研发支出——软件开发——资料费 500 贷：零余额账户用款额度 20 500	借：事业支出——财政拨款支出——基本支出——工资 20 000 事业支出——财政拨款支出——商品和服务支出——办公费 500 贷：资金结存——零余额账户用款额度 20 500

【例8-32】沿用［例8-31］。3月30日，应用软件研发成功并交付办公室使用。共发生工资费用6万元，资料费500元，固定资产折旧费2 000元，其他费用500元。

财务会计	预算会计
借：无形资产——某软件 63 000 贷：研发支出——软件开发 63 000	

【例8-33】3月30日，应用软件研发未成功，该研究项目结题。共发生工资费用6万元，资料费500元，固定资产折旧费2 000元，其他费用500元。

财务会计	预算会计
借：业务活动费用 63 000 贷：研发支出——软件开发 63 000	

【例8-34】3月31日，对办公室使用的应用软件进行摊销。软件原值6.3万元，结合单位情况确定该软件预计使用年限为10年。

月摊销额＝63 000元/10年/12月＝525（元/月）

财务会计	预算会计
借：单位管理费用——无形资产摊销 525 贷：无形资产摊销——某软件 525	

【例8-35】3月31日，某科研事业单位交纳专利维护费1 000元，从零余额账户支付。

财务会计	预算会计
借：业务活动费用——专利维护费　1 000 　贷：零余额账户用款额度　1 000	借：事业支出——财政拨款支出 　——商品和服务支出——专利维护费 　1 000 　贷：资金结存——零余额账户用款额度 　1 000

【例8-36】经财政部门批准，某事业单位将1套收费软件无偿调拨给A事业单位。软件原值6万元，净值3.6万元。

财务会计	预算会计
借：无形资产摊销——收费软件　24 000 　无偿调拨净资产　36 000 　贷：无形资产——收费软件　60 000	

（五）流动资产

【例8-37】1月10日，某事业单位办公室李某报销从中石油购入的加油卡1万元，用公务卡支付。

财务会计	预算会计
借：库存物品——车辆用油　10 000 　贷：零余额账户用款额度　10 000	借：事业支出——财政拨款支出——商品和服务 　支出——公务用车运行维护费　10 000 　贷：资金结存——零余额账户用款额度 　10 000

【例8-38】沿用［例8-37］。1月31日，办公室李某提供出库单（附车辆加油相关单据），共加油2 000元。

财务会计	预算会计
借：单位管理费用——商品和服务费用 　2 000 　贷：库存物品——车辆用油　2 000	

【例 8-39】1 月 12 日，某事业单位办公室职员王某借备用金 5 000 元。

财务会计	预算会计
借：其他应收款——办公室王某 5 000 贷：库存现金 5 000	

【例 8-40】1 月 16 日，办公室王某报销维修用配件 300 元，冲减备用金。

财务会计	预算会计
借：单位管理费用——商品和服务费用 300 贷：其他应收款——办公室王某 300	借：事业支出——财政拨款支出——商品和服务支出——维修费 300 贷：资金结存——货币资金 300

【例 8-41】12 月 31 日，办公室王某借的备用金 4 700 元尚未收回，资金来源为非财政资金。

财务会计	预算会计
	借：事业支出——非财政拨款支出——商品和服务支出——其他 4 700 贷：资金结存——货币资金 4 700

【例 8-42】次年 1 月 3 日，办公室王某报销印刷费 4 000 元，并交回备用金 700 元。

财务会计	预算会计
借：库存现金 700 单位管理费用——商品和服务费用 4 000 贷：其他应收款——办公室王某 4 700	借：资金结存——货币资金 700 贷：非财政拨款结余——年初余额调整 700

【例 8-43】2×19 年 12 月 31 日，某事业单位收回后不需要上缴财政的应收账款和其他应收款余额共计 50 万元。该单位采用余额百分比法计提坏账准备，坏账率为 2%，该单位 2×19 年 12 月 31 日应计提坏账准备 500 000×2% =

10 000 元。

财务会计	预算会计
借：其他费用 10 000 贷：坏账准备 10 000	

【例 8－44】沿用［例 8－43］。2×20 年 8 月 31 日，该事业单位收回后不需要上缴财政的应收账款 1 500 元。因债务单位破产无法收回，经财政批准核销。

财务会计	预算会计
借：坏账准备 1 500 贷：应收账款 1 500	

该应收账款核销事项在备查簿中登记。

【例 8－45】沿用［例 8－43］［例 8－44］。2×20 年 12 月 31 日，该事业单位收回后不需要上缴财政的应收账款和其他应收款余额共计 30 万元。坏账准备贷方余额 8 500 元。

该单位 2×20 年 12 月 31 日，坏账准备余额应为 300 000×2%＝6 000 元。应冲回坏账准备 8 500－6 000＝2 500 元。

财务会计	预算会计
借：坏账准备 2 500 贷：其他费用 2 500	

第九章　负 债 管 理

《规则》第八章“负债管理”共四条内容，规定了负债的概念、分类、风险控制等管理要求。与原《规则》相比，本章的主要变化：一是应缴款项的含义发生变化。对应缴款项中应当上缴国库或者财政专户的资金，规定了款项需“按照国家有关规定”收取。强调了事业单位取得非税收入的规范性，一定要按照国家有关规定取得。也就是说，事业单位未按国家规定取得的款项，不能作为应缴款项。如事业单位未履行财政（或部门）审批程序处置资产取得的收入，不能作为应缴款项，实际工作中，这种情况下，款项会因为没有审批文件号无法上缴财政。二是增加了健全财务风险预警和控制机制的要求。体现事业单位要充分发挥财务控制作用，建立财务风险预警机制，及时发现财务风险，采取有效措施，有效降低财务风险。三是增加了要求事业单位如实反映依法举借债务情况的内容。国家高度重视防范政府债务风险，2014 年修订的《中华人民共和国预算法》和《国务院关于加强地方政府性债务管理的意见》（国发〔2014〕43 号）实施以来，地方各级政府加快建立健全规范的举债融资机制，防范化解财政金融风险，取得明显成效。2017 年，财政部等部门联合印发《关于进一步规范地方政府举债融资行为的通知》（财预〔2017〕50 号），要求全面推进地方政府及其所属部门举债融资行为的信息公开，严格公开责任追究，主动回应社会关切，自觉接受社会监督。四是增加了不得违反规定融资的规定。近年来，各级政府和部门积极落实《预算法》和国发〔2014〕43 号文件精神，切实规范地方政府债务管理，坚决制止地方政府违法违规融资行为。建立了财政部专员办对地方政府债务的日常监督机制，依法加大查处和曝光力度。

一、事业单位负债的概念

《规则》第四十八条规定："负债是指事业单位所承担的能以货币计量，需要以资产或者劳务偿还的债务"。负债是客观存在于事业单位财务活动中的一种经济现象，是事业单位应承担的经济责任。事业单位负债具有以下特征：

（一）负债是过去的经济业务所形成的现实义务

事业单位负债是过去的经济业务或者事项形成的，并在未来的一定时期内必须偿还的现时义务。未来发生的经济业务或者事项形成的义务不属于现时义务，不应当确认为负债。

（二）负债能以货币计量

负债一般应当有确定的偿还金额，不能用货币计量的债务不属于事业单位负债。

（三）负债具有强制的偿还性

负债是必须偿还的经济负担。负债多以合同、协议或者法律文书为约束，不能由债务人单方面解除，债权人的权利受法律保护。

（四）负债的偿还是经济资源的流出

履行负债偿还义务很可能导致含有服务潜力或者经济利益的经济资源流出事业单位。偿还负债的形式多种多样，如货币资金、商品、服务、劳务及债权人放弃债权等债权人所能接受的多种形式都可以偿还负债。

二、事业单位负债的分类

《规则》第四十九条规定："事业单位的负债包括借入款项、应付款项、暂存款项、应缴款项等”。

借入款项是事业单位向其他单位或个人借入的款项，如通过融资活动向银行或其他金融机构举借债务、向其他单位借入款项等。

应付款项是事业单位在运营活动中形成的应当支付而尚未支付的款项，如事业单位购买材料等尚未支付的款项、应付而未付给职工的工资薪酬、应付账款和其他应付未付款项。

暂存款项是事业单位暂收性负债，包括事业单位暂时收取，随后应退还给其他方的押金或保证金、随后应转付给其他方的转拨款等款项。如租出资产收取的押金、保证金；向建设项目中标单位收取的质量保证金等。

应缴款项包括事业单位按照国家有关规定收取的、应当上缴国库或者财政专户的资金、应缴税费以及其他应当上缴的款项。

预收款项是指事业单位在运营活动中，按照货物、服务合同或协议或者相关规定，向接受货物或服务的单位预先收到但尚未实现收入的款项而形成的负债。

预计负债是指事业单位或有事项形成的负债。或有事项是指由过去的经济业务或者事项形成的，结果须由某些未来事项的发生或不发生才能决定的不确定事项。事业单位常见的或有事项包括未决诉讼、未决仲裁、自然灾害的救助及公共事件的救助等。

三、事业单位负债管理的要求

负债是事业单位财务管理的重要内容。《规则》对事业单位债务管理提出明确要求。《规则》第五十条和第五十一条分别规定：“事业单位应当对不同性质的负债分类管理，及时清理并按照规定办理结算，保证各项负债在规定期限内偿还”“事业单位应当建立健全财务风险预警和控制机制，规范和加强借入款项管理，如实反映依法举借债务情况，严格执行审批程序，不得违反规定融资或者提供担保”。按照《规则》规定，事业单位负债管理应遵循以下管理要求：

（一）负债区分性质，分类管理

事业单位应当对负债分类管理，按性质将负债分为借入款项、应付款项、暂存款项、应缴款项等。对借入款项，严格控制成本，加强管理，保证负债在规定期限内偿还；对应付款项，应按期清理，根据不同借款的偿还期限，编制还款计划，积极组织资金，保证借款的按期归还，不得长期拖欠；对暂存款项，应按照合同或协议的约定及时返还，不得长期占用；对预收款项，应依据合同，按时进行结算；对应缴款项，应按照国家有关规定，及时、足额上缴，不得坐支或截留使用。

（二）事业单位应当建立健全财务风险预警和控制机制

事业单位应当建立健全财务风险预警和控制机制。对于负债，要根据债务率、新增债务率、偿债率、逾期债务率等指标进行风险评估，对债务风险及时进行风险预警。积极采取措施，逐步降低风险。同时，建立风险防范机制，通过严控新增债务，降低债务规模与风险。

（三）规范和加强借入款项管理

按照《事业单位登记管理暂行条例》（1998 年 10 月 25 日国务院令第 252 号发布　根据 2004 年 6 月 27 日国务院令第 411 号修订）规定，事业单位是国家为了社会公益目的，由国家机关举办或者其他组织利用国有资产举办的，从事教育、科技、文化、卫生等活动的社会服务组织。事业单位资金来源主要为财政拨款，一般不应当靠借债发展事业。事业单位应加强借入款项管理，建立健全负债内部控制制度，防范债务风险。一是明确债务管理岗位的职责权限，做到不相容岗位相分离；二是举借和偿还大额债务等重大经济事项，应当进行充分论证，并由单位领导班子集体研究决定；三是定期与债权人核对债务余额；四是单位清算时做好负债的清理和处置；五是做好债务的会计核算和档案保管工作。

（四）如实反映依法举借债务情况

事业单位举借债务，是事业单位通过融资活动向银行或其他金融机构借入的款项，属于政府性债务。一段时期以来，我国政府性债务规模持续增长，部分债务资金游离于预算监督之外，蕴含着潜在风险。审计署于 2011 ~ 2013 年对政府性债务实施了三次大规模的审计，以摸清全国政府性债务规模和结构状况。2013 年 12 月，中央经济工作会议将控制和化解地方政府性债务风险作为经济工作的重要任务。事业单位应当如实反映依法举借债务情况和偿债压力，有助于政府相关部门加强政府债务风险管理。

（五）严格执行审批程序

事业单位负债管理，一般情况下，对暂收款项、预收账款、应付款项的管理，需要严格履行单位内部审批程序。对于举借债务的管理，应遵守以下规定并执行相应的审批程序。

事业单位举借债务，关系到政府性债务的管理。根据2014年8月新修订《预算法》“地方政府不得通过企事业单位等举借债务”的规定，事业单位不能直接举借债务。但对于事业单位举借的存量债务（一般以2014年地方政府性债务存量甄别数据确定），《国务院关于加强地方政府性债务管理的意见》（国发〔2014〕43号）规定：“妥善处理存量债务和在建项目后续融资”。一是对事业单位举借的债务，凡属于政府应当偿还的债务，分类纳入预算管理。纳入预算管理的债务原有债权债务关系不变，偿债资金要按照预算管理要求规范管理。二是妥善偿还存量债务。对项目自身运营收入能够按时还本付息的债务，应继续通过项目收入偿还。对项目自身运营收入不足以还本付息的债务，可以通过依法注入优质资产、加强经营管理、加大改革力度等措施，提高项目盈利能力，增强偿债能力。事业单位在地方政府的指导下，加强财务管理、拓宽偿债资金渠道、统筹安排偿债资金。

（六）不得违反规定融资

2014年8月新修订的《预算法》、2014年9月《国务院关于加强地方政府性债务管理的意见》（国发〔2014〕43号）和《国务院关于深化预算管理制度改革的决定》（国发〔2014〕45号），按照堵疏结合的改革思路，对举借债务的主体、用途、规模和方式等进行了严格限制。规定了“地方政府不得通过企事业单位等举借债务”“地方政府举债采取政府债券方式。没有收益的公益性事业发展确需政府举借一般债务的，由地方政府发行一般债券融资，主要以一般公共预算收入偿还。有一定收益的公益性事业发展确需政府举借专项债务的，由地方政府通过发行专项债券融资，以对应的政府性基金或专项收入偿还”。因此，事业单位不得违反规定融资。

（七）不得违反规定提供担保

事业单位是由国家机关举办或者其他组织利用国有资产举办的，如果事业单位提供担保，实际上就是用国家信用和国有资产进行担保，形成事业单位的或有负债。因此，《规则》明确规定："事业单位不得提供担保"。《预算法》第三十五条也规定："地方政府及其所属部门不得为任何单位和个人的债务以任何方式提供担保"。

四、负债核算案例

事业单位债务核算主要内容包括债务的借入（形成）、债务偿还、债务计息、付息等业务。

【例 9－1】 2×14 年 1 月，某事业单位根据事业发展的需要，经批准建设省基础教育教研大厦，按项目资金规划需申请银行贷款 2 000 万元。2×14 年 6 月，该单位取得交通银行贷款 2 000 万元，款项已收到。借款合同约定，借款期限 3 年，年利率 4.9%，按季分期付息，到期还本。

财务会计	预算会计
借：银行存款　　20 000 000 　贷：长期借款　　20 000 000	借：资金结存——货币资金　　20 000 000 　贷：债务预算收入　　20 000 000

【例 9－2】 该事业单位在建设期内，每月计提借款利息，按季度支付给银行。

每月借款利息＝20 000 000×4.9%×1/12＝81 666.67（元）

财务会计	预算会计
借：在建工程——教研大厦工程　　81 666.67 　贷：应付利息　　81 666.67	

每季末支付借款利息。

财务会计	预算会计
借：应付利息 245 000 　贷：银行存款 245 000	借：事业支出 245 000 　贷：资金结存——货币资金 245 000

【例9-3】该事业单位教研大厦建设项目于2×15年9月竣工交付使用，工程交付使用后至贷款到期日，该事业单位按月计提借款利息，按季度支付给银行。

财务会计	预算会计
借：其他费用——借款利息 81 666.67 　贷：应付利息 81 666.67	

每季末支付借款利息。

财务会计	预算会计
借：应付利息 245 000 　贷：银行存款 245 000	借：事业支出 245 000 　贷：资金结存——货币资金 245 000

【例9-4】2×17年6月，该事业单位交通银行贷款到期，偿还借款本金2 000万元。

财务会计	预算会计
借：长期借款 20 000 000 　贷：银行存款 20 000 000	借：债务还本支出 20 000 000 　贷：资金结存——货币资金 20 000 000

【例9-5】某医院以分期付款方式购入大型检测设备1台，价款1 200万元，合同约定设备款分2年支付，每年支付设备款600万元。该设备不需要安装，支付设备运费1 000元。

财务会计	预算会计
借：固定资产 12 001 000 　贷：银行存款 1 000 　　长期应付款——检测设备款 12 000 000	借：事业支出 1 000 　贷：资金结存——货币资金 1 000

【例 9 –6】沿用［例 9 –5］。按合同约定，该医院支付当年应支付的上述医疗检测设备款 600 万元。

财务会计	预算会计
借：长期应付款——检测设备款 6 000 000 贷：银行存款 6 000 000	借：事业支出 6 000 000 贷：资金结存——货币资金 6 000 000

【例 9 –7】某高校根据教学业务需要，拟自筹资金组建无线校园网。经政府采购招标，与某网络施工单位签订了校园无线网络施工合同。为了保证工程质量，该高校按照合同约定，收取工程质量保证金 60 万元，约定在工程完工验收合格后 2 年内支付。

财务会计	预算会计
借：银行存款 6 000 000 贷：其他应付款——质保金 6 000 000	

【例 9 –8】沿用［例 9 –7］。上述校园网交付使用 2 年，使用中未发现质量问题，2 年质保期到期后支付施工单位质保金 60 万元。

财务会计	预算会计
借：其他应付款——质保金 6 000 000 贷：银行存款 6 000 000	

【例 9 –9】8 月 5 日，某高校收到学费 40 万元。

财务会计	预算会计
借：银行存款 400 000 贷：应缴财政款 400 000	

8 月 8 日，高校将学费 40 万元缴入财政专户。

财务会计	预算会计
借：应缴财政款　400 000 　贷：银行存款　400 000	

【例9-10】某事业单位代扣办公室人员个人所得税2 000元。

财务会计	预算会计
借：应付职工薪酬　2 000 　贷：应缴税费——个人所得税　2 000	

实际缴纳个人所得税2 000元。

财务会计	预算会计
借：应缴税费——个人所得税　2 000 　贷：银行存款　2 000	借：事业支出　2 000 　贷：资金结存——货币资金　2 000

【例9-11】某医院2×16年涉及一起医疗事故诉讼案，截至2×16年12月31日，该医院尚未收到法院判决。经咨询医院法律顾问后，胜诉的可能性为30%，败诉的可能性为70%，如败诉，医院须赔偿10万元，则该医院应按最可能发生的金额10万元确认预计负债。

该医院2×16年末确认预计负债10万元。

财务会计	预算会计
借：其他费用——诉讼赔偿　100 000 　贷：预计负债——未决诉讼　100 000	

2×17年2月，该医院收到法院判决书，法院判决该医院赔偿原告赔偿金9万元。

财务会计	预算会计
借：预计负债——未决诉讼　10 000 　贷：其他费用——诉讼赔偿　10 000	

同时，支付诉讼费5 000元，赔偿金9万元。

财务会计	预算会计
借：其他费用——诉讼费 5 000 预计负债——未决诉讼 90 000 贷：银行存款 95 000	借：其他支出 95 000 贷：资金结存——货币资金 95 000

第十章　事业单位清算

《规则》第九章“事业单位清算”共三条内容，规定了对事业单位清算的条件（情况）、含义、内容、清算后事业单位资产和负债的处理等管理要求。与原《规则》相比，一是本章在事业单位清算条件中增加了“事业单位改制”的情况，适应事业单位改革的实际情况。二是在清算的内容以及清算后续处理中，强调了对负债的移交、接收、核准、划转和管理工作内容。原《规则》只提及资产的移交、接收、核准、划转和管理工作，本次增加了负债的内容，使资产清算工作中对负债的处理有据可依。

一、事业单位清算的概念

事业单位清算是指事业单位发生划转、改制、撤销、合并、分立情况时，在主管部门和财政部门的监督指导下，对单位的财产、债权、债务等进行全面清查和处理的行为。

《规则》第五十二条规定：“事业单位发生划转、改制、撤销、合并、分立时，应当进行清算”。

划转是指事业单位由于隶属关系改变进行的划转。一种情况是事业单位成建制的在部门之间、上下级之间或单位之间的划转，如中共中央印发《深化党和国家机构改革方案》中“将国家公务员局并入中央组织部”；另一种情况是事业单位部分划转给另一个单位，如中共中央印发《深化党和国家机构改革方案》中“将农业部的渔船检验和监督管理职责划入交通运输部”。

改制是指依法改变事业单位原有的资本结构、组织形式、经营管理模式或体制等，使其在客观上适应社会经济发展新的需要。一般情况下是指将事业单位改制为企业。

撤销是指事业单位解散或终止，由相关政府部门决定。

合并是指两个或两个以上事业单位合并为一个新的事业单位或一个事业单位并入其他事业单位的行为。

分立是指一个事业单位分立为两个或两个以上事业单位的行为。

改革开放以来，为适应社会经济发展的需要，事业单位体制改革陆续进行。2011 年，中共中央、国务院印发《关于分类推进事业单位改革的指导意见》（中发〔2011〕5 号），国务院办公厅印发《分类推进事业单位改革的指导意见》（国办发〔2011〕37 号），包括《关于事业单位分类的意见》等 9 个配套文件，为做好分类推进事业单位改革工作提供了制度遵循。事业单位改革使事业单位原有的资本结构、组织形式、经营管理模式等发生了重大变革，部分科研院所等事业单位改制为企业、部分高校进行了分立或合并，事业单位划转、改制、撤销、合并、分立等情况不断发生，随之发生了事业单位清算行为。随着我国事业单位分类改革的不断深入，事业单位撤并划转等情况还会陆续发生，《规则》明确了事业单位清算工作相关内容。

二、事业单位清算内容

《规则》第五十三条规定："事业单位清算，应当在主管部门和财政部门的监督指导下，对单位的财产、债权、债务等进行全面清理，编制财产目录和债权、债务清单，提出财产作价依据和债权、债务处理办法，做好资产和负债的移交、接收、划转和管理工作，并妥善处理各项遗留问题"。事业单位清算程序及具体内容如下：

（一）成立清算机构

事业单位清算时，要成立清算机构。清算机构一般由事业单位负责人、资产、财务、人事、监督和其他相关部门人员组成，在主管部门、财政部门的监督指导下开展工作。清算机构主要负责制定清算工作实施方案、根据方案组织清算，必要时可委托社会中介机构对清算结果进行专项审计，并形成事业单位清算报告按规定逐级上报。清算期间，清算机构要加强对事业单位的财务控制和监督，确保财政资金管理规范和安全、有效，对事业单位财务运行状况负责。

（二）开展清算工作

1. 制定清算方案。清算方案主要内容包括单位清算基准日、实施步骤、进度安排、资产清查方案、资产处置方案、历史遗留问题的处理解决方案等内容。

2. 组织开展资产清查。根据经批准的资产清查方案，组织开展资产清查工作。

（1）单位基本情况清理。对本单位机构及人员状况、所属单位等基本情况进行全面清理。

（2）账务清理。以事业单位清算前的会计资料为依据，对单位的各种银行账户、各类库存现金、有价证券、各项资金往来和会计核算科目等基本账务情况进行全面核对和清理。

（3）财产清查。在对单位的财产、债权、债务等进行全面清理、盘点、核对和查实的基础上，编制财产目录和债权、债务清单等。并对清查出的各种资产盘盈、损失和资金挂账，按照资产清查要求进行分类，提出相关处理建议。

（4）清理债权、债务。对事业单位的债权，要积极组织催收。向债务单位发催收函，并与之沟通，确保债权资金尽快回笼。若遇到债务单位濒临破产等特殊情况无法收回的，如应在清算报告中予以说明并提出处置建议。对事业单位的债务要及时足额偿还，若有不能偿还的债务，如债权单位账户被冻结等特殊情况，也应在清算报告中予以说明并提出处置建议。

（5）妥善处理各项遗留问题。事业单位应当根据清算时的实际情况，提出对各项遗留问题的处理解决方案和善后工作方案，妥善处理遗留问题。如对工伤人员、离退休人员的后续安置等遗留问题。

（6）核算单位清算损益。根据财务制度和会计制度的规定，全面核算事业单位清算期间发生的各项经济业务和事项，及时入账。

（7）撰写清算报告。根据事业单位清算工作情况，撰写清算报告并报给主管部门和财政部门。清算过程中如发现违法违纪问题，应将有关情况形成专项报告，报给主管部门和财政部门。事业单位清算报告主要包括下列内容：

工作报告。主要反映单位清算工作基本情况和结果，应当包括单位清算基准日、范围、内容、结果，基准日资产及财务状况，对清算中发现问题的处理建议和实施计划、清算损益及其他有关清算的说明等。

清查报表。包括在财产清查过程中编制的财产目录、债权和债务清单等资产清查报表。

专项审计报告。社会中介机构对事业单位清算结果出具的经注册会计师签字的专项审计报告。涉密单位清算结果可由内审机构开展审计。如确需社会中介机构进行专项审计的，应当按照国家保密管理的规定做好保密工作。

证明材料。清算过程中查出的资产盘盈、资产损失和资金挂账等的相关凭证资料和具有法律效力的证明材料。

其他需要提供的备查材料。

涉密单位清算，应当按照国家保密管理的规定做好保密工作，防止失密、泄密。

（三）清算后资产和负债的处理

事业单位根据改革后的职能性质及其行政和财务隶属关系，经主管部门审核并报同级财政部门批准，做好相关财务经费指标的划转、移交和接收，以及相应的财务处理等工作。《规则》第五十四条规定了事业单位清算结束后，事业单位资产和负债的处理办法。具体内容如下：

1. 因隶属关系改变，成建制划转的事业单位，全部资产和负债无偿移交，并相应划转经费指标。事业单位成建制转为行政机构的，在完成全部资产和负债无偿划转和财务经费指标无偿划转后，按照国家有关行政单位财务、资产管理、基本建设财务管理规定进行管理。

2. 转为企业的事业单位，全部资产扣除负债后，转作国家资本金。对改革后转为企业的事业单位，完成单位清算后，转制单位要按照企业财务会计制度对各项资产、负债重新分类建账，并由中介机构进行财务审计，全部资产扣除负债后的余额，由同级财政部门核定为国家资本金。改制后的事业单位，应按照企业会计准则和制度建账进行会计核算；按照有关规定及时办理企业国有资产产权登记、核销事业编制、注销事业单位法人等手续。

按照国务院办公厅《关于印发分类推进事业单位改革配套文件的通知》（国办发〔2011〕37 号）中《关于分类推进事业单位改革中从事生产经营活动事业单位转制为企业的若干规定》，转制单位整体或部分改制为有限责任公司或者股份有限公司及进行产权转让等，按照《国有资产评估管理办法》

（2020年国务院令第732号）、《国有资产评估管理若干问题的规定》（财政部令第14号）等规定进行资产评估。资产评估结果报财政部门核准或备案。

3. 撤销的事业单位，全部资产和负债由主管部门和财政部门核准处理，如将资产调剂到其他行政事业单位、收回经费指标等。

4. 合并的事业单位，全部资产和负债移交接收单位或者新组建单位，合并后多余的资产由主管部门和财政部门核准处理。

5. 分立的事业单位，全部资产和负债按照有关规定移交分立后的事业单位，并相应划转经费指标。

改革后保留在事业单位序列的事业单位，涉及单位名称、法定代表人等事项变动的，要按照《事业单位登记管理暂行条例》和国家财政财务管理等有关规定，到县级以上机构编制部门办理相关变更登记手续后，再到财政等部门办理财务资产等相关变更手续。涉及事业单位注销的，相应注销事业单位法人，并做好全部资产的移交、划转工作。

三、事业单位清算要求

1. 在主管部门和财政部门的监督指导下进行事业单位清算。

事业单位清算内容包括单位资产和负债的清查盘点、处理，以及预算指标的划转等事项，需要在主管部门和财政部门的监督指导下有序开展。

2. 认真清理资产负债，如实反映单位财务状况。

事业单位必须严格执行资产清查和事业单位清算的有关规定，开展单位的财产、债权、债务等清理工作，履行相关评估、处置等程序，如实反映单位财务状况。做好资产和负债的移交、接收、划转和管理工作，并妥善处理各项遗留问题。清算期间不得开展有关清算以外的活动。

四、事业单位清算核算案例

案例背景：根据某省事业单位改革相关精神，该省编制机构印发《关于组建C中心的批复》，批复中明确“将A单位和B单位整合，组建C中心”“原A单位和B单位的债权债务由新组建的C中心承担”。

1. 案例分析。

（1）该案例是两个事业单位合并为一个新的事业单位，《规则》第五十二条规定：“事业单位发生划转、改制、撤销、合并、分立时，应当进行清算”，A单位和B单位应进行事业单位清算。

（2）按照《规则》第五十四条“事业单位清算结束后，经主管部门审核并报财政部门批准，合并的事业单位，全部资产和负债移交接收单位或者新组建单位，合并后多余的资产由主管部门和财政部门核准处理”的规定及《关于组建C中心的批复》内容，该案例属于事业单位整体资产划转，即A单位和B单位的全部资产和负债移交新组建的C中心，合并后多余的资产由主管部门和财政部门核准处理。

2. A单位和B单位工作流程，以A单位为例。

（1）成立清算机构，制定清算工作方案。

A单位收到省编制机构印发的《关于组建C中心的批复》后，应当成立由单位负责人、资产、财务、人事、监督和其他相关部门人员组成的清算工作组，在主管部门、财政部门的监督指导下开展清算工作。

清算工作组根据省机构改革相关规定及资产管理等规定，在主管部门和财政部门的监督指导下研究制定清算工作实施方案、根据方案组织清算。清算工作实施方案内容主要包括资产清查、资产划转等工作内容、时间表和路线图，明确各部门的责任分工等，确保清算工作有序开展、规范进行，保证国有资产安全完整。

（2）冻结单位财产物资。

A单位自收到省编制机构印发的《关于组建C中心的批复》之日起，冻结本单位的资金、资产，经上级财务主管部门批准的必须支付的人员经费和办公经费除外。

（3）开展资产清查工作。

一是申请开展资产清查工作。A单位机构改革属于《行政事业单位资产清查核实管理办法》（财资〔2016〕1号）第二条“行政事业单位进行重大改革或者改制应当进行资产清查”的情形，A单位应向主管部门提出资产清查立项申请，说明资产清查的原因，明确清查范围和基准日等内容，经批准后开展资产清查工作。

二是制定资产清查工作方案。主要内容包括：资产清查工作目标、清查基准日和范围、工作原则、方法和内容、资产清查工作机构（由资产、财务、纪检、人事、基建、后勤等相关部门组成）、相关工作要求等。

三是清理单位基本情况。A 单位应对单位机构设置、人员数量及状况、所属单位户数及人员状况等基本情况进行全面清理。

四是账务清理。A 单位对单位的各种银行账户、各类库存现金、有价证券、各项资金往来和会计核算科目等基本账务情况进行全面核对和清理。主要内容包括：以 A 单位清查基准日的会计资料为依据，对单位的各银行账户存款余额、库存现金、有价证券、支付宝和微信等货币资金逐项进行清点核对；对会计核算的科目、总账、明细账等基本账务情况进行全面核对和清理；对资产账与事业单位资产管理信息系统进行核对和清理；对往来款项逐笔清理、核实、结清，客观原因不能结清的债权，需取得债务方出具的欠款证明或债务单位濒临破产等特殊情况说明。不能偿还的债务，需说明不能偿还的原因。

五是财产清查。A 单位对单位的各项资产进行全面的清理、核对和查实。包括对房屋、土地、车辆办公家具及设备、文物陈列品、在建工程、材料、低值易耗品等有形资产及公共基础设施、政府储备物资等经管类资产进行实地盘点；对软件、设计部门的设计成果、对外投资等无实体形状的资产逐项进行清理和核对。确保账账相符、账实相符。

六是登记造册。在对单位的各类资产、负债等进行全面清理、盘点、核对和查实的基础上，分类登记，编制财产目录和债权、债务清单等。并对清查出的各种资产盘盈、损失和资金挂账，按照资产清查要求进行分类，提出相关处理建议。

七是形成 A 单位资产清查报告。

（4）妥善处理各项遗留问题。

A 单位应当根据清算时的实际情况，提出对各项遗留问题的处理解决方案和善后工作方案，妥善处理遗留问题。

（5）核算单位清算损益。

A 单位应当将单位清算期间发生的各项经济业务和事项，及时入账。

（6）撰写单位清算报告，经主管部门审核并报同级财政部门审批。

A 单位应当根据清算情况，撰写清算报告。主要包括以下内容：单位基本情况、资产清查情况、存在的问题与建议等。清算报告经主管部门审核后，报同级财政部门审批。

3. 资产划转。

（1）接收资产。

新组建的 C 中心完成挂牌后，根据财政部门批准的 A 单位和 B 单位的清算报告，整体接收相关资产。

（2）资产清查。

C 中心资产接收后，根据财政部《行政事业单位资产清查核实管理办法》（财资〔2016〕1 号），组织开展整体资产清查，并对合并后多余的资产提出处理意见，形成资产清查报告报主管部门审核后，报财政部门审核认定。

（3）调整账务、划转资产。

C 中心依据财政部门审核认定的结果调整账务、划转资产，处理各项遗留问题。

第十一章　财务报告和决算报告

《规则》第十章有较大调整，标题由“财务报告和财务分析”调整为“财务报告和决算报告”，共有五条内容，第五十五条明确了事业单位提供报告的总体原则，即“事业单位应当按国家有关规定向主管部门和财政部门以及其他有关的报告使用者提供财务报告、决算报告”，并进一步强调“事业单位财务会计和预算会计要素的确认、计量、记录、报告应当遵循政府会计准则制度的规定”，第五十六条至第五十九条明确了财务报告和决算报告的编制基础和具体组成。本章从财务报告和决算报告、财务分析和决算分析两部分内容分别进行介绍。

一、财务报告和决算报告

政府会计改革后，重新构建了政府会计主体要编制决算报告和财务报告的双报告会计核算模式。《规则》第五十六条规定：“财务报告主要以权责发生制为基础编制，综合反映事业单位特定日期财务状况和一定时期运行情况等信息”。第五十八条规定：“决算报告主要以收付实现制为基础编制，综合反映事业单位年度预算收支执行结果等信息”。

（一）财务报告体系

财务报告由财务报表和财务分析两部分组成。

1. 财务报表。财务报表以权责发生制为编制基础，根据事业单位财务会计核算账目分析整理、汇总编制的，反映事业单位某一时点的财务状况、运行情况等信息。《规则》第五十七条列举出财务报表主要包括资产负债表、收入费用表等会计报表和报表附注。结合政府会计准则制度相关规定，对事业单位财务报表另外两张常见财务报表净资产变动表和现金流量表一并做简要介绍。

（1）资产负债表。重点反映事业单位一定时点的财务状况。资产负债表应当按照资产、负债和净资产分类分项列示。其中，资产应当按照流动性分类分项列示，包括流动资产、非流动资产等；负债应当按照流动性分类分项列示，包括流动负债、非流动负债等。通过资产负债表可以判断事业单位资产构成、负债结构、偿债能力、净资产变动等情况。

（2）收入费用表。重点反映事业单位在一定期间的运行情况。收入费用表应当按照收入、费用和盈余分类分项列示。通过收入费用表可以判断事业单位财务运行结果，掌握收入费用构成以及盈余情况，并据此预测未来事业发展趋势等。

（3）净资产变动表。重点反映事业单位在一定期间的净资产变化情况。净资产变动表应当按照上年余额、以前年度盈余调整、本年年初余额、本年变动金额、本年年末余额分项分类列示。通过净资产变动表可以详细了解事业单位净资产变动情况，包含累计盈余、专用基金以及权益法调整项目的具体情况。

（4）现金流量表。重点反映事业单位在一定期间的现金流入和流出情况。现金流量表应当按照日常活动、投资活动、筹资活动的现金流量以及汇率变动对现金的影响额分类分项列示，采用直接法编制。通过现金流量表可以了解资产负债表各项目对现金的影响。

（5）报表附注。重点对财务报表作进一步解释说明，一般应当包括会计报表编制基础、遵循相关制度规定的声明、合并范围、重要会计政策与会计估计变更情况、会计报表重要项目明细信息及说明、需要说明的其他事项等内容。

2. 财务分析。主要包括财务状况分析、运行情况分析和财务管理情况等。财务分析是通过对资产负债表、收入费用表等相关报表数据、相关指标变化进行分析，了解事业单位现有财务状况、运行情况以及财务管理情况，据此判断未来趋势，提供财务管理可行性意见或建议，为报表使用者提供财务管理数据和相关信息。

（二）决算报告体系

决算报告由决算报表和决算分析两部分组成。

1. 决算报表。决算报表是根据政府会计中预算会计核算账目及相关资料为基础进行整理、分析和汇总后编制的，综合反映事业单位预算收支的年度执行结果，有助于决算报告使用者进行监督和管理，并为编制后续年度预算提供参考和依据。《规则》第五十八条列举出决算报表主要包括收入支出表、财政拨款收入支出表等会计报表。结合政府会计准则制度相关规定，对事业单位预算报表常见的预算结转结余变动表一并做简要介绍。

（1）收入支出表。重点反映事业单位一定时期的预算收入和支出执行情况。收入支出表由预算收入、预算支出、预算收支差额等构成。通过收入支出表可以了解事业单位各项预算执行总体情况。

（2）财政拨款收入支出表。重点反映事业单位在一定期间的财政拨款收支情况。财政拨款收入支出表由财政拨款收入、支出、结转结余等构成，通过财政拨款收入支出表可以了解事业单位收到的一般公共预算财政拨款和政府性基金预算财政拨款用于基本支出和项目支出的详细情况。

（3）预算结转结余变动表。重点反映事业单位在一定期间的预算结转结余变动情况。预算结转结余变动表由年初预算结转结余、年初余额调整、本年变动金额、年末预算结转结余等构成。通过预算结转结余变动表可以了解事业单位财政拨款结余结转和其他资金结转结余等情况。

2. 决算分析。主要包括收支预算执行分析、资金使用效益分析和机构人员情况等。决算分析是通过对预算收入、预算支出、预算结余以及财政拨款收入支出情况进行分析，分析事业单位预算执行和资金使用效益情况，了解机构人员情况，据此分析事业单位现有预算管理情况，为今后预算管理提供管理数据和相关信息。

（三）财务报告和决算报告的作用

财务报告和决算报告的核算基础不同，从不同侧面和角度反映了事业单位财务状况、运行情况和预算收支执行结果。财务报告和预算报告使用者包括各级人民代表大会常务委员会、债权人、各级政府及其有关部门、事业单位自身、社会公众和其他利益相关者。财务报告和决算报告的作用从报告使用者的角度可以归纳总结为以下三方面：

1. 财务报告和决算报告是事业单位加强内部管理、进行管理决策的重要参考。通过财务报告和决算报告数据和有关财务资料可以反映出事业单位事业发展目标和计划完成情况，发现预算管理、资产管理、负债管理、绩效管理等各方面需要加强和改进的环节，进而研究提出意见或建议，堵塞漏洞，进一步提高事业单位财务管理水平。

2. 财务报告和决算报告是人大、财政、审计等外部监督部门执行监督的重要资料。外部监督部门从事业单位的财务报告和决算报告中可以了解事业单位整体运行、收支以及财务状况，是实行监督检查的重要基础资料。同时，财务报告和决算报告也是社会公众、债权人和其他利益相关者了解事业单位业务活动、运行状况的重要资料。

3. 财务报告和预算报告是主管部门和财政部门核定收支和补助的重要依据。事业单位的财务报告和预算报告是事业单位开展业务活动的财务和预算结果，可以从侧面反映事业单位事业发展状况，分析考核事业单位预算执行情况和业务工作成果、预算管理和资产负债结构是否合理等，为核定下一年度预算以及制定相关配套措施提供重要依据。

（四）财务报告和决算报告编制

1. 基本要求。

（1）编制内容。财务报告和决算报告编制内容应当分别以经核对无误的财务会计和预算会计账簿数据为基础，分析、整理、汇总编制形成财务报告和决算报告，真实、完整、准确地反映事业单位会计信息。

（2）编制期间。按公历年度编制，即每年 1 月 1 日至 12 月 31 日。

（3）编制币种。应当以人民币作为报告币种。

（4）编制格式。应当按照财政部统一印发的报表格式进行编制。

2. 编制与审核。

事业单位在年度终了后，要根据政府会计准则制度、政府财务报告编制办法和编制操作指南规定以及财政部每年发布的年度部门决算编审相关资料等要求，编制年度财务报表和决算报表，并编写财务分析和决算分析，对单位资产状况、债务风险、收入费用、预算管理和绩效管理、预算执行情况、资金使用效益、机构人员情况进行必要的分析，形成完整的年度财务报告和决算报告。鉴于财务报告和决算报告的审核工作稍有差异，对其分别进行介绍。

财务报告的审核。财务报告审核的重点是报告的真实性、准确性、完整性和规范性，包括报表数据与会计账簿数据是否相符，是否有漏报、虚报和瞒报等现象；财务报表表内、表间勾稽关系是否衔接，抵销调整事项是否合理、准确，纸质数据与电子数据是否保持一致；是否涵盖所有报告主体和事项，报告内容是否完整；会计报表、报表附注、分析说明的格式等是否符合政府财务报告编制制度规定。事业单位对本单位的财务报告真实性、准确性、完整性、规范性进行初审并负责，经主管部门审核汇总后报送财政部门进行复审。

决算报告的审核。决算报告审核主要包括审核决算编制范围是否完整，是否有漏报和重复编报情况；审核决算报表是否合规、准确、完整；审核报表说明和决算分析是否符合决算编制规定。事业单位对决算报告进行审核后，经主管部门审核汇总后报送财政部门，按照法定程序进行批复。财政部门、主管部门根据管理需要在决算批复文件中提出决算审核中发现的主要问题及改进财政财务管理的意见，事业单位应当根据决算批复文件、审核审计意见等，办理预算执行调整事项，并按照政府会计准则制度规定进行会计处理。

二、财务分析和决算分析

财务分析和决算分析，是事业单位财务管理的重要组成部分。事业单位财务分析和决算分析是指运用财务报表、决算报表数据和其他有关资料，选取分析指标，采取各种分析方法对单位财政状况、运行情况、财务管理情况、预算执行情况、资金使用效益、机构人员情况等情况进行的分析和研究。事业单位应根据财政部门和主管部门的有关要求以及单位自身管理需要，定期或不定期进行财务分析，客观地评价事业单位财务管理活动、预算执行情况和效果，揭示财务管理的薄弱环节，提出财务管理意见，不断完善内部财务管理办法，提高财务管理水平，同时挖掘内部潜力，努力增收节支，提高资金使用效益。

（一）财务分析和决算分析的内容

事业单位财务分析包括财务状况分析、运行情况分析和财务管理情况等，决算分析包括收支预算执行分析、资金使用效益分析和机构人员情况。财务分析和决算分析涵盖内容较多，涉及事业单位财务管理和业务活动的方方面面。

1. 财务状况分析。主要包括：一是分析事业单位的货币资金、长期投资、固定资产、在建工程、公共基础设施、政府储备物资、保障性住房等重要资产项目的结构特点和变化情况，并评估对事业单位提供公共服务能力的影响。二是结合短期借款、长期借款等重点负债项目的增减变化情况，分析事业单位债务规模和债务结构等。三是运用资产负债率、现金比率、流动比率等指标，分析事业单位财务状况。

2. 运行情况分析。主要包括：一是分析事业单位的收入规模、结构及来源分布、重点收入项目的比重和变化趋势，以及经济形势、相关财政政策等对政府部门收入变动的影响等。二是分析事业单位费用规模、构成及变化情况，特别是事业单位控制成本的政策、投融资情况及对费用变动的影响等。三是运用事业单位的收入费用率等指标，分析事业单位收入与费用的比例情况。

3. 财务管理情况。主要分析事业单位各项财务管理制度是否健全，各项财务管理措施是否符合国家法律法规和单位实际情况，措施是否落实。分析查找出单位财务管理存在的薄弱环节，提出健全和完善单位内部各项财务规章制度的建议，制定有效管理措施，提高单位财务管理水平。

4. 收支预算执行分析。主要分析在预算执行过程中，预算执行进度与事业计划进度是否一致，预算收支与以前各期相比有无特殊变化以及分析其变化的主要原因。

5. 资金使用效益分析。主要分析资金投入和产出的关系，分析资金投入后产生的社会效益、经济效益等情况。分析资金安排是否合理，资金使用是否存在无效耗费等情况，寻找提高资金使用效益的有效途径。

6. 机构人员情况。主要包括单位人均预算支出、人均财务指标和人员增减变动等情况，分析单位人员经费及公用经费的合理性、人员配置的控制力度是否适宜等。

（二）财务分析和决算分析的方法

事业单位可采取比较分析法、比率分析法、结构分析法、趋势分析法、因素分析法、差额分析法等方法进行财务分析和决算分析。

1. 比较分析法。比较分析法是将两个或两个以上可比指标进行对比，测算出相互间的差异，从中进行分析、比较，找出产生差异的主要原因的一种分析方法。采用比较分析法需要注意三点：一是用于进行对比的各个时期的指标，在计算口径上必须一致；二是必须剔除偶发性因素的影响，使作为分析的数据能反映正常的一般情况；三是对某项有显著变动的指标应作重点分析，查找原因。

2. 比率分析法。比率分析法是指将财务指标中若干重要项目的相关数据相互比较，求出比率，用以分析和评价的一种方法。

3. 结构分析法。结构分析法是在统计分组的基础上，计算各组成部分所占比重，进而分析某一总体现象的内部结构特征、总体的性质、总体内部结构依时间推移而表现出的变化规律性的一种分析方法。

4. 趋势分析法。趋势分析法是通过对有关指标的各期对基期的变化趋势的分析，将两期或多期连续的相同指标或比率进行定基对比或环比对比，得出它们的增减变动方向、数额和幅度，以揭示发展趋势的一种分析方法。

5. 因素分析法。因素分析法是依据分析指标与其影响因素的关系，从数量上确定各因素对分析指标影响方向和影响程度的一种方法。因素分析法一般是将其中的一个因素作为变量，而将其他因素暂时作为不变量，然后进行替换，以测算此因素对该项指标变动影响的程度，然后根据构成指标各因素的依存关系，再逐一测定各因素影响的程度。

6. 差额分析法。差额分析法是利用各个因素实际数与计划数之间的差额为基础，按照因素分析法的排列和顺序直接计算出各个因素对分析指标影响程度的一种分析方法。

（三）财务分析和决算分析常用指标

《规则》将2012版《规则》中规定的财务分析指标内容删除，《规则》不再对财务分析指标进行统一规定，以下为常用财务分析和决算分析指标，供事业单位在分析时参考。

1. 财务分析指标。

（1）资产负债率。反映事业单位偿付全部债务本息能力的基本指标。计算公式为：

资产负债率＝负债总额/资产总额×100%

（2）现金比率。反映事业单位利用现金及现金等价物偿还短期债务的能力。计算公式为：

现金比率＝(货币资金＋财政应返还额度)/流动负债×100%

（3）流动比率。反映事业单位流动资产用于偿还流动负债的能力。计算公式为：

流动比率＝流动资产/流动负债×100%

（4）固定资产成新率。反映事业单位固定资产的持续服务能力。计算公式为：

固定资产成新率＝固定资产净值/固定资产原值×100%

（5）公共基础设施成新率。反映事业单位公共基础设施的持续服务能力。计算公式为：

公共基础设施成新率 = 公共基础设施净值/公共基础设施原值 ×100%

（6）保障性住房成新率。反映事业单位保障性住房的持续服务能力。计算公式为：

保障性住房成新率 = 保障性住房净值/保障性住房原值 ×100%

（7）收入费用率。反映事业单位收入与费用的比例情况。计算公式为：

收入费用率 = 年度总费用/年度总收入 ×100%

2. 决算分析指标。

（1）预算收入和支出完成率。反映事业单位收入和支出总预算及分项预算完成的程度。计算公式为：

预算收入完成率 = 年终执行数/(年初预算数 + 年中预算调整数) ×100%

年终执行数不含上年结转和结余收入数。

预算支出完成率 = 年终执行数/(年初预算数 + 年中预算调整数) ×100%

年终执行数不含上年结转和结余支出数。

（2）人员支出、公用支出占事业支出的比率。反映事业单位事业支出结构。计算公式为：

人员支出比率 = 人员支出/事业支出 ×100%

公用支出比率 = 公用支出/事业支出 ×100%

人员支出包括事业支出中的工资福利支出、对个人和家庭补助支出；公用支出是事业支出中除人员支出以外的其他支出。

（3）人均基本支出。反映事业单位按照实际在编人员平均的基本支出水平。计算公式为：

人均基本支出 =(基本支出 − 离退休人员支出)/实际在编人数

（4）财政拨款依存度。反映事业单位对财政拨款的依赖程度。

财政拨款依存度 = 财政拨款收入/收入总额 ×100%

（四）财务分析和决算分析报告

财务分析和决算分析报告是事业单位根据财务分析和决算分析结果，整理形成的书面报告。目前根据相关规定，要求决算分析要形成单独的书面报告，财务分析是否形成单独的财务分析报告并未明确。

《政府财务报告报告编制操作指南（试行）》附件 1 是政府部门财务报告

样式，其中，第二部分内容为政府部门财务分析，主要包括政府部门工作目标完成情况、政府部门财务状况分析、政府部门运行情况分析、政府部门财务管理情况等内容。事业单位应根据本章介绍的财务分析内容、方法、指标等，将财务分析结果填写在财务报告中第二部分内容中即可。

2021 年，财政部印发《部门决算管理办法》（财库〔2021〕36 号），第二十八条规定："各级政府财政部门、各部门、各单位应当加强对决算数据和预算绩效的分析，汇编分析资料，撰写分析报告，强化决算分析结果的反馈和运用，及时解决决算反映的问题，发挥决算对预算编制、执行以及财务管理的促进作用"。该文件明确提出决算分析要撰写决算分析报告，决算分析报告主要包括单位情况、收入支出预算执行情况分析、本年度部门决算等财务工作开展情况等内容。事业单位应根据本章介绍的决算分析内容、方法、指标等，按决算分析结果撰写决算分析报告。

第十二章 财 务 监 督

《规则》第十一章“财务监督”共五条内容，明确了事业单位财务监督的内容、形式，提出建立健全监督制度和依法接受外部监督的要求。本次修订在第六十三条中增加“事业单位应当遵守财经纪律和财务制度”的内容，新增第六十四条“各级事业单位、主管部门和财政部门及其工作人员存在违反本规则规定的行为，以及其他滥用职权、玩忽职守、徇私舞弊等违法违规行为的，依法追究相应责任”的内容。

一、财务监督的定位与作用

事业单位财务监督是指根据国家有关法律、法规和财务规章制度，对事业单位财务活动及相关经济活动所进行的监督检查。正确理解财务监督的定位与作用，有利于事业单位提高财务监督意识，加强财务监督管理，规范财务行为，促进事业健康发展。

（一）财务监督的定位

习近平总书记在中国共产党第十九届中央纪律检查委员会第四次全体会议上强调，要完善党和国家监督体系，要以党内监督为主导，推动人大监督、民主监督、行政监督、司法监督、审计监督、财会监督、统计监督、群众监督、舆论监督有机贯通、相互协调。首次将财会监督纳入了以党内监督为主导的党和国家监督体系，确定了财会监督新的定位，赋予财会监督新的内涵，新时代的财会监督体系涵盖财政监督、财务监督、会计监督等，财务监督是财会监督体系的重要组成部分。因此，事业单位要提高认识，认真落实和执行财务监管有关内容。

（二）财务监督的作用

1. 维护财经纪律严肃性，提升财务管理水平。通过财务监督，可以了解和掌握事业单位遵守国家有关法律法规、财务规章制度情况，揭示财务管理中存在违反财经纪律的违法违规行为，依法追究相关责任，进一步明确法律法规的底线和制度约束的刚性，促进事业单位坚持按章、按程序办事，严肃财经纪律。同时，财务监督可以识别财务管理薄弱环节，及时填补漏洞，规范财务行为，提高财务管理水平。

2. 加强事业单位预算管理，促进事业健康发展。事业单位的预算管理水平决定单位发展目标和计划能否实现。通过财务监督，可以发现事业单位预算管理有关情况，包括预算编制是否合理，预算执行是否存在问题等，进而就发现的问题采取有效措施，及时进行解决，保证预算收支平衡，确保实现事业单位发展目标，促进各项事业健康发展。

3. 保证事业单位资产安全，提高资产使用效益。事业单位的资产是单位开展业务活动的物质基础。财务监督是维护事业单位资产安全和完整的有效手段。通过财务监督，可以有效促进事业单位加强资产管理，合理配置和有效使用资产，避免资产使用中的铺张浪费，保证资产的安全和完整，防止资产流失和不必要的资产损失，促进事业单位勤俭节约，提高资产使用效益。

二、财务监督的主要内容

《规则》第六十条规定：“事业单位财务监督主要包括对预算管理、收入管理、支出管理、结转和结余管理、专用基金管理、资产管理、负债管理等的监督”。事业单位的财务监督内容涵盖了单位财务管理和财务活动的各个方面，监督内容丰富、范围广泛。当然，财务监督的具体内容也会随着国家法律法规、财务制度以及相关政策的不断完善而不断变化和补充，本书就常见的财务监督内容进行列举。

（一）对预算管理的监督

对预算管理的监督包括对单位预算编制和执行的监督。

对预算编制的监督主要包括：预算编制是否符合国家有关政策，是否结合事业单位改革要求、事业特点、事业发展目标和计划、事业单位收支及资产状况；收入预算是否结合以前年度结转和结余情况；支出预算是否贯彻了勤俭节约的方针，是否安排国家确定的重点支出；收支是否平衡，内容是否完整，定额或者定项补助是否准确；是否按规定程序编制预算。

对预算执行的监督主要包括：预算执行的进度是否按计划进行；是否擅自改变预算支出的用途；预算调整是否符合规定；是否虚列收入或支出；是否按规定编制决算草案；是否按规定对决算进行审核和分析；决算数据是否真实、准确；是否全面实施绩效管理。

（二）对收入管理的监督

对收入管理的监督主要包括：各项收入是否全部纳入单位预算；是否违规设立收费项目、提高收费标准、扩大收费范围；是否公开收费目录；是否按国家规定划清了各项收入的界限，对各项收入是否按规定进行管理和核算；应上缴国库或者财政专户的各项收入是否及时、足额上缴，有无隐瞒、滞留、截留、占用、挪用、拖欠或坐支问题。

（三）对支出管理的监督

对支出管理的监督主要包括：各项支出是否都纳入了单位预算，是否严格按照预算执行；是否实行项目库管理；是否厉行节约，是否存在铺张浪费问题；是否违反规定扩大开支范围、提高开支标准；专项资金是否专款专用，单独核算；是否按规定报送专项资金使用情况的报告；是否执行国库集中支付和政府采购制度等有关规定；票据来源是否合法，内容是否真实，有无使用虚假票据的问题。

（四）对结转和结余管理的监督

对结转和结余管理的监督主要包括：经营收支结转和结余是否单独反映；结转和结余资金的使用是否符合相关规定；超时限未使用完的财政拨款结转资金是否按规定上缴；非财政拨款结余的管理是否合理，支出是否超出非财政拨款结余规模。

（五）对专用基金管理的监督

对专用基金管理的监督主要包括：是否遵循先提后用、专款专用的原则，支出是否超出基金规模；专用基金是否按照有关规定提取和使用；是否将专用基金纳入预算管理；专用基金调整用途是否符合有关规定；专用基金的提取比例是否符合有关规定。

（六）对资产管理的监督

对资产管理的监督主要包括：是否建立健全单位资产管理制度，是否明确资产使用人和管理人的岗位责任，是否按规定设置国有资产台账；配置价值较高的资产是否进行资产评估；是否按照规定编制本单位行政事业性国有资产管理情况报告；是否定期或不定期对资产进行盘点、对账；对需要办理权属登记的资产是否依法及时办理；货币性资产损失核销程序是否合规；在建工程达到交付使用状态时，是否按规定及时转入固定资产，是否按照规定期限办理建设项目竣工财务决算；无形资产的取得和转让是否符合国家有关规定；利用国有资产对外投资是否符合规定的权限和程序；是否使用财政拨款及其结余对外投资，是否从事股票、期货、基金、企业债券等投资；是否将对外投资形成的股权纳入经营性国有资产集中统一监管体系；事业单位资产处置是否严格履行相关审批程序；事业单位出租、出借资产是否履行规定审批程序。

（七）对负债管理的监督

对负债管理的监督主要包括：是否对负债进行分类管理；是否存在长期挂账的负债未偿还；是否建立财务风险预警和控制机制，借入款项是否执行有关审批程序；是否如实反映举借债务情况；是否存在违规融资或提供担保等情况。

三、财务监督的形式

《规则》第六十一条规定：“事业单位财务监督应当实行事前监督、事中监督、事后监督相结合，日常监督与专项监督相结合”。第六十三条规定：“事业单位应当遵守财经纪律和财务制度，依法接受主管部门和财政、审计部门的监督”。由于财务监督的对象、范围、目的等不同，按照不同标准，财务监督可划分为不同形式。事业单位在依法接受外部监督的同时，要有机结合各种监督形式，形成监督合力。

（一）事前监督、事中监督、事后监督相结合

按实施财务监督的时间来划分，事业单位的财务监督可划分为事前监督、事中监督和事后监督。

事前监督是指在某项财务活动实施之前对其所进行的监督。例如，对预算或计划执行前进行的监督，对某项业务开展之前的资金落实情况的监督等。事前监督是一种积极的、预防性的监督，可以督促单位认真贯彻国家有关政策和财务规章制度，做好各项财务活动的事前准备和决策工作，提高计划和决策的科学性、合理性，避免因决策不当、计划不周所造成的不必要的损失和浪费。

事中监督是指在某项财务活动的实施过程中对其所进行的监督。例如，对预算执行情况的监督，对专项资金使用情况的监督等。事中监督贯穿于事业单位财务活动的始终，涉及财务活动的各个环节、各个方面。事中监督的主要作用是对财务活动过程进行控制，及时发现和解决问题，保证财务活动顺利开展和有效推进。

事后监督是指在某项财务活动发生以后对其结果所进行的监督。例如，对单位决算编报的监督，对国有资产管理情况报告的监督等。实践中事后监督是常见的，但相较于事前、事中监督是相对滞后的。事后监督的主要作用是通过对财务活动结果的监督，总结推广先进经验，发现问题，研究提出改进措施，进一步提高财务管理水平。

事前、事中、事后监督相辅相成，互相配合，是一个相互衔接的整体，必须把三者有机结合起来，做好对财务活动决策、实施过程以及结果的全流程、全方位监督，有效发挥监督合力，确保各项财务活动依法依规、合理有效运行。

（二）日常监督与专项监督相结合

从监督的形式来划分，事业单位的财务监督可划分为日常监督和专项监督。

日常监督是指对单位财务活动所实施的常规性监督。例如，平时对各种物资的收发存、设备的保管和使用情况等实施的监督。日常监督是财务监督的主要形式，强调对财务活动随时性、经常性的监督检查。日常监督的主要作用是通过对单位的各项财务活动监督检查，及时发现问题，保证事业单位财务活动

顺利进行。

专项监督是指对单位的某一项财务活动所进行的监督。例如，对单位收入管理情况的监督，对专项资金管理使用的监督等。专项监督的内容视财务管理的需要或针对管理中的薄弱环节及存在的问题而定，具有内容单一、针对性强的特点。专项监督的主要作用是通过对单位的财务活动进行深入的检查，发现财务活动中存在的问题，有针对性地提出改进措施，提高财务管理工作质量。

日常监督和专项监督，各有侧重，各具优势，发挥不同的功能和作用，必须结合使用。

（三）内部监督与外部监督相结合

按照实施财务监督的主体来划分，事业单位的财务监督可划分为内部监督和外部监督。

内部监督是指单位自行组织的，对本单位的财务所进行的监督。内部监督是财务监督的重要组成部分。在事业单位财务管理中，财务监督的大量工作是由单位自行组织完成的。内部监督有利于完善单位财务管理的自我监督机制，促进单位自觉总结经验，发现问题，及时采取措施堵塞漏洞，提高财务管理水平。

外部监督是指政府有关部门、有关单位、社会中介组织和社会公众对单位的财务活动所进行的监督。外部监督更具客观性和权威性，有利于弥补内部监督的不足。根据国家有关法律法规的规定，事业单位的主管部门和财政、审计部门对事业单位的预算编制和执行、收入和支出、资产和负债管理等财务活动进行监督检查。事业单位应依法接受外部监督，按照有关规定提供相关材料，积极配合检查，认真落实主管部门和财政、审计部门提出的整改意见和处理处罚决定。

内部监督和外部监督是两个不同角度发起的监督，互相补充，内部监督可为外部监督提供基础信息，外部监督促进强化内部监督，应加强结合运用，共同营造合法合规的财务管理环境。

四、财务监督制度和财务信息公开

《规则》第六十二条规定："事业单位应当建立健全内部控制制度、经济责任制度、财务信息披露制度等监督制度，依法公开财务信息”。建立健全财务监督制度，有利于保障事业单位各项财务活动规范有序运行，依法公开财务信息有利于实现对事业单位的有效监督。事业单位要按照国家相关规定，建立健全内部财务监督制度，依法公开相关财务信息。

1. 建立健全内部控制制度。内部控制是指事业单位为实现合理保证单位经济活动合法合规、资产安全和使用有效、财务信息真实完整，有效防范舞弊和预防腐败，提高公共服务的效率和效果的目的，通过制定制度、实施措施和执行程序，对经济活动的风险进行防范和管控。内部控制作为内部治理的基本要素，是内部管理与监督的关键架构，是风险防范、预警与控制的重要机制。2012 年 11 月，财政部印发《行政事业单位内部控制规范（试行）》（财会〔2012〕21 号），自 2014 年 1 月 1 日起施行。事业单位要按照分事行权、分岗设权、分级授权和定期轮岗的基本要求，综合运用不相容岗位相分离、内部授权审批控制、归口管理等方法进行内部控制，并将内部控制建设与规范岗位管理、廉政风险防控机制建设、审计工作等有效结合，建立健全单位内部控制制度，提高财务管理水平，防范化解财务风险。

2. 建立健全经济责任制度。事业单位的经济责任制是指事业单位按照责、权、利相结合的原则，将单位的经济责任加以分解，落实落细到单位负责人、具体部门和相关人员等的管理制度。实行经济责任制有利于调动单位负责人、相关人员的积极性和主动性，承担责任，担当作为，避免遇事互相推诿，有利于事业健康发展。事业单位要在主管部门和财政部门的指导下，结合自身实际情况，建立健全经济责任制度。

3. 建立健全财务信息披露制度。《中共中央　国务院关于分类推进事业单位改革的指导意见》（中发〔2011〕5 号）明确提出“面向社会提供公益服务的事业单位要建立信息披露制度，重要事项和年度报告要向社会公开，涉及人民群众切身利益的重大公益服务事项要进行社会公示和听证”。事业单位是提供公益服务的社会服务组织，建立健全财务信息披露制度，是贯彻落实中发〔2011〕5 号文件的重要措施，也是加强社会监督的重要手段。事业单位要根据国家有关要求，结合实际情况，建立健全单位财务信息披露制度，明确单位财务信息披露内部审批流程、权限等。

4. 依法公开财务信息。阳光是最好的防腐剂，依法公开财务信息有利于实现对事业单位的有效监督。事业单位要根据法律法规相关规定以及单位内部财务信息披露制度等规定，依法公开单位财务相关信息。事业单位的财务信息涵盖财务活动的方方面面，主要包括预决算、财务报告等信息。《预算法》《预算法实施条例》明确了预决算信息公开的相关内容，事业单位应严格执行。另外，政府财务报告公开制度尚在研究阶段，国家尚未出台相关规定。

五、违规行为的责任追究

《规则》第六十四条规定："各级事业单位、主管部门和财政部门及其工作人员存在违反本规则规定的行为，以及其他滥用职权、玩忽职守、徇私舞弊等违法违规行为的，依法追究相应责任"。该条内容为本次修订的新增内容，明确在财务监督中发现的违反《规则》规定的行为和发现的其他违法违规行为，要依法追究相应责任。

1. 对违反《规则》规定行为的责任追究。在财务监督过程中，发现的违反《规则》规定的行为，要依法对单位或有关工作人员追究相关责任，根据具体违规行为，按照《预算法》《预算法实施条例》《行政事业性国有资产管理条例》《财政违法行为处罚处分条例》等法律法规进行处理处罚，责令单位或有关工作人员进行整改。

2. 对其他违法违规行为的责任追究。在财务监督过程中，可能会发现其他违法违规行为，如滥用职权、玩忽职守、徇私舞弊等行为，应视其情节，按照《公务员法》《监察法》《财政违法行为处罚处分条例》等相关规定进行处理，对于情节严重构成犯罪的，应按照相关程序移交司法部门，依法追究刑事责任。

附　　录

《事业单位财务规则》修订前后对照表

事业单位财务规则（修订前）	事业单位财务规则（修订后）
第一章　总则	第一章　总则
第一条　为了进一步规范事业单位的财务行为，加强事业单位财务管理和监督，提高资金使用效益，保障事业单位健康发展，制定本规则。	第一条　为了进一步规范事业单位的财务行为，加强事业单位财务管理和监督，提高资金使用效益，保障事业单位健康发展，制定本规则。
第二条　本规则适用于各级各类事业单位（以下简称事业单位）的财务活动。	第二条　本规则适用于各级各类事业单位（以下简称事业单位）的财务活动。
第三条　事业单位财务管理的基本原则是：执行国家有关法律、法规和财务规章制度；坚持勤俭办事业的方针；正确处理事业发展需要和资金供给的关系，社会效益和经济效益的关系，国家、单位和个人三者利益的关系。	第三条　事业单位财务管理的基本原则是：执行国家有关法律、法规和财务规章制度；坚持勤俭办一切事业的方针；正确处理事业发展需要和资金供给的关系，社会效益和经济效益的关系，国家、单位和个人三者利益的关系。
第四条　事业单位财务管理的主要任务是：合理编制单位预算，严格预算执行，完整、准确编制单位决算，真实反映单位财务状况；依法组织收入，努力节约支出；建立健全财务制度，加强经济核算，实施绩效评价，提高资金使用效益；加强资产管理，合理配置和有效利用资产，防止资产流失；加强对单位经济活动的财务控制和监督，防范财务风险。	第四条　事业单位财务管理的主要任务是：合理编制单位预算，严格预算执行，完整、准确编制单位决算报告和财务报告，真实反映单位预算执行情况、财务状况和运行情况；依法组织收入，努力节约支出；建立健全财务制度，加强经济核算，全面实施绩效管理，提高资金使用效益；加强资产管理，合理配置和有效利用资产，防止资产流失；加强对单位经济活动的财务控制和监督，防范财务风险。
第五条　事业单位的财务活动在单位负责人的领导下，由单位财务部门统一管理。	第五条　事业单位的财务活动在单位负责人的领导下，由单位财务部门统一管理。

续表

事业单位财务规则（修订前）	事业单位财务规则（修订后）
	第六条　事业单位的各项经济业务事项按照国家统一的会计制度进行会计核算。
第二章　单位预算管理	第二章　单位预算管理
第六条　事业单位预算是指事业单位根据事业发展目标和计划编制的年度财务收支计划。 事业单位预算由收入预算和支出预算组成。	第七条　事业单位预算是指事业单位根据事业发展目标和计划编制的年度财务收支计划。 事业单位预算由收入预算和支出预算组成。
第七条　国家对事业单位实行核定收支、定额或者定项补助、超支不补、结转和结余按规定使用的预算管理办法。 定额或者定项补助根据国家有关政策和财力可能，结合事业特点、事业发展目标和计划、事业单位收支及资产状况等确定。定额或者定项补助可以为零。 非财政补助收入大于支出较多的事业单位，可以实行收入上缴办法。具体办法由财政部门会同有关主管部门制定。	第八条　国家对事业单位实行核定收支、定额或者定项补助、超支不补、结转和结余按规定使用的预算管理办法。 定额或者定项补助根据国家有关政策和财力可能，结合事业单位改革要求、事业特点、事业发展目标和计划、事业单位收支及资产状况等确定。定额或者定项补助可以为零。 非财政补助收入大于支出较多的事业单位，可以实行收入上缴办法。具体办法由财政部门会同有关主管部门制定。
第八条　事业单位参考以前年度预算执行情况，根据预算年度的收入增减因素和措施，以及以前年度结转和结余情况，测算编制收入预算；根据事业发展需要与财力可能，测算编制支出预算。 事业单位预算应当自求收支平衡，不得编制赤字预算。	第九条　事业单位参考以前年度预算执行情况，根据预算年度的收入增减因素和措施，以及以前年度结转和结余情况，测算编制收入预算草案；根据事业发展需要与财力可能，测算编制支出预算草案。 事业单位预算应当自求收支平衡，不得编制赤字预算。
第九条　事业单位根据年度事业发展目标和计划以及预算编制的规定，提出预算建议数，经主管部门审核汇总报财政部门（一级预算单位直接报财政部门，下同）。事业单位根据财政部门下达的预算控制数编制预算，由主管部门审核汇总报财政部门，经法定程序审核批复后执行。	第十条　事业单位应当根据国家宏观调控总体要求、年度事业发展目标和计划以及预算编制的规定，提出预算建议数，经主管部门审核汇总报财政部门（一级预算单位直接报财政部门，下同）。事业单位根据财政部门下达的预算控制数编制预算草案，由主管部门审核汇总报财政部门，经法定程序审核批复后执行。
第十条　事业单位应当严格执行批准的预算。预算执行中，国家对财政补助收入和财政专户管理资金的预算一般不予调整。上级下达的事业计划有较大调整，或者根据国家有关政策增加或者减少支出，对预算执行影响较大时，事业单位应当报主管部门审核后报财政部门调整预算；财政补助收入和财政专户管理资金以外部分的预算需要调增或者调减的，由单位自行调整并报主管部门和财政部门备案。 收入预算调整后，相应调增或者调减支出预算。	第十一条　事业单位应当严格执行批准的预算。预算执行中，国家对财政补助收入和财政专户管理资金的预算一般不予调剂，确需调剂的，由事业单位报主管部门审核后报财政部门调剂；其他资金确需调剂的，按照国家有关规定办理。

续表

事业单位财务规则（修订前）	事业单位财务规则（修订后）
第十一条　事业单位决算是指事业单位根据预算执行结果编制的年度报告。	第十二条　事业单位决算是指事业单位预算收支和结余的年度执行结果。
第十二条　事业单位应当按照规定编制年度决算，由主管部门审核汇总后报财政部门审批。	第十三条　事业单位应当按照规定编制年度决算草案，由主管部门审核汇总后报财政部门审批。
第十三条　事业单位应当加强决算审核和分析，保证决算数据的真实、准确，规范决算管理工作。	第十四条　事业单位应当加强决算审核和分析，保证决算数据的真实、准确，规范决算管理工作。
	第十五条　事业单位应当全面加强预算绩效管理，提高资金使用效益。
第三章　收入管理	第三章　收入管理
第十四条　收入是指事业单位为开展业务及其他活动依法取得的非偿还性资金。	第十六条　收入是指事业单位为开展业务及其他活动依法取得的非偿还性资金。
第十五条　事业单位收入包括： （一）财政补助收入，即事业单位从同级财政部门取得的各类财政拨款。 （二）事业收入，即事业单位开展专业业务活动及其辅助活动取得的收入。其中：按照国家有关规定应当上缴国库或者财政专户的资金，不计入事业收入；从财政专户核拨给事业单位的资金和经核准不上缴国库或者财政专户的资金，计入事业收入。 （三）上级补助收入，即事业单位从主管部门和上级单位取得的非财政补助收入。 （四）附属单位上缴收入，即事业单位附属独立核算单位按照有关规定上缴的收入。 （五）经营收入，即事业单位在专业业务活动及其辅助活动之外开展非独立核算经营活动取得的收入。 （六）其他收入，即本条上述规定范围以外的各项收入，包括投资收益、利息收入、捐赠收入等。	第十七条　事业单位收入包括： （一）财政补助收入，即事业单位从本级财政部门取得的各类财政拨款。 （二）事业收入，即事业单位开展专业业务活动及其辅助活动取得的收入。其中：按照国家有关规定应当上缴国库或者财政专户的资金，不计入事业收入；从财政专户核拨给事业单位的资金和经核准不上缴国库或者财政专户的资金，计入事业收入。 （三）上级补助收入，即事业单位从主管部门和上级单位取得的非财政补助收入。 （四）附属单位上缴收入，即事业单位附属独立核算单位按照有关规定上缴的收入。 （五）经营收入，即事业单位在专业业务活动及其辅助活动之外开展非独立核算经营活动取得的收入。 （六）其他收入，即本条上述规定范围以外的各项收入，包括投资收益、利息收入、捐赠收入、非本级财政补助收入、租金收入等。
第十六条　事业单位应当将各项收入全部纳入单位预算，统一核算，统一管理。	第十八条　事业单位应当将各项收入全部纳入单位预算，统一核算，统一管理，未纳入预算的收入不得安排支出。
第十七条　事业单位对按照规定上缴国库或者财政专户的资金，应当按照国库集中收缴的有关规定及时足额上缴，不得隐瞒、滞留、截留、挪用和坐支。	第十九条　事业单位对按照规定上缴国库或者财政专户的资金，应当按照国库集中收缴的有关规定及时足额上缴，不得隐瞒、滞留、截留、占用、挪用、拖欠或坐支。

续表

事业单位财务规则（修订前）	事业单位财务规则（修订后）
第四章　支出管理	第四章　支出管理
第十八条　支出是指事业单位开展业务及其他活动发生的资金耗费和损失。	第二十条　支出是指事业单位开展业务及其他活动发生的资金耗费和损失。
第十九条　事业单位支出包括： （一）事业支出，即事业单位开展专业业务活动及其辅助活动发生的基本支出和项目支出。基本支出是指事业单位为了保障其正常运转、完成日常工作任务而发生的人员支出和公用支出。项目支出是指事业单位为了完成特定工作任务和事业发展目标，在基本支出之外所发生的支出。 （二）经营支出，即事业单位在专业业务活动及其辅助活动之外开展非独立核算经营活动发生的支出。 （三）对附属单位补助支出，即事业单位用财政补助收入之外的收入对附属单位补助发生的支出。 （四）上缴上级支出，即事业单位按照财政部门和主管部门的规定上缴上级单位的支出。 （五）其他支出，即本条上述规定范围以外的各项支出，包括利息支出、捐赠支出等。	第二十一条　事业单位支出包括： （一）事业支出，即事业单位开展专业业务活动及其辅助活动发生的基本支出和项目支出。基本支出，是指事业单位为保障其单位正常运转、完成日常工作任务所发生的支出，包括人员经费和公用经费；项目支出，是指事业单位为完成其特定的工作任务和事业发展目标所发生的支出。 （二）经营支出，即事业单位在专业业务活动及其辅助活动之外开展非独立核算经营活动发生的支出。 （三）对附属单位补助支出，即事业单位用财政补助收入之外的收入对附属单位补助发生的支出。 （四）上缴上级支出，即事业单位按照财政部门和主管部门的规定上缴上级单位的支出。 （五）其他支出，即本条上述规定范围以外的各项支出，包括利息支出、捐赠支出等。
第二十条　事业单位应当将各项支出全部纳入单位预算，建立健全支出管理制度。	第二十二条　事业单位应当将各项支出全部纳入单位预算，实行项目库管理，建立健全支出管理制度。
第二十一条　事业单位的支出应当严格执行国家有关财务规章制度规定的开支范围及开支标准；国家有关财务规章制度没有统一规定的，由事业单位规定，报主管部门和财政部门备案。事业单位的规定违反法律制度和国家政策的，主管部门和财政部门应当责令改正。	第二十三条　事业单位的支出应当厉行节约，严格执行国家有关财务规章制度规定的开支范围及开支标准；国家有关财务规章制度没有统一规定的，由事业单位规定，报主管部门和财政部门备案。事业单位的规定违反法律制度和国家政策的，主管部门和财政部门应当责令改正。
第二十二条　事业单位在开展非独立核算经营活动中，应当正确归集实际发生的各项费用数；不能归集的，应当按照规定的比例合理分摊。 经营支出应当与经营收入配比。	
第二十三条　事业单位从财政部门和主管部门取得的有指定项目和用途的专项资金，应当专款专用、单独核算，并按照规定向财政部门或者主管部门报送专项资金使用情况；项目完成后，应当报送专项资金支出决算和使用效果的书面报告，接受财政部门或者主管部门的检查、验收。	第二十四条　事业单位从财政部门和主管部门取得的有指定项目和用途的专项资金，应当专款专用、单独核算，并按照规定报送专项资金使用情况的报告，接受财政部门或者主管部门的检查、验收。

续表

事业单位财务规则（修订前）	事业单位财务规则（修订后）
第二十四条　事业单位应当加强经济核算，可以根据开展业务活动及其他活动的实际需要，实行内部成本核算办法。	第二十五条　事业单位应当加强经济核算，可以根据开展业务活动及其他活动的实际需要，实行成本核算。成本核算的具体办法按照国务院财政部门相关规定执行。
第二十五条　事业单位应当严格执行国库集中支付制度和政府采购制度等有关规定。	第二十六条　事业单位应当严格执行国库集中支付制度和政府采购制度等有关规定。
第二十六条　事业单位应当加强支出的绩效管理，提高资金使用的有效性。	
第二十七条　事业单位应当依法加强各类票据管理，确保票据来源合法、内容真实、使用正确，不得使用虚假票据。	第二十七条　事业单位应当依法加强各类票据管理，确保票据来源合法、内容真实、使用正确，不得使用虚假票据。
第五章　结转和结余管理	第五章　结转和结余管理
第二十八条　结转和结余是指事业单位年度收入与支出相抵后的余额。 结转资金是指当年预算已执行但未完成，或者因故未执行，下一年度需要按照原用途继续使用的资金。结余资金是指当年预算工作目标已完成，或者因故终止，当年剩余的资金。 经营收支结转和结余应当单独反映。	第二十八条　结转和结余是指事业单位年度收入与支出相抵后的余额。 结转资金是指当年预算已执行但未完成，或者因故未执行，下一年度需要按照原用途继续使用的资金。结余资金是指当年预算工作目标已完成，或者因故终止，当年剩余的资金。 经营收支结转和结余应当单独反映。
第二十九条　财政拨款结转和结余的管理，应当按照同级财政部门的规定执行。	第二十九条　财政拨款结转和结余的管理，应当按照国家有关规定执行。
第三十条　非财政拨款结转按照规定结转下一年度继续使用。非财政拨款结余可以按照国家有关规定提取职工福利基金，剩余部分作为事业基金用于弥补以后年度单位收支差额；国家另有规定的，从其规定。	第三十条　非财政拨款结转按照规定结转下一年度继续使用。非财政拨款结余可以按照国家有关规定提取职工福利基金，剩余部分用于弥补以后年度单位收支差额；国家另有规定的，从其规定。
第三十一条　事业单位应当加强事业基金的管理，遵循收支平衡的原则，统筹安排、合理使用，支出不得超出基金规模。	第三十一条　事业单位应当加强非财政拨款结余的管理，盘活存量，统筹安排、合理使用，支出不得超出非财政拨款结余规模。
第六章　专用基金管理	第六章　专用基金管理
第三十二条　专用基金是指事业单位按照规定提取或者设置的有专门用途的资金。 专用基金管理应当遵循先提后用、收支平衡、专款专用的原则，支出不得超出基金规模。	第三十二条　专用基金是指事业单位按照规定提取或者设置的有专门用途的资金。 专用基金管理应当遵循先提后用、专款专用的原则，支出不得超出基金规模。

续表

事业单位财务规则（修订前）	事业单位财务规则（修订后）
第三十三条　专用基金包括： （一）修购基金，即按照事业收入和经营收入的一定比例提取，并按照规定在相应的购置和修缮科目中列支（各列50%），以及按照其他规定转入，用于事业单位固定资产维修和购置的资金。事业收入和经营收入较少的事业单位可以不提取修购基金，实行固定资产折旧的事业单位不提取修购基金。 （二）职工福利基金，即按照非财政拨款结余的一定比例提取以及按照其他规定提取转入，用于单位职工的集体福利设施、集体福利待遇等的资金。 （三）其他基金，即按照其他有关规定提取或者设置的专用资金。	第三十三条　专用基金包括职工福利基金和其他专用基金。 职工福利基金是指按照非财政拨款结余的一定比例提取以及按照其他规定提取转入，用于单位职工的集体福利设施、集体福利待遇等的资金。 其他专用基金是指除职工福利基金外，按照有关规定提取或者设置的专用资金。
	第三十四条　事业单位应当将专用基金纳入预算管理，结合实际需要按照规定提取，保持合理规模，提高使用效益。专用基金余额较多的，应当降低提取比例或者暂停提取；确需调整用途的，由主管部门会同本级财政部门确定。
第三十四条　各项基金的提取比例和管理办法，国家有统一规定的，按照统一规定执行；没有统一规定的，由主管部门会同同级财政部门确定。	第三十五条　各项基金的提取比例和管理办法，国家有统一规定的，按照统一规定执行；没有统一规定的，由主管部门会同本级财政部门确定。
第七章　资产管理	第七章　资产管理
第三十五条　资产是指事业单位占有或者使用的能以货币计量的经济资源，包括各种财产、债权和其他权利。	第三十六条　资产是指事业单位依法直接支配的各类经济资源。
第三十六条　事业单位的资产包括流动资产、固定资产、在建工程、无形资产和对外投资等。	第三十七条　事业单位的资产包括流动资产、固定资产、在建工程、无形资产、对外投资、公共基础设施、政府储备物资、文物文化资产、保障性住房等。
第三十七条　事业单位应当建立健全单位资产管理制度，加强和规范资产配置、使用和处置管理，维护资产安全完整，保障事业健康发展。	第三十八条　事业单位应当建立健全单位资产管理制度，明确资产使用人和管理人的岗位责任，按照国家规定设置国有资产台账，加强和规范资产配置、使用和处置管理，维护资产安全完整，提高资产使用效率。涉及资产评估的，按照国家有关规定执行。 事业单位应当汇总编制本单位行政事业性国有资产管理情况报告。

续表

事业单位财务规则（修订前）	事业单位财务规则（修订后）
	事业单位应当定期或者不定期对资产进行盘点、对账。出现资产盘盈盘亏的，应当按照财务、会计和资产管理制度有关规定处理，做到账实相符和账账相符。 事业单位对需要办理权属登记的资产应当依法及时办理。
第三十八条　事业单位应当按照科学规范、从严控制、保障事业发展需要的原则合理配置资产。	第三十九条　事业单位应当根据依法履行职能和事业发展的需要，结合资产存量、资产配置标准、绩效目标和财政承受能力配置资产。优先通过调剂方式配置资产。不能调剂的，可以采用购置、建设、租用等方式。
第三十九条　流动资产是指可以在一年以内变现或者耗用的资产，包括现金、各种存款、零余额账户用款额度、应收及预付款项、存货等。 前款所称存货是指事业单位在开展业务活动及其他活动中为耗用而储存的资产，包括材料、燃料、包装物和低值易耗品等。 事业单位应当建立健全现金及各种存款的内部管理制度，对存货进行定期或者不定期的清查盘点，保证账实相符。对存货盘盈、盘亏应当及时处理。	第四十条　流动资产是指可以在一年以内变现或者耗用的资产，包括现金、各种存款、应收及预付款项、存货等。 前款所称存货是指事业单位在开展业务活动及其他活动中为耗用或出售而储存的资产，包括材料、燃料、包装物和低值易耗品以及未达到固定资产标准的用具、装具、动植物等。 事业单位货币性资产损失核销，应当经主管部门审核同意后报本级财政部门审批。
第四十条　固定资产是指使用期限超过一年，单位价值在 1 000 元以上（其中：专用设备单位价值在 1 500 元以上），并在使用过程中基本保持原有物质形态的资产。单位价值虽未达到规定标准，但是耐用时间在一年以上的大批同类物资，作为固定资产管理。 固定资产一般分为六类：房屋及构筑物；专用设备；通用设备；文物和陈列品；图书、档案；家具、用具、装具及动植物。行业事业单位的固定资产明细目录由国务院主管部门制定，报国务院财政部门备案。	第四十一条　固定资产是指使用期限超过一年，单位价值在 1 000 元以上，并在使用过程中基本保持原有物质形态的资产。单位价值虽未达到规定标准，但是耐用时间在一年以上的大批同类物资，作为固定资产管理。 行业事业单位的固定资产明细目录由国务院主管部门制定，报国务院财政部门备案。
第四十一条　事业单位应当对固定资产进行定期或者不定期的清查盘点。年度终了前应当进行一次全面清查盘点，保证账实相符。	
第四十二条　在建工程是指已经发生必要支出，但尚未达到交付使用状态的建设工程。 在建工程达到交付使用状态时，应当按照规定办理工程竣工财务决算和资产交付使用。	第四十二条　在建工程是指已经发生必要支出，但尚未达到交付使用状态的建设工程。 在建工程达到交付使用状态时，应当按照规定办理工程竣工财务决算和资产交付使用，期限最长不得超过 1 年。

续表

事业单位财务规则（修订前）	事业单位财务规则（修订后）
第四十三条　无形资产是指不具有实物形态而能为使用者提供某种权利的资产，包括专利权、商标权、著作权、土地使用权、非专利技术、商誉以及其他财产权利。 事业单位转让无形资产，应当按照有关规定进行资产评估，取得的收入按照国家有关规定处理。事业单位取得无形资产发生的支出，应当计入事业支出。	第四十三条　无形资产是指不具有实物形态而能为使用者提供某种权利的资产，包括专利权、商标权、著作权、土地使用权、非专利技术以及其他财产权利。 事业单位转让无形资产取得的收入、取得无形资产发生的支出，应当按照国家有关规定处理。
第四十四条　对外投资是指事业单位依法利用货币资金、实物、无形资产等方式向其他单位的投资。 事业单位应当严格控制对外投资。在保证单位正常运转和事业发展的前提下，按照国家有关规定可以对外投资的，应当履行相关审批程序。事业单位不得使用财政拨款及其结余进行对外投资，不得从事股票、期货、基金、企业债券等投资，国家另有规定的除外。 事业单位以非货币性资产对外投资的，应当按照国家有关规定进行资产评估，合理确定资产价值。	第四十四条　对外投资是指事业单位依法利用货币资金、实物、无形资产等方式向其他单位的投资。 事业单位应当严格控制对外投资。利用国有资产对外投资应当有利于事业发展和实现国有资产保值增值，符合国家有关规定，经可行性研究和集体决策，按照规定的权限和程序进行。事业单位不得使用财政拨款及其结余进行对外投资，不得从事股票、期货、基金、企业债券等投资，国家另有规定的除外。 事业单位应当明确对外投资形成的股权及其相关权益管理责任，按照国家有关规定将对外投资形成的股权纳入经营性国有资产集中统一监管体系。
	第四十五条　公共基础设施、政府储备物资、文物文化资产、保障性住房等资产管理的具体办法，由国务院财政部门会同有关部门制定。
第四十五条　事业单位资产处置应当遵循公开、公平、公正和竞争、择优的原则，严格履行相关审批程序。 事业单位出租、出借资产，应当按照国家有关规定经主管部门审核同意后报同级财政部门审批。	第四十六条　事业单位资产处置应当遵循公开、公平、公正和竞争、择优的原则，严格履行相关审批程序。 事业单位出租、出借资产应当严格履行相关审批程序。
第四十六条　事业单位应当提高资产使用效率，按照国家有关规定实行资产共享、共用。	第四十七条　事业单位应当在确保安全使用的前提下，推进本单位大型设备等国有资产共享共用工作，可以对提供方给予合理补偿。
第八章　负债管理	第八章　负债管理
第四十七条　负债是指事业单位所承担的能以货币计量，需要以资产或者劳务偿还的债务。	第四十八条　负债是指事业单位所承担的能以货币计量，需要以资产或者劳务偿还的债务。
第四十八条　事业单位的负债包括借入款项、应付款项、暂存款项、应缴款项等。 应缴款项包括事业单位收取的应当上缴国库或者财政专户的资金、应缴税费，以及其他按照国家有关规定应当上缴的款项。	第四十九条　事业单位的负债包括借入款项、应付款项、暂存款项、应缴款项等。 应缴款项包括事业单位按照国家有关规定收取的应当上缴国库或者财政专户的资金、应缴税费，以及其他应当上缴的款项。

续表

事业单位财务规则（修订前）	事业单位财务规则（修订后）
第四十九条　事业单位应当对不同性质的负债分类管理，及时清理并按照规定办理结算，保证各项负债在规定期限内归还。	第五十条　事业单位应当对不同性质的负债分类管理，及时清理并按照规定办理结算，保证各项负债在规定期限内偿还。
第五十条　事业单位应当建立健全财务风险控制机制，规范和加强借入款项管理，严格执行审批程序，不得违反规定举借债务和提供担保。	第五十一条　事业单位应当建立健全财务风险预警和控制机制，规范和加强借入款项管理，如实反映依法举借债务情况，严格执行审批程序，不得违反规定融资或者提供担保。
第九章　事业单位清算	第九章　事业单位清算
第五十一条　事业单位发生划转、撤销、合并、分立时，应当进行清算。	第五十二条　事业单位发生划转、改制、撤销、合并、分立时，应当进行清算。
第五十二条　事业单位清算，应当在主管部门和财政部门的监督指导下，对单位的财产、债权、债务等进行全面清理，编制财产目录和债权、债务清单，提出财产作价依据和债权、债务处理办法，做好资产的移交、接收、划转和管理工作，并妥善处理各项遗留问题。	第五十三条　事业单位清算，应当在主管部门和财政部门的监督指导下，对单位的财产、债权、债务等进行全面清理，编制财产目录和债权、债务清单，提出财产作价依据和债权、债务处理办法，做好资产和负债的移交、接收、划转和管理工作，并妥善处理各项遗留问题。
第五十三条　事业单位清算结束后，经主管部门审核并报财政部门批准，其资产分别按照下列办法处理： （一）因隶属关系改变，成建制划转的事业单位，全部资产无偿移交，并相应划转经费指标。 （二）转为企业管理的事业单位，全部资产扣除负债后，转作国家资本金。需要进行资产评估的，按照国家有关规定执行。 （三）撤销的事业单位，全部资产由主管部门和财政部门核准处理。 （四）合并的事业单位，全部资产移交接收单位或者新组建单位，合并后多余的资产由主管部门和财政部门核准处理。 （五）分立的事业单位，资产按照有关规定移交分立后的事业单位，并相应划转经费指标。	第五十四条　事业单位清算结束后，经主管部门审核并报财政部门批准，其资产和负债分别按照下列办法处理： （一）因隶属关系改变，成建制划转的事业单位，全部资产和负债无偿移交，并相应划转经费指标。 （二）转为企业的事业单位，全部资产扣除负债后，转作国家资本金。 （三）撤销的事业单位，全部资产和负债由主管部门和财政部门核准处理。 （四）合并的事业单位，全部资产和负债移交接收单位或者新组建单位，合并后多余的资产由主管部门和财政部门核准处理。 （五）分立的事业单位，全部资产和负债按照有关规定移交分立后的事业单位，并相应划转经费指标。
第十章　财务报告和财务分析	第十章　财务报告和决算报告
第五十四条　财务报告是反映事业单位一定时期财务状况和事业成果的总结性书面文件。 事业单位应当定期向主管部门和财政部门以及其他有关的报表使用者提供财务报告。 第五十五条　事业单位报送的年度财务报告包括资产负债表、收入支出表、财政拨款收入支出表、固定资产投资决算报表等主表，有关附表以及财务情况说明书等。	第五十五条　事业单位应当按国家有关规定向主管部门和财政部门以及其他有关的报告使用者提供财务报告、决算报告。事业单位财务会计和预算会计要素的确认、计量、记录、报告应当遵循政府会计准则制度的规定。 第五十六条　财务报告主要以权责发生制为基础编制，综合反映事业单位特定日期财务状况和一定时期运行情况等信息。

续表

事业单位财务规则（修订前）	事业单位财务规则（修订后）
第五十六条　财务情况说明书，主要说明事业单位收入及其支出、结转、结余及其分配、资产负债变动、对外投资、资产出租出借、资产处置、固定资产投资、绩效考评的情况，对本期或者下期财务状况发生重大影响的事项，以及需要说明的其他事项。 第五十七条　财务分析的内容包括预算编制与执行、资产使用、收入支出状况等。 财务分析的指标包括预算收入和支出完成率、人员支出与公用支出分别占事业支出的比率、人均基本支出、资产负债率等。主管部门和事业单位可以根据本单位的业务特点增加财务分析指标。	第五十七条　财务报告由财务报表和财务分析两部分组成。财务报表主要包括资产负债表、收入费用表等会计报表和报表附注。财务分析的内容主要包括财务状况分析、运行情况分析和财务管理情况等。 第五十八条　决算报告主要以收付实现制为基础编制，综合反映事业单位年度预算收支执行结果等信息。 第五十九条　决算报告由决算报表和决算分析两部分组成。决算报表主要包括收入支出表、财政拨款收入支出表等。决算分析的内容主要包括收支预算执行分析、资金使用效益分析和机构人员情况等。
第十一章　财务监督	第十一章　财务监督
第五十八条　事业单位财务监督主要包括对预算管理、收入管理、支出管理、结转和结余管理、专用基金管理、资产管理、负债管理等的监督。	第六十条　事业单位财务监督主要包括对预算管理、收入管理、支出管理、结转和结余管理、专用基金管理、资产管理、负债管理等的监督。
第五十九条　事业单位财务监督应当实行事前监督、事中监督、事后监督相结合，日常监督与专项监督相结合。	第六十一条　事业单位财务监督应当实行事前监督、事中监督、事后监督相结合，日常监督与专项监督相结合。
第六十条　事业单位应当建立健全内部控制制度、经济责任制度、财务信息披露制度等监督制度，依法公开财务信息。	第六十二条　事业单位应当建立健全内部控制制度、经济责任制度、财务信息披露制度等监督制度，依法公开财务信息。
第六十一条　事业单位应当依法接受主管部门和财政、审计部门的监督。	第六十三条　事业单位应当遵守财经纪律和财务制度，依法接受主管部门和财政、审计部门的监督。
	第六十四条　各级事业单位、主管部门和财政部门及其工作人员存在违反本规则规定的行为，以及其他滥用职权、玩忽职守、徇私舞弊等违法违规行为的，依法追究相应责任。
第十二章　附则	第十二章　附则
第六十二条　事业单位基本建设投资的财务管理，应当执行本规则，但国家基本建设投资财务管理制度另有规定的，从其规定。	第六十五条　事业单位基本建设投资的财务管理，应当执行本规则，但国家基本建设投资财务管理制度另有规定的，从其规定。
第六十三条　参照公务员法管理的事业单位财务制度的适用，由国务院财政部门另行规定。	第六十六条　参照公务员法管理的事业单位财务制度的适用，由国务院财政部门另行规定。

续表

事业单位财务规则（修订前）	事业单位财务规则（修订后）
第六十四条　接受国家经常性资助的社会力量举办的公益服务性组织和社会团体，依照本规则执行；其他社会力量举办的公益服务性组织和社会团体，可以参照本规则执行。	第六十七条　接受国家经常性资助的社会力量举办的公益服务性组织和社会团体，依照本规则执行；其他社会力量举办的公益服务性组织和社会团体，可以参照本规则执行。
第六十五条　下列事业单位或者事业单位特定项目，执行企业财务制度，不执行本规则： （一）纳入企业财务管理体系的事业单位和事业单位附属独立核算的生产经营单位； （二）事业单位经营的接受外单位要求投资回报的项目； （三）经主管部门和财政部门批准的具备条件的其他事业单位。	第六十八条　下列事业单位或者事业单位特定项目，执行企业财务制度，不执行本规则： （一）纳入企业财务管理体系的事业单位和事业单位附属独立核算的生产经营单位； （二）事业单位经营的接受外单位要求投资回报的项目； （三）经主管部门和财政部门批准的具备条件的其他事业单位。
第六十六条　行业特点突出，需要制定行业事业单位财务管理制度的，由国务院财政部门会同有关主管部门根据本规则制定。 部分行业根据成本核算和绩效管理的需要，可以在行业事业单位财务管理制度中引入权责发生制。	第六十九条　行业特点突出，需要制定行业事业单位财务管理制度的，由国务院财政部门会同有关主管部门根据本规则制定。
第六十七条　省、自治区、直辖市人民政府财政部门可以根据本规则结合本地区实际情况制定事业单位具体财务管理办法。	第七十条　省、自治区、直辖市人民政府财政部门可以根据本规则结合本地区实际情况制定事业单位具体财务管理办法。
第六十八条　本规则自2012年4月1日起施行。	第七十一条　本规则自2022年3月1日起施行。《事业单位财务规则》（财政部令第68号）同时废止。
附件：事业单位财务分析指标	

事业单位成本核算具体指引
——科学事业单位

第一章　总　　则

第一条　为规范科学事业单位成本核算工作，提升内部管理水平和运行效率，服务科学事业单位全面实施预算绩效管理，推动科学事业高质量发展，根据《事业单位成本核算基本指引》（财会〔2019〕25 号）、《科学事业单位财务制度》（财教〔2022〕166 号）等规定，制定本指引。

第二条　本指引适用于执行政府会计准则制度且开展成本核算工作的各级各类科学事业单位。

高等学校、公立医院等其他事业单位开展科研活动成本核算的，可以结合本单位特点和管理需要参照本指引执行。

第三条　本指引所称成本，是指科学事业单位特定的成本核算对象所发生的资源耗费，包括人力资源耗费，房屋及建筑物、仪器设备、试剂耗材、实验动植物等有形资产的耗费，知识产权等无形资产的耗费，以及其他耗费。

本指引所称成本核算，是指科学事业单位对实现其职能目标过程中实际发生的各种耗费按照确定的成本核算对象和成本项目进行归集、分配，计算确定各成本核算对象的总成本、单位成本等，并向有关信息使用者提供成本信息的活动。

本指引所称成本核算对象，是指科学事业单位在成本核算时根据其职能目标、成本信息需求等确定的，归集和分配资源耗费的具体对象。

本指引所称成本项目，是指科学事业单位将归集到成本核算对象的成本按照一定标准划分的反映成本构成的具体项目。

第四条　科学事业单位开展成本核算应当满足内部管理和外部管理的特定成本信息需求。科学事业单位的成本信息需求包括但不限于以下方面：

（一）为科学事业单位及其内部组织机构合理控制成本、优化成本结构、提升资金使用效益提供信息支撑。

（二）为科学事业单位合理确定科技成果的转化定价和对外提供服务收费标准提供参考。

（三）为财政和有关主管部门开展外部绩效管理活动提供信息支撑，同时也为科学事业单位开展内部绩效管理、确定内部资源配置标准提供依据。

第五条　科学事业单位应当以权责发生制财务会计数据为基础进行成本核算，财务会计有关明细科目设置和辅助核算应当满足成本核算的需要。

第六条　开展成本核算的科学事业单位应当建立健全成本核算领导机制和工作机制，明确成本核算相关部门的职责，制定成本核算工作方案及相关工作制度，充分利用现代信息技术，加强和完善成本数据的收集、记录、传递、汇总和整理等基础工作，保障成本核算工作正常有序开展。

第七条　科学事业单位成本核算的基本步骤包括：

（一）按成本核算要求采集费用、收入、人员数量、工时、工作量、房屋面积等成本相关基础数据。

（二）确定成本核算对象。

（三）确定成本核算对象的成本范围和成本项目。

（四）将直接费用归集至成本核算对象；选择科学、合理的成本动因或分配基础，将间接费用分配至成本核算对象；计算确定各成本核算对象的成本。

（五）根据成本核算结果编制成本报告。

第八条　科学事业单位可以根据成本信息需求、成本核算对象等确定成本核算周期，并按照成本核算周期编制成本报告，全面反映成本核算情况。科学事业单位至少应以公历年度作为核算周期，同时可以结合科研项目管理需求按照项目周期等进行成本核算。

第九条　科学事业单位开展成本核算的过程中，关于成本核算原则等内容，应当遵循《事业单位成本核算基本指引》的相关规定。

第二章　成本核算对象

第十条　科学事业单位可以根据业务特点和成本信息需求，多层次、多维度地确定成本核算对象。

科学事业单位按照管理层次确定的成本核算对象，主要包括科学事业单位整体、内部组织部门等。

科学事业单位按照活动类型确定的成本核算对象，主要包括科研、技术、学术、科普、试制产品、教学活动等专业业务活动（以下简称业务活动）和其他活动。

第十一条 科学事业单位至少应当将业务活动中的科研活动作为成本核算对象，也可以根据成本信息需求将技术、学术、科普、试制产品、教学活动等作为成本核算对象。

第十二条 科研活动成本可以进一步划分为部门科研成本、科研项目成本：

（一）部门科研成本。为满足科研活动成本控制、绩效管理等需求，科学事业单位以开展科研活动的各科研部门作为成本核算对象，核算科研部门开展科研活动直接或间接耗费的资源，即部门科研成本。

（二）科研项目成本。为满足服务科技成果转化、绩效管理等需求，科学事业单位以设置或承接的各科研项目作为成本核算对象，核算科研项目直接或间接耗费的资源，即科研项目成本。

第三章 成本范围和成本项目

第十三条 科学事业单位成本范围的界定应当与成本核算对象、成本信息需求相适应。

成本核算对象为科学事业单位整体的，其成本范围包括科学事业单位发生的全部费用，即业务活动费用、单位管理费用、经营费用、资产处置费用、上缴上级费用、对附属单位补助费用、所得税费用、其他费用。成本核算对象为科研活动的，其成本范围包括业务活动费用和单位管理费用中与开展科研活动相关的部分。

为满足不同的成本信息需求，科学事业单位应当在对相关成本进行完整核算的基础上，按规定对成本范围予以调整。

第十四条 科学事业单位应当根据成本信息需求，按照成本经济用途、成本要素等设置成本项目，并对每个成本核算对象按照其成本项目进行数据归集。

第十五条　科学事业单位成本项目的设置，应当与成本核算对象所对应财务会计科目的明细科目或辅助核算项目保持协调，确保成本数据与财务会计数据的同源性和一致性。

第十六条　科学事业单位业务活动的成本项目应当包括：工资福利费用、商品和服务费用、对个人和家庭的补助费用、固定资产折旧费、无形资产摊销费和其他业务费用。科学事业单位应当根据"业务活动费用"、"单位管理费用"科目下的相关明细科目归集获取各成本项目的费用。

对于金额较大、发生频繁或重要性程度较高的成本项目，科学事业单位可以根据需要在上述成本项目下设置明细项目或进行辅助核算。例如，在商品和服务费用项目下设置测试化验加工费、燃料动力费、劳务费和材料费等项目。

第四章　业务活动成本归集和分配

第一节　一般要求

第十七条　科学事业单位可以根据成本信息需求，对业务活动相关成本核算对象选择完全成本法或制造成本法进行核算。

完全成本法下应当将业务活动费用、单位管理费用均归集、分配至成本核算对象。

制造成本法下只将业务活动费用归集、分配至成本核算对象。

第十八条　科学事业单位发生的费用按照费用计入成本核算对象方式的不同，分为直接费用和间接费用。

直接费用是指能确定由某一成本核算对象负担的费用，包括工资福利费用、商品和服务费用、对个人和家庭的补助费用、固定资产折旧费、无形资产摊销费和其他业务费用中可以直接计入成本核算对象的费用。

间接费用是指不能直接计入某一成本核算对象，需由多个成本核算对象共同负担的费用。科学事业单位应当根据业务特点、重要性、可操作性等因素，选择合理的分配方法将间接费用分配至成本核算对象。

间接费用分配方法一般遵循因果关系和受益原则，根据资源耗费动因进行分配。同一成本核算对象的间接费用分配标准或方法一旦确定，各期间应当保持一致，不得随意变动，有证据证明新方法能够显著提升成本核算质量的除外。

第十九条 科学事业单位业务活动成本归集和分配的一般流程如下：

（一）将“业务活动费用”科目的本期发生额按照活动类型、成本项目，分别归集到业务部门（或科研项目）和辅助部门。将“单位管理费用”科目的本期发生额按照成本项目，归集到行政及后勤管理部门。

（二）将行政及后勤管理部门的费用（仅限完全成本法）、辅助部门的费用分配至业务部门（或科研项目）。其中，行政及后勤管理部门的费用一般先按照活动类型分配至业务部门（或科研项目）和辅助部门，再随辅助部门的费用分配至业务部门（或科研项目）；辅助部门费用占比不高的，也可以将行政及后勤管理部门的费用直接全部分配至业务部门（或科研项目）。行政及后勤管理部门之间、辅助部门之间相互提供服务或产品的金额占比较大的，也可以将费用先进行交互分配，再分配至业务部门。

（三）将业务部门归集的费用采用合理的分配方法分配至相关成本核算对象。

第二节 部门科研成本核算

第二十条 科学事业单位核算部门科研成本时，应当将内部组织部门划分为科研业务部门、科研辅助部门和行政及后勤管理部门：

（一）科研业务部门是指直接开展科学研究活动的部门，根据科学事业单位组织形式的不同，一般包括科研中心、实验室等。

（二）科研辅助部门是指为单位开展科研活动提供科研服务或产品支撑的部门，一般包括测试中心、文献信息中心、科研设施平台、公共实验平台等。

（三）行政及后勤管理部门是指开展行政管理和后勤保障等活动的部门，一般包括财务部门、人事部门、资产管理部门、科研管理部门、后勤部门等。

第二十一条 科学事业单位应当将“业务活动费用——科研活动费用”科目的本期发生额归集和分配至各科研业务部门和科研辅助部门。

第二十二条 在完全成本法下，科学事业单位应当先将行政及后勤管理部门归集的单位管理费用分配至科研活动。具体分配时一般采用参数分配法①，分配参数可以根据相关行政及后勤管理部门业务特点选择人员数量、工时、工作量、房屋面积、费用、收入等。分配参数一经确定，应保持相对稳定。

科研活动应分配的行政及后勤管理部门费用 = 科研活动分配参数 × 分配率

① 科学事业单位在应用参数分配法时，可以按照成本项目分别采用不同的分配参数。

分配率 = 行政及后勤管理部门费用总额 ÷ 单位各项活动分配参数之和

第二十三条　科学事业单位应当将科研活动分配的行政及后勤管理部门费用进一步分配至各科研业务部门和科研辅助部门。具体分配时一般采用参数分配法，分配参数可以选择人员数量、工时、工作量、房屋面积、费用、收入等。

某科研业务部门或科研辅助部门科研活动应分配的行政及后勤管理部门费用 = 该科研业务部门或科研辅助部门分配参数 × 分配率

分配率 = 科研活动应分配的行政及后勤管理部门费用 ÷ 各科研业务部门和科研辅助部门分配参数之和

第二十四条　科学事业单位应当将科研辅助部门归集和分配的费用分配至各科研业务部门。具体分配时一般采用参数分配法，分配参数可以选择人员数量、工时、工作量、收入、项目数量等。

某科研业务部门应分配的科研辅助部门费用 = 该科研业务部门分配参数 × 分配率

分配率 = 科研辅助部门归集和分配的费用 ÷ 各科研业务部门分配参数之和

第二十五条　科学事业单位按照第二十一条至第二十四条规定将科研业务部门归集和分配的业务活动费用、单位管理费用加总，即为部门科研成本。

第三节　科研项目成本核算

第二十六条　科学事业单位项目化管理程度较高、基础信息完备、在会计核算阶段已经按科研项目合理归集项目耗费的，以及多个科研业务部门共同研究的科研项目，一般应当将科研项目作为成本核算对象，直接计算科研项目成本。

科学事业单位不具备直接计算科研项目成本条件的，应当基于部门科研成本计算科研项目成本。

第二十七条　科学事业单位直接计算科研项目成本的，一般流程及方法如下：

（一）将业务活动费用中的科研活动费用归集和分配至各科研项目和科研辅助部门。

（二）在完全成本法下，参照本指引第二十二条、第二十三条规定的方法将单位管理费用分配至各科研项目和科研辅助部门。

（三）参照本指引第二十四条规定的方法将科研辅助部门归集和分配的费用分配至各科研项目。

（四）按照本条（一）至（三）的规定将科研项目归集和分配的业务活动费用、单位管理费用加总，即为科研项目成本。

第二十八条 科学事业单位基于部门科研成本计算科研项目成本的，能够直接计入科研项目的部门科研成本应当直接计入，不能直接计入科研项目的部门科研成本应当选择参数分配法、作业成本法等适宜的方法分配计入。

使用参数分配法时，分配参数可以选择人员数量、工时、工作量、房屋面积、费用、收入等。

$$某科研项目成本=直接计入该科研项目的成本+分配计入该科研项目的成本$$

$$某科研项目分配计入的成本=该科研项目分配参数\times分配率$$

$$分配率=(部门科研成本-直接计入科研项目的成本)\div\frac{各科研项目分配}{参数之和}$$

使用作业成本法时，应当首先根据资源动因将间接费用分配至有关作业计算出作业成本，然后再将作业成本根据作业动因分配至科研项目。科学事业单位应当在梳理科研流程基础上结合科研项目具体内容划分作业，例如测试、分析、调试、标定等行为。资源动因、作业动因参数可以选择工时、工作量、人员数量、房屋面积等。

第二十九条 科研业务部门之间互相提供服务、产品的，可以将费用先进行交互分配，再分配至科研项目。

第三十条 跨年度的科研项目全周期成本等于科研项目各年度成本之和。

第四节 非科研活动成本核算

第三十一条 科学事业单位根据自身业务特点和管理要求，需要核算非科研活动成本时，应将“业务活动费用——非科研活动费用”和“单位管理费用”科目中分配计入非科研活动部分的本期发生额进行归集，即可得单位非科研活动成本。

第三十二条 科学事业单位核算技术、学术、科普、试制产品、教学等非科研活动成本时，应当将内部组织部门划分为各类非科研活动的业务部门、辅助部门和行政及后勤管理部门。例如，技术活动的业务部门包括直接开展技术活动的科研设施平台、科研中心等。

第三十三条 科学事业单位技术、学术、科普、试制产品等非科研活动成本的核算流程和方法可参照科研活动成本执行；教学活动的核算流程和方法，应当参照财政部关于高等学校成本核算具体指引的相关规定执行。

第五章　成本报告

第三十四条　科学事业单位成本报告是指反映科学事业单位一定时期成本状况的总结性书面文件，是科学事业单位成本核算成果的重要表现形式，旨在为报告使用者提供科学事业单位成本信息。

第三十五条　科学事业单位成本报告按使用者不同可以分为对内报告和对外报告。对内报告是指科学事业单位为满足单位内部管理需要而编制的报告；对外报告是指科学事业单位按上级主管部门或相关部门要求报送的报告。

第三十六条　科学事业单位成本报告包括成本报表和成本分析报告。

成本报表是用以反映科学事业单位成本构成及其变动情况，考核评价科学事业单位运行状况的各种报表及重要事项的说明。

成本分析报告为对科学事业单位运行现状和未来发展趋势进行分析预测、提出改进建议等的文字报告。

第三十七条　科学事业单位对内成本报告根据管理要求可以按公历年度或按项目周期编报，目的在于满足日常管理、临时或特殊任务的需要，使成本信息及时服务于科学事业单位的内部管理。

第三十八条　科学事业单位对外成本报告应当至少按公历年度编报，对外成本报表的内容至少应当包括部门科研成本及其各成本项目金额、科研项目成本及其各成本项目金额等。按项目周期编报的对外成本报告，应当包括科研项目全周期成本。

对外成本报告应当由单位负责人和主管会计工作的负责人、会计机构负责人（会计主管人员）签名或盖章并加盖单位公章，按规定要求报送上级主管部门或相关部门。对外报告需要公开的，应当遵守信息公开的有关规定。

第六章　附　　则

第三十九条　财政和有关主管部门应当遵循本指引的相关规定指导科学事业单位开展成本核算工作。

财政部门可以会同相关部门制定科学事业单位对外成本报表格式。

科学事业单位可以根据本指引并结合本单位实际情况制定具体成本核算管理办法、对内成本报表格式等。

第四十条 服务于财务报表编制的自制或委托外单位加工物品、建设工程项目、自行研究开发项目等资产成本的核算应当遵循政府会计准则制度的规定。

第四十一条 本指引由财政部负责解释。

第四十二条 本指引自 2023 年 1 月 1 日起施行。

附：科学事业单位科研活动成本核算流程示意图

附

科学事业单位科研活动成本核算流程示意图1

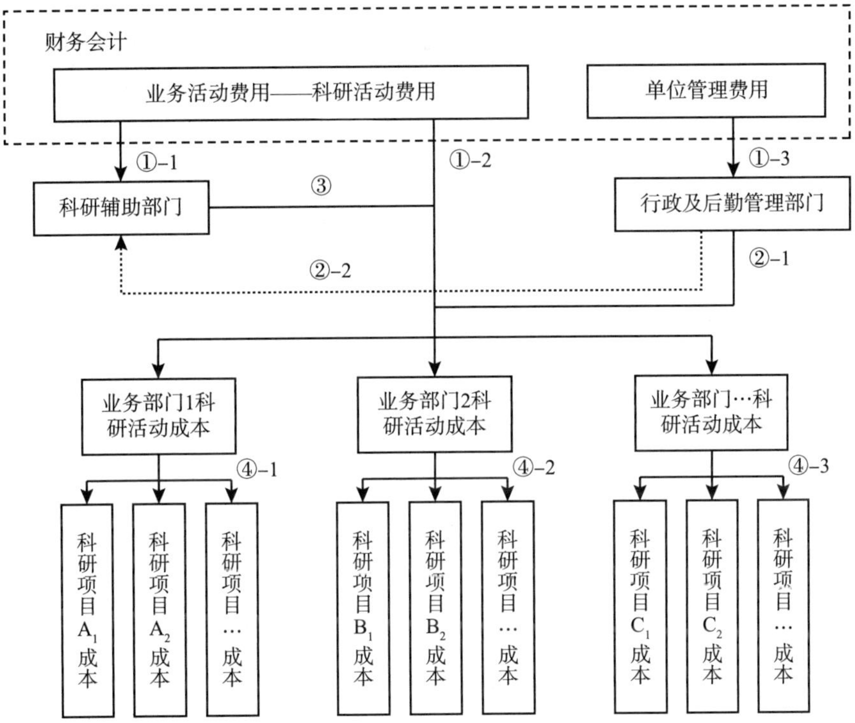

①按部门归集和分配费用（第二十一条）

②将行政及后勤管理部门费用中应计入科研活动的部分分配至各科研业务部门和科研辅助部门（第二十二、二十三条）

③将科研辅助部门归集的科研活动费用及分配计入的单位管理费用分配至各科研业务部门（第二十四条）

④将部门科研成本分配至各科研项目（第二十八条）

注：1. 该示意图反映基于部门科研成本计算科研项目成本的流程。

2. 该示意图中选择采用完全成本法进行核算。

科学事业单位科研活动成本核算流程示意图 2

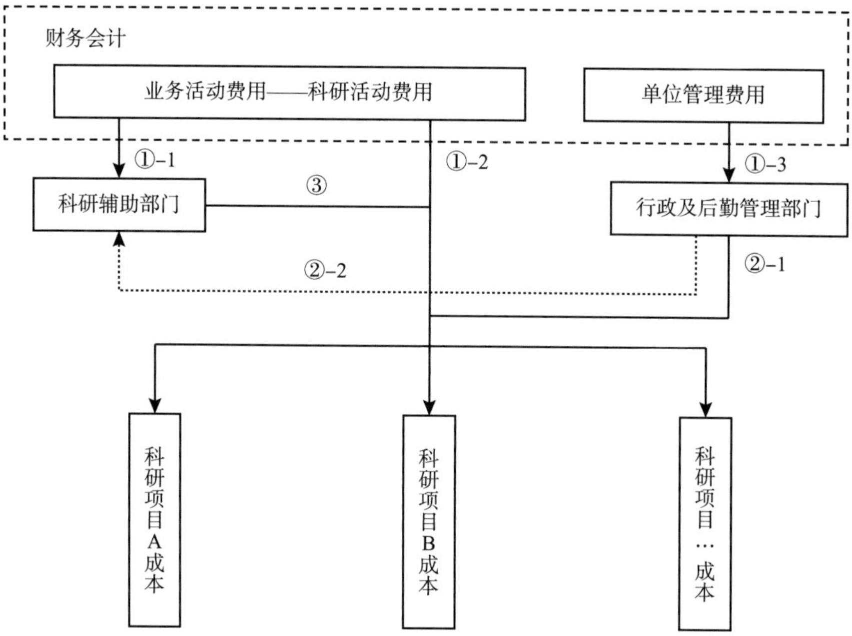

①按部门和科研项目归集和分配费用（第二十七条第（一）项）

②将行政及后勤管理部门费用中应计入科研活动的部分分配至各科研项目和科研辅助部门（第二十七条第（二）项）

③将科研辅助部门归集的科研活动费用及分配计入的单位管理费用分配至各科研项目（第二十七条第（三）项）

注：1. 该示意图反映直接计算科研项目成本的流程。

2. 该示意图中选择采用完全成本法进行核算。

事业单位成本核算具体指引
——高等学校

第一章　总　　则

第一条　为规范高等学校成本核算工作，提升内部管理水平和运行效率，服务高等学校全面实施预算绩效管理，推动高等教育高质量发展，根据《事业单位成本核算基本指引》（财会〔2019〕25号）、《高等学校财务制度》（财教〔2022〕128号）等规定，制定本指引。

第二条　本指引适用于执行政府会计准则制度且开展成本核算工作的高等学校，包括各级人民政府举办的全日制普通高等学校和成人高等学校。

高等学校下设的独立学院和研究院、其他社会组织和个人举办的高等学校、科学事业单位等开展高等学校教学活动成本核算的，可以参照本指引执行。高等学校下设的中小学、幼儿园等其他独立法人单位成本核算不适用本指引。中等职业学校可以参照本指引开展成本核算。

第三条　本指引所称成本，是指高等学校特定的成本核算对象所发生的资源耗费，包括人力资源耗费，房屋及建筑物、设备、材料、产品等有形资产的耗费，知识产权等无形资产的耗费，以及其他耗费。

本指引所称成本核算，是指高等学校对实现其职能目标过程中实际发生的各种耗费按照确定的成本核算对象和成本项目进行归集、分配，计算确定各成本核算对象的总成本、单位成本等，并向有关信息使用者提供成本信息的活动。

本指引所称成本核算对象，是指高等学校在成本核算时根据其职能目标、成本信息需求等确定的，归集和分配资源耗费的具体对象。

本指引所称成本项目，是指高等学校将归集到成本核算对象的成本按照一定标准划分的反映成本构成的具体项目。

第四条 高等学校开展成本核算应当满足内部管理和外部管理的特定成本信息需求。高等学校的成本信息需求包括但不限于以下方面：

（一）为高等学校及其内部组织机构合理控制成本、优化成本结构、提升资金使用效益提供信息支撑。

（二）为有关部门、高等学校进行高等教育资源配置（如确定学费收取标准等）提供成本信息参考。

（三）为财政、教育等有关部门开展高等学校整体、政策、项目等绩效管理工作提供成本信息支撑，同时也为高等学校开展绩效自评提供依据。

第五条 高等学校应当以权责发生制财务会计数据为基础进行成本核算，财务会计有关明细科目和辅助核算应当满足成本核算的需要。

第六条 开展成本核算的高等学校应当建立健全成本核算领导机制和工作机制，明确成本核算相关部门的职责，制定成本核算工作方案及相关工作制度，充分利用现代信息技术，加强和完善成本数据的收集、记录、传递、汇总和整理等基础工作，保障成本核算工作正常有序开展。

第七条 高等学校成本核算的基本步骤包括：

（一）按照成本核算要求采集费用、收入、教职工和学生等各类人员相关信息、房屋面积等成本相关基础数据。

（二）确定成本核算对象。

（三）确定成本核算对象的成本范围和成本项目。

（四）将直接费用归集至成本核算对象；选择科学、合理的成本动因或分配基础，将间接费用分配至成本核算对象；计算确定各成本核算对象的成本。

（五）根据成本核算结果编制成本报告。

第八条 高等学校可以根据成本信息需求、成本核算对象等确定成本核算周期，并按照成本核算周期编制成本报告，全面反映成本核算情况。高等学校至少应以公历年度作为核算周期，同时可以结合成本信息需求按照教学周期、项目实施周期等进行成本核算。

第九条 高等学校在开展成本核算的过程中，关于成本核算原则等内容，应当遵循《事业单位成本核算基本指引》的相关规定。

第二章　成本核算对象

第十条　高等学校可以根据业务特点和成本信息需求，多层次、多维度地确定成本核算对象。

高等学校按照管理层次确定的成本核算对象，主要包括高等学校整体、内部组织部门、学科、专业等。

高等学校按照活动类型确定的成本核算对象，主要包括教学、科研等专业业务活动（以下简称业务活动）和其他活动。

第十一条　高等学校至少应当将业务活动中的教学活动作为成本核算对象，也可以根据成本信息需求将科研活动等作为成本核算对象。

第十二条　教学活动成本可以进一步划分为院系教学成本、学生教学成本：

（一）院系教学成本。为满足教学活动成本控制、绩效管理等需求，高等学校以提供教学服务的各学院、系、所、中心（以下统称院系）为成本核算对象，核算院系面向本院系和其他相关院系学生开展教学活动的直接或间接耗费的资源，即院系教学成本。

（二）学生教学成本。为满足高等教育资源配置等需求，高等学校以不同类别学生为成本核算对象，核算学生接受教学服务相关的各项耗费。高等学校可以按照不同学生类别，分专业、学科、学历等成本核算对象，核算学生教学成本。

1. 专业成本。以不同专业的学生为成本核算对象，核算各专业学生直接或间接耗费的资源，即专业成本。

2. 学科成本。以不同学科的学生为成本核算对象，核算各学科学生直接或间接耗费的资源，即学科成本。

3. 学历成本。以不同学历类型的学生为成本核算对象，核算各学历类型学生直接或间接耗费的资源，即学历成本。

高等学校开展学生教学成本核算时，一般将专业作为基本类别，并在专业成本的基础上进一步核算学科成本、学历成本等。以各类别学生教学成本总额，按该类别学生人数求平均，即该类别的生均成本。

高等学校可以根据单位实际情况，对上述成本核算对象进行调整或补充。

第三章　成本范围和成本项目

第十三条　高等学校成本范围的界定应当与成本核算对象、成本信息需求相适应。

成本核算对象为高等学校整体的，其成本范围包括高等学校发生的全部费用，即业务活动费用、单位管理费用、经营费用、资产处置费用、上缴上级费用、对附属单位补助费用、所得税费用、其他费用。成本核算对象为教学、科研活动的，其成本范围包括业务活动费用和单位管理费用中与开展教学、科研活动相关的部分。

为满足不同的成本信息需求，高等学校应当在对相关成本进行完整核算的基础上，按规定对成本范围予以调整。

第十四条　高等学校应当根据成本信息需求，按照成本经济用途、成本要素等设置成本项目，并对每个成本核算对象按照其成本项目进行数据归集。

第十五条　高等学校成本项目的设置，应当与成本核算对象所对应财务会计科目的明细科目或辅助核算项目保持协调，确保成本数据与财务会计数据的同源性和一致性。

第十六条　高等学校业务活动的成本项目应当包括：工资福利费用、商品和服务费用、对个人和家庭的补助费用、固定资产折旧费、无形资产摊销费和其他业务费用。高等学校应当根据“业务活动费用”“单位管理费用”科目下的相关明细科目归集获取各成本项目的费用。

对于金额较大、发生频繁或重要性程度较高的成本项目，高等学校可以根据需要在上述成本项目下设置明细项目或进行辅助核算。例如，高等学校可对学生住宿相关费用增设明细项目进行核算，在对个人和家庭的补助费用下增设学生奖助费用项目等。

第四章　业务活动成本归集与分配

第一节　一般要求

第十七条　高等学校可以根据成本信息需求，对业务活动相关成本核算对象选择完全成本法或制造成本法进行核算。

完全成本法下应当将业务活动费用、单位管理费用均归集、分配至成本核算对象。

制造成本法下只将业务活动费用归集、分配至成本核算对象。

第十八条　高等学校发生的费用按照费用计入成本核算对象方式的不同，分为直接费用和间接费用。

直接费用是指能确定由某一成本核算对象负担的费用，包括工资福利费用、商品和服务费用、对个人和家庭的补助费用、固定资产折旧费、无形资产摊销费和其他业务费用中可以直接计入成本核算对象的费用。

间接费用是指不能直接计入某一成本核算对象、需由多个成本核算对象共同负担的费用。高等学校应当根据业务特点、重要性、可操作性等因素，选择合理的分配方法将间接费用分配至相关成本核算对象。

间接费用分配方法一般遵循因果关系和受益原则，根据资源耗费动因进行分配。同一成本核算对象的间接费用分配标准或方法一旦确定，各期间应当保持一致，不得随意变动，有证据证明新方法能够显著提升成本核算质量的除外。

第十九条　高等学校在开展成本核算时，通常将内部机构划分为以下几类：

（一）业务部门。业务部门是指高等学校开展教学、科研等业务活动的机构，高等学校的业务部门一般采用院系的形式进行设置。

（二）辅助部门。辅助部门是指为教学、科研等业务部门提供服务或产品的机构，如图书馆、信息技术中心等部门。

（三）行政及后勤管理部门。行政及后勤管理部门是指开展行政管理和后勤保障等管理活动的机构，如学校办公室、人事部门、学生管理部门等行政部门，以及餐饮管理部门、公寓管理部门等后勤部门。高等学校可根据成本核算需要进一步将行政及后勤管理部门划分为行政部门和后勤部门。

第二十条　高等学校业务活动成本归集和分配的一般流程如下：

（一）将“业务活动费用”科目的本期发生额按照活动类型、成本项目分别归集至业务部门、辅助部门，将“单位管理费用”科目的本期发生额按照成本项目归集至行政及后勤管理部门。

（二）将行政及后勤管理部门的费用（仅限完全成本法）、辅助部门的费用分配至各业务部门。其中，行政及后勤管理部门的费用一般先分配至业务部门和辅助部门，再随辅助部门的费用分配至业务部门；辅助部门费用占比不高的，也可以直接将行政及后勤管理部门的费用直接全部分配至业务部门。行政及后勤管理部门之间、辅助部门之间相互提供服务或产品的金额占比较大的，也可以将费用先进行交互分配，再分配至业务部门。

（三）将业务部门归集的费用分配至相关成本核算对象。

第二十一条 在完全成本法下，高等学校应当将行政及后勤管理部门的费用分配至教学活动和科研等其他业务活动。在实际费用分配过程中，高等学校可以根据业务特点将相关行政及后勤管理部门归集的费用直接分配至某类业务活动（如教务部门归集的费用可全部分配至教学活动）。无法直接分配的，应当采用参数分配法分配至不同活动类型。

第二节 院系教学成本核算

第二十二条 高等学校应当将“业务活动费用——教育费用”科目的本期发生额归集和分配至各院系教学活动和辅助部门教辅活动。

第二十三条 在完全成本法下，高等学校一般采用参数分配法[①]将行政及后勤管理部门的费用（不包括其直接面向学生提供服务和产品的相关费用，即支持成本）分配至各院系教学活动和辅助部门教辅活动，分配参数可以根据相关行政及后勤管理部门业务特点选择教职工或学生人数、房屋面积、工作量、费用、收入等。分配参数一经确定，应保持相对稳定。

某院系教学活动应分配的行政及后勤管理部门费用 = 该院系教学活动分配参数 × 分配率

某辅助部门教辅活动应分配的行政及后勤管理部门费用 = 该辅助部门教辅活动分配参数 × 分配率

分配率 = 行政及后勤管理部门的费用 ÷ 各院系和辅助部门分配参数之和

第二十四条 高等学校一般采用参数分配法将辅助部门教辅活动归集和分配的费用分配至各院系教学活动，分配参数可以选择教职工或学生人数、工作量、房屋面积等。

第二十五条 高等学校按照第二十二条至第二十四条规定将院系教学活动归集和分配的业务活动费用、单位管理费用加总，即为院系教学成本。

第三节 学生教学成本核算

第二十六条 学生教学成本包括直接教学成本和支持成本。

① 高等学校在应用参数分配法时，可以按照成本项目分别采用不同的分配参数。

直接教学成本是指某类学生所在院系或相关院系按照培养计划提供的各类课程、实践活动、论文和毕业设计指导等（以下统称课程）成本以及其他直接计入该类学生的成本。支持成本是指行政及后勤管理部门直接面向学生提供服务和产品的成本。

在完全成本法下，高等学校应当在分别核算直接教学成本和支持成本的基础上计算学生教学成本。

第二十七条　高等学校将专业作为基本学生类别的，在核算某专业的直接教学成本时，对于院系教学成本中可归集至直接教学成本的，应直接归集至该专业的直接教学成本；对于无法归集的，应当先将其分配至课程或学分，再进一步分配至直接教学成本。

第二十八条　高等学校通过课程核算直接教学成本时，一般包括以下步骤：

（一）核算课程成本。一般采用参数分配法，选择合理的分配参数将无法归集至直接教学成本的院系教学成本分配至课程，分配参数可以选择学分数、课时、人次等，并考虑不同学历层次课程的资源耗费差异。

某课程成本＝该课程的分配参数×课程相应学历层次的资源耗费权重×分配率

分配率＝（院系教学成本－可归集至直接教学成本的院系教学成本）÷$\sum$（各学历层次的分配参数×相应学历层次的资源耗费权重）

具备条件的高等学校可以采用作业成本法，根据资源动因将院系教学成本分配至有关作业，然后再将作业成本根据作业动因分配至课程。高等学校应当在梳理教学流程基础上划分作业，例如授课、指导论文、实践活动、考试等。资源动因、作业动因参数可以选择学分数、课时、人次、房屋面积、课后作业次数等。

（二）核算课程生均成本。在课程成本基础上按照修习人数计算得到课程生均成本。

某课程生均成本＝该课程成本÷该课程的修习人数

（三）按照实际课程修习情况或培养方案将各专业学生可归集至直接教学成本的院系教学成本和在本院系及其他相关院系修习的课程成本进行累加，得到直接教学成本。

某专业的直接教学成本＝可归集至直接教学成本的院系教学成本＋$\sum$（相关课程生均成本×该专业修习相关课程的人数）

第二十九条 高等学校通过学分核算直接教学成本时，一般包括以下步骤：

（一）核算单位学分成本。一般考虑不同学历层次学分的资源耗费差异，选取加权学分数作为分配参数，并将无法归集至直接教学成本的院系教学成本分配至学分（未实施学分制管理的高等学校可以用课时数代替学分）。

某学历层次单位学分成本 = 相应学历层次单位学分资源耗费权重 × 分配率

分配率 =（院系教学成本 − 可归集至直接教学成本的院系教学成本）÷ 该院系的加权学分数

某院系的加权学分数 = $\sum$（各学历层次的学生在该院系修习学分数 × 相应学历层次单位学分资源耗费权重）

（二）根据各专业学生可归集至直接教学成本的院系教学成本和在本院系及其他相关院系修习学分成本计算得到直接教学成本。

某专业的直接教学成本 = 可归集至该专业直接教学成本的院系教学成本 + 本院系相应学历层次单位学分成本 × 该专业学生在本院系修习学分数 + $\sum$ 相关院系相应学历层次单位学分成本 × 该专业学生在相关院系修习学分数

第三十条 高等学校按照学生类型、人数等标准，将行政及后勤管理部门直接面向学生提供产品和服务的相关费用（如学生宿舍管理部门的费用）分配至专业，即为支持成本。

某专业的支持成本 = 行政及后勤管理部门直接面向学生提供产品和服务的相关费用 ÷ 全校受益学生分配参数 × 该专业学生分配参数

第三十一条 将某专业的直接教学成本和支持成本加总，即为该专业成本；按照该专业学生人数求平均，即为专业生均成本。

某专业成本 = 该专业的直接教学成本 + 该专业的支持成本

某专业生均成本 = 该专业成本 ÷ 该专业学生人数

第三十二条 高等学校可根据实际需要，基于各专业成本进一步计算确定学科成本、学历成本等类别的学生教学成本。

某学科/学历成本 = $\sum$ 该学科/学历层次各专业成本

某学科/学历生均成本 = 该学科/学历成本 ÷ 该学科/学历层次学生人数

第四节 科研活动成本核算

第三十三条 高等学校需要开展科研活动成本核算的，应当将“业务活动费用——科研费用”明细科目的本期发生额归集和分配至各院系科研活动和辅助部门科研辅助活动。在完全成本法下，还应当按照第二十一条　规定分配科研活动应当承担的行政及后勤管理部门费用。

第三十四条　高等学校科研活动成本的核算流程和方法，应当参照财政部关于科学事业单位成本核算具体指引的相关规定执行。如确定科研活动的成本核算对象、将各院系科研活动和辅助部门科研辅助活动归集和分配的费用分配至科研活动成本核算对象等。

第五章　成本报告

第三十五条　高等学校成本报告是指反映高等学校一定时期成本状况的总结性书面文件，是高等学校成本核算成果的重要表现形式，旨在为报告使用者提供高等学校成本信息。

第三十六条　高等学校成本报告按使用者的不同可分为对内报告和对外报告。对内报告是指高等学校为满足单位内部管理需要而编制的报告；对外报告是指高等学校按政府财政、教育、价格等相关主管部门要求报送的报告。

第三十七条　高等学校成本报告包括成本报表和成本分析报告。

成本报表是用以反映高等学校一定时期成本构成及其变动情况，考核评价高等学校运行状况的各种报表及重要事项的说明。

成本分析报告为对高等学校运行现状和未来发展趋势进行分析预测、提出改进建议等的文字报告。

第三十八条　高等学校对内成本报告，根据管理要求可按公历年度、教学周期或项目实施周期编报，目的在于满足日常管理、临时或特殊任务的需要，使成本信息及时服务于高等学校的内部管理。

第三十九条　高等学校对外成本报告的内容至少应当包括相关类型学生教学成本及其各成本项目金额。

对外报告应当由单位负责人和主管会计工作的负责人、会计机构负责人（会计主管人员）签名或盖章并加盖单位公章，按规定要求报送上级主管部门或相关部门。对外报告需要公开的，应当遵守信息公开的有关规定。

第六章　附　　则

第四十条　财政、教育等有关主管部门应当遵循本指引的相关规定指导高等学校开展成本核算工作。

教育主管部门可以会同财政部门，结合教育行政管理的实际需要制定具体成本核算规范、对外成本报表格式等。

高等学校可以根据本指引和上级主管部门制定的成本核算规范，并结合本单位实际情况制定具体成本核算管理办法、对内成本报表格式等。

第四十一条 服务于财务报表编制的自制或委托外单位加工物品、建设工程项目、自行研究开发项目等资产成本的核算应当遵循政府会计准则制度的规定。

第四十二条 本指引由财政部负责解释。

第四十三条 本指引自2023年1月1日起施行。

附：1. 高等学校教学活动有关成本核算对象关系示意图

2. 直接教学成本核算流程示意图

附 1

高等学校教学活动有关成本核算对象关系示意图

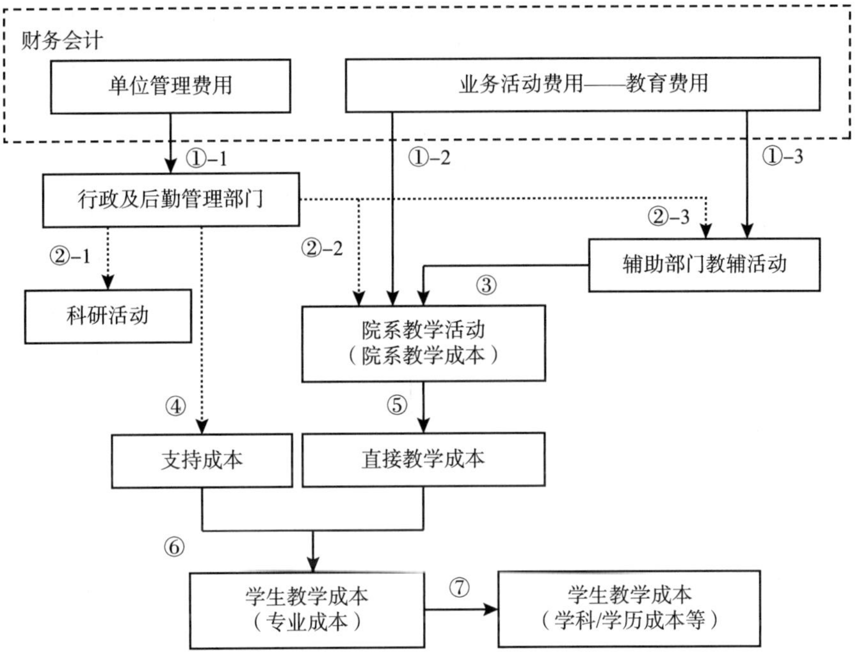

①按部门归集和分配费用（第二十条第（一）项，第二十二条）

②将行政及后勤管理部门的费用分配至辅助部门教辅活动和院系教学活动（第二十条第（二）项，第二十一条，第二十三条）

③将辅助部门教辅活动归集和分配的费用分配至院系教学活动（第二十条第（二）项，第二十四条）

④学生教学成本－支持成本的核算（第三十条）

⑤学生教学成本－直接教学成本的核算（第二十七条、第二十八条，第二十九条，具体流程见附 2）

⑥学生教学成本－专业成本的核算（第三十一条）

⑦学科/学历等其他学生教学成本的核算（第三十二条）

注：1. 该示意图选择采用完全成本法进行核算。

2. 该示意图学生教学成本以专业成本核算为基础，进一步核算学历等其他维度的学生教学成本。

附 2

直接教学成本核算流程示意图

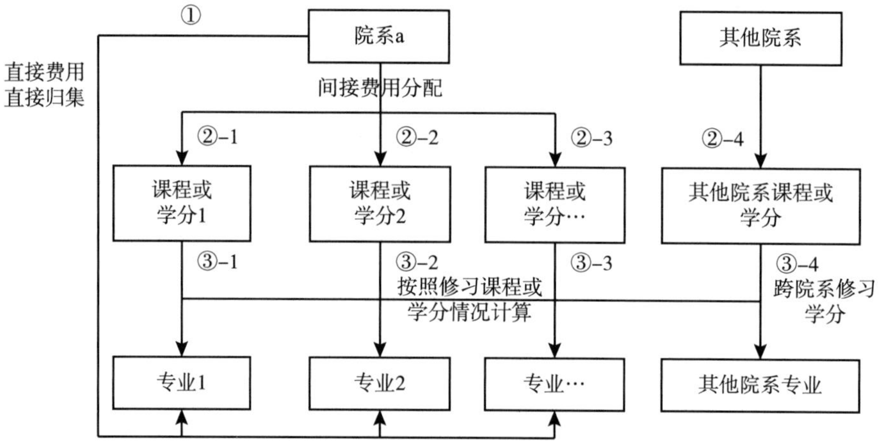

该示意图以专业成本为例，对直接教学成本的核算进行示意。

①对于院系教学成本中可归集至该专业直接教学成本的，应直接归集至该专业的直接教学成本（第二十七条）

②对于无法归集至直接教学成本的，应当先将其分配至课程或学分（第二十八条第（一）项，第二十九条第（一）项）

③按照可归集至直接教学成本的院系教学成本和相关课程或学分成本计算得到直接教学成本。（第二十八条第（二）、（三）项，第二十九条第（二）项）

科学事业单位财务制度

第一章　总　　则

第一条　为了进一步规范科学事业单位的财务行为，加强财务管理和监督，提高资金使用效益，促进科技事业健康发展，根据《事业单位财务规则》和国家有关法律制度，结合科学事业单位特点，制定本制度。

第二条　本制度适用于各级各类科学事业单位的财务活动。

第三条　科学事业单位财务管理的基本原则是：执行国家有关法律、法规和财务规章制度；坚持勤俭办一切事业的方针；正确处理事业发展需要与资金供给的关系，社会效益与经济效益的关系，国家、单位和个人三者利益的关系。

第四条　科学事业单位财务管理的主要任务是：合理编制单位预算，严格预算执行，完整、准确编制单位决算报告和财务报告，真实反映单位预算执行情况、财务状况和运行情况；依法组织收入，努力节约支出，规范科研项目资金管理；建立健全财务制度，加强经济核算，全面实施绩效管理，提高资金使用效益；加强资产管理，合理配置和有效利用资产，防止资产流失；加强对单位经济活动的财务控制和监督，防范财务风险。

第五条　科学事业单位的财务活动在单位负责人的领导下，由单位财务部门统一管理。

第六条　科学事业单位的各项经济业务事项按照国家统一的会计制度进行会计核算。

第二章　单位预算管理

第七条　科学事业单位预算是指单位根据事业发展目标和计划编制的年度财务收支计划。

科学事业单位预算由收入预算和支出预算组成。

第八条　国家对科学事业单位实行核定收支、定额或者定项补助、超支不补、结转和结余按规定使用的预算管理办法。

定额或者定项补助根据国家有关政策和财力可能，结合事业单位改革要求，科技事业发展目标和计划、科学事业单位特点、单位收支及资产状况等确定。定额或者定项补助可以为零。

第九条　非财政补助收入大于支出较多的科学事业单位，可以实行收入上缴办法。具体办法由财政部门会同有关主管部门制定。

第十条　科学事业单位应当在单位负责人主持下，由财务部门会同其他有关业务部门，参考以前年度预算执行情况，根据预算年度收入增减因素和措施，以及以前年度结转和结余情况，测算编制收入预算草案；根据事业发展需要与财力可能，测算编制支出预算草案。

科学事业单位预算编制应当坚持以收定支、收支平衡、统筹兼顾、保证重点的原则，不得编制赤字预算。

第十一条　科学事业单位应当根据国家宏观调控总体要求、年度事业发展目标和计划以及预算编制的规定，提出预算建议数，经主管部门审核汇总报财政部门（一级预算单位直接报财政部门，下同）。单位根据财政部门下达的预算控制数编制预算草案，由主管部门审核汇总报财政部门，经法定程序审核批复后执行。

第十二条　科学事业单位应当严格执行批复的预算。预算执行中，国家对财政补助收入和财政专户管理资金的预算一般不予调剂，确需调剂的，由单位报主管部门审核后报财政部门调剂；其他资金确需调剂的，按照国家有关规定办理。

第十三条　科学事业单位应当将批复的预算及时分解、落实，明确单位内部预算执行责任，加强预算执行管理，提高预算执行效率。

第十四条　科学事业单位决算是指单位预算收支和结余的年度执行结果。

第十五条　科学事业单位应当按照规定编制年度决算草案，由主管部门审核汇总后报财政部门审批。

第十六条 科学事业单位应当加强决算审核和分析，保证决算数据的真实、准确，规范决算管理工作。

第十七条 科学事业单位是单位承担的科研项目预算管理的责任主体，应当建立健全科研项目预算管理制度。

第十八条 科研项目预算应当由科研项目负责人协助单位财务部门，按照目标相关性、政策相符性、经济合理性的原则，根据科研项目任务的实际需要科学、合理、真实地编制。科研项目预算应当按照有关规定公开。

科研项目预算执行过程中需要调剂的，应当按照有关规定办理。

第十九条 科学事业单位应当全面加强预算绩效管理，提高资金使用效益。

第三章 收入管理

第二十条 收入是指科学事业单位为开展业务及其他活动依法取得的非偿还性资金。包括：

（一）财政补助收入，即科学事业单位从本级政府财政部门取得的各类财政拨款。

（二）事业收入，即科学事业单位开展专业业务活动及其辅助活动取得的收入。其中：按照国家有关规定应当上缴国库或者财政专户的资金，不计入事业收入；从财政专户核拨给科学事业单位的资金和经核准不上缴国库或者财政专户的资金，计入事业收入。

（三）上级补助收入，即科学事业单位从主管部门和上级单位取得的非财政补助收入。

（四）附属单位上缴收入，即科学事业单位附属独立核算单位按照有关规定上缴的收入。

（五）经营收入，即科学事业单位在专业业务活动及其辅助活动之外开展非独立核算经营活动取得的收入。

（六）其他收入，即本条上述规定范围以外的各项收入，包括投资收益、利息收入、捐赠收入、非本级财政补助收入、租金收入等。

非本级财政补助收入是指科学事业单位从非本级政府财政部门取得的财政拨款，不包括因开展科研及其辅助活动从非本级政府财政部门取得的经费拨款。

第二十一条 科学事业单位的事业收入包括：

（一）科研收入，即科学事业单位开展科研活动及其辅助活动取得的收入。

（二）技术活动收入，即科学事业单位对外提供技术咨询、技术服务等活动取得的收入。

（三）学术活动收入，即科学事业单位开展学术交流、学术期刊出版等活动取得的收入。

（四）科普活动收入，即科学事业单位开展科学知识宣传、讲座和科技展览等活动取得的收入。

（五）试制产品活动收入，即科学事业单位试制中间试验产品等活动取得的收入。

（六）教学活动收入，即科学事业单位开展教学活动取得的收入。

以上各项收入不包括按照部门预算隶属关系从本级政府财政部门取得的财政拨款。

第二十二条 科学事业单位收入管理的要求主要包括：

（一）单位组织收入应当遵守国家政策规定，各项收入的来源应当合法。

（二）单位应当将各项收入全部纳入单位预算，统一核算，统一管理，未纳入预算的收入不得安排支出。

（三）单位应当执行国家规定的收费范围和标准。调整收费范围和标准，应当按照规定程序报经有关部门批准。

（四）单位应当按照规定使用财政、税务等部门统一印制的票据。

第二十三条 科学事业单位对按照规定上缴国库或者财政专户的资金，应当按照国库集中收缴的有关规定及时足额上缴，不得隐瞒、滞留、截留、占用、挪用、拖欠或坐支。

科学事业单位严禁设立小金库，严禁账外设账，严禁公款私存。

第四章　支出管理

第二十四条 支出是指科学事业单位开展业务及其他活动发生的资金耗费和损失。包括：

（一）事业支出，即科学事业单位开展专业业务活动及其辅助活动发生的基本支出和项目支出。

基本支出是指科学事业单位为保障其单位正常运转、完成日常工作任务所发生的支出，包括人员经费和公用经费。项目支出是指科学事业单位为完成其特定的工作任务和事业发展目标所发生的支出。

（二）上缴上级支出，即科学事业单位按照财政部门和主管部门的规定上缴上级单位的支出。

（三）对附属单位补助支出，即科学事业单位用财政补助收入之外的收入对附属单位补助发生的支出。

（四）经营支出，即科学事业单位在专业业务活动及其辅助活动之外开展非独立核算经营活动发生的支出。

（五）其他支出，即本条上述规定范围以外的各项支出，包括利息支出、捐赠支出等。

第二十五条　科学事业单位应当将各项支出全部纳入单位预算，实行项目库管理，建立健全支出管理制度。

第二十六条　科学事业单位应当加强经济核算，可以根据开展科研业务活动及其他活动的实际需要，实行成本核算。成本核算的具体办法按照国务院财政部门相关规定执行。

第二十七条　科学事业单位应当厉行节约，严格执行国家有关财务规章制度规定的开支范围及开支标准；国家有关财务规章制度没有统一规定的，由单位规定，报主管部门和财政部门备案。单位的规定违反法律制度和国家政策的，主管部门和财政部门应当责令改正。

第二十八条　科学事业单位从财政部门、主管部门和其他相关部门取得的有指定项目和用途的专项资金，应当专款专用、单独核算，并按照规定报送专项资金使用情况的报告，接受财政部门、主管部门和其他相关部门的检查、验收。

对于不同来源的科研项目资金，应当按照国家有关规定或者合同要求进行管理，不得截留、挤占、挪用和违反规定转拨资金，不得虚列支出，不得以任何形式谋取私利。

第二十九条　科学事业单位应当严格执行国库集中支付制度和政府采购制度等有关规定。

第三十条　科学事业单位应当依法加强各类票据管理，确保票据来源合法、内容真实、使用正确，不得使用虚假票据。

第五章　结转和结余管理

第三十一条　结转和结余是指科学事业单位年度收入与支出相抵后的余额。

结转资金是指当年预算已执行但未完成，或者因故未执行，下一年度需要按照原用途继续使用的资金。结余资金是指当年预算工作目标已完成，或者因故终止，当年剩余的资金。

第三十二条　财政拨款结转和结余的管理，应当按照国家有关规定执行。

第三十三条　非财政拨款结转按照规定结转下一年度继续使用。非财政拨款结余可以按照国家有关规定提取职工福利基金，剩余部分用于弥补单位以后年度收支差额；国家另有规定的，从其规定。

经营收支结转和结余应当单独反映。经营收支结余先按照国家有关规定弥补以前年度经营收支发生的亏损，提取科技成果转化基金，其余部分并入单位的结余中进行分配。

第三十四条　科学事业单位应当加强非财政拨款结余的管理，盘活存量，统筹安排、合理使用，支出不得超出非财政拨款结余规模。

第三十五条　科研项目完成或者因故终止时，应当及时进行验收或者结算，并办理财务结账手续。

科研项目资金的结转和结余管理，按照国家有关规定或者合同的要求执行。

第六章　专用基金管理

第三十六条　专用基金是指科学事业单位按照规定提取或者设置的有专门用途的资金。

专用基金管理应当遵循先提后用、专款专用的原则，支出不得超出基金规模。

第三十七条　专用基金包括：

（一）职工福利基金，即按照非财政拨款结余的一定比例提取以及按照其他规定提取转入，用于单位职工的集体福利设施、集体福利待遇等的资金。

（二）科技成果转化基金，即单位从事业收入中提取，在事业支出的相关科目中列支，以及在经营收支结余中提取转入，用于科技成果转化的资金。事业收入和经营收支结余较少的单位可以不提取科技成果转化基金。

（三）其他专用基金，除职工福利基金和科技成果转化基金外，按照有关规定提取或者设置的专用资金。

第三十八条　各项基金的提取比例和管理办法，国家有统一规定的，按照统一规定执行；没有统一规定的，由主管部门会同本级政府财政部门确定。

第三十九条　科学事业单位应当将专用基金纳入预算管理，结合实际需要按照规定提取，保持合理规模，提高使用效益。专用基金余额较多的，应当降低提取比例或者暂停提取；确需调整用途的，由主管部门会同本级政府财政部门确定。

第七章　资 产 管 理

第四十条　资产是指科学事业单位依法直接支配的各类经济资源。

第四十一条　科学事业单位的资产包括流动资产、固定资产、在建工程、无形资产、对外投资、公共基础设施、政府储备物资、文物文化资产、保障性住房等。

第四十二条　科学事业单位应当建立健全单位资产管理制度，明确资产使用人和管理人的岗位责任，按照国家规定设置国有资产台账，加强和规范资产配置、使用和处置管理，维护资产安全完整，提高资产使用效率，保障事业健康发展。涉及资产评估的，按照国家有关规定执行。

单位应当汇总编制本单位行政事业性国有资产管理情况报告。

单位应当定期或者不定期对资产进行盘点、对账。出现资产盘盈盘亏的，应当按照财务、会计和资产管理制度有关规定处理，做到账实相符和账账相符。

单位对需要办理权属登记的资产应当依法及时办理。

第四十三条　科学事业单位应当根据依法履行职能和事业发展的需要，结合资产存量、资产配置标准、绩效目标和财政承受能力配置资产。优先通过调剂方式配置资产。不能调剂的，可以采用购置、建设、租用等方式。

第四十四条　流动资产是指可以在一年以内变现或者耗用的资产，包括现金、各种存款、应收及预付款项、存货等。

存货是指科学事业单位在开展业务活动及其他活动中为耗用或出售而储存

的资产，包括各类材料、燃料、包装物和低值易耗品以及未达到固定资产标准的用具、装具、动植物等。

科学事业单位货币性资产损失核销，应当经主管部门审核同意后报本级政府财政部门审批。

第四十五条 固定资产是指使用期限超过一年，单位价值在 1 000 元以上，并在使用过程中基本保持原有物质形态的资产。单位价值虽未达到规定标准，但是耐用时间在一年以上的大批同类物资，作为固定资产管理。

科学事业单位的固定资产明细目录由国务院主管部门结合科学事业单位特点制定，报国务院财政部门备案。

第四十六条 科学事业单位应当指定专门机构或者专人对固定资产进行管理，年度终了前应当进行全面清查盘点，做到账账、账卡、账实相符，对于固定资产的盘盈、盘亏应当按照规定及时进行处理。

第四十七条 在建工程是指已发生必要支出，但尚未达到交付使用状态的建设工程。

在建工程达到交付使用状态时，应当按照规定办理工程竣工财务决算和资产交付使用，期限最长不得超过 1 年。

第四十八条 无形资产是指不具有实物形态而能为使用者提供某种权利的资产，包括专利权、商标权、著作权、土地使用权、非专利技术以及其他财产权利。

第四十九条 科学事业单位应当加强无形资产的管理。单位对于无形资产应当按照国家有关规定合理计价，及时入账。

科学事业单位转让无形资产取得的收入、取得无形资产发生的支出，应当按照国家有关规定处理。

科学事业单位对其持有的科技成果，可按规定自主决定转让、许可或者作价投资，转化科技成果所获得的收入全部留归本单位。

第五十条 对外投资是指事业单位依法利用货币资金、实物、无形资产等方式向其他单位的投资。

科学事业单位应当严格控制对外投资。利用国有资产对外投资应当有利于事业发展和实现国有资产保值增值，符合国家有关规定，经可行性研究和集体决策，按照规定的权限和程序进行。

科学事业单位不得使用财政拨款及其结余进行对外投资，不得从事股票、期货、基金、企业债券等投资，国家另有规定的除外。

科学事业单位应当明确对外投资形成的股权及其相关权益管理责任，按照国家有关规定将对外投资形成的股权纳入经营性国有资产集中统一监管体系。

第五十一条　公共基础设施、政府储备物资、文物文化资产、保障性住房等资产管理的具体办法，由国务院财政部门会同有关部门制定。

第五十二条　科学事业单位资产处置应当遵循公开、公平、公正和竞争、择优的原则，严格履行相关审批程序。

科学事业单位出租、出借资产，应当严格履行相关审批程序。

第五十三条　科学事业单位应当按照国家有关规定，推进重大科研基础设施和大型科研仪器等国有资产的开放共享共用工作。

第八章　负债管理

第五十四条　负债是指科学事业单位所承担的能以货币计量，需要以资产或者劳务偿还的债务。包括借入款项、预收款项、应付款项、暂存款项、应缴款项等。

（一）借入款项，即科学事业单位开展各项活动向银行等金融机构借入的款项。

（二）预收款项，即科学事业单位与国家有关部门及其他单位签订研究和试制合同以及其他经济合同后，预先收到但尚未实现收入的款项，包括预收的政府专项合同款项、委托合同款项及其他合同款项等。

（三）应付款项，即科学事业单位按照规定和要求，应付而暂时未付的各种款项。

（四）暂存款项，即科学事业单位从其他单位或者个人收到的、代为保管或者暂时尚未确定性质的款项。

（五）应缴款项，即科学事业单位按照国家有关规定收取的应当上缴国库或者财政专户的资金、应缴税费，以及其他应当上缴的款项。

第五十五条　科学事业单位应当对不同性质的负债进行分类管理，及时清理并按照规定办理结算，保证各项负债在规定期限内偿还。

对预收款项，应当在合同完成或者阶段性完成后及时结转为收入；对应付款项，应当按时清付；对各项应缴税费，应当依据国家法律制度计缴。

第五十六条　科学事业单位应当建立健全财务风险预警和控制机制，不得违法违规举借债务，规范和加强借入款项管理，如实反映依法举借债务情况，严格执行审批程序，不得违反规定融资或者提供担保，不得以任何方式直接或间接替地方政府及其部门融资或提供担保，严禁新增地方政府隐性债务。将偿债资金来源严格限定在非财政性资金范围内，不得承诺或安排财政性资金偿还债务。

第九章 财务清算

第五十七条 科学事业单位发生划转、改制、撤销、合并、分立时，应当进行清算。

第五十八条 科学事业单位财务清算，应当在主管部门和财政部门的监督指导下成立财务清算工作组，对单位的财产、债权、债务等进行全面清理，编制财产目录和债权、债务清单以及清算财务报告，全面反映单位的财务状况和清算损益，提出财产作价依据和债权、债务处理办法，做好资产和负债的移交、接收、划转和管理工作，并妥善处理各项遗留问题。

第五十九条 科学事业单位清算结束后，经主管部门审核并报财政部门批准，其资产和负债分别按照下列办法处理：

（一）因隶属关系改变，成建制划转的单位，全部资产和负债无偿移交，并相应划转经费指标。

（二）转为企业的单位，全部资产扣除负债后，转作国家资本金。

（三）撤销的单位，全部资产和负债由主管部门和财政部门核准处理。

（四）合并的单位，全部资产和负债移交接收单位或者新组建单位，合并后多余的资产由主管部门和财政部门核准处理。

（五）分立的单位，全部资产和负债按照有关规定移交分立后的单位，并相应划转经费指标。

第十章 财务报告和决算报告

第六十条 科学事业单位应当按国家有关规定向主管部门和财政部门以及其他有关的报告使用者提供财务报告、决算报告。

科学事业单位财务会计和预算会计要素的确认、计量、记录、报告应当遵循政府会计准则制度的规定。

第六十一条 科学事业单位财务报告主要以权责发生制为基础编制，综合反映单位特定日期财务状况和一定时期运行情况等信息。

第六十二条 科学事业单位的财务报告由财务报表和财务分析两部分组成。财务报表主要包括资产负债表、收入费用表等会计报表和报表附注。财务分析的内容主要包括财务状况分析、运行情况分析和财务管理情况等。

第六十三条 科学事业单位决算报告主要以收付实现制为基础编制，综合反映事业单位年度预算收支执行结果等信息。

第六十四条 科学事业单位决算报告由决算报表和决算分析两部分组成。决算报表主要包括收入支出表、财政拨款收入支出表等。决算分析的内容主要包括收支预算执行分析、资金使用效益分析和机构人员情况等。

第十一章　财务监督

第六十五条 科学事业单位财务监督主要包括对预算管理、收入管理、支出管理、科研项目资金管理、结转和结余管理、专用基金管理、资产管理、负债管理等的监督。

第六十六条 科学事业单位财务监督应当实行事前监督、事中监督、事后监督相结合，日常监督与专项监督相结合。

第六十七条 科学事业单位是科研项目资金管理使用的主体，应强化法人责任，动态监管资金使用并实时预警提醒，确保资金合理规范使用。

科研项目资金管理使用的监督，按照国家有关规定执行。

第六十八条 科学事业单位应当建立健全内部控制制度、经济责任制度、财务信息披露制度等监督制度，依法公开财务信息，按规定编制和报送内部控制报告。

第六十九条 科学事业单位应当遵守财经纪律和财务制度，依法接受主管部门和财政、审计部门的监督。

第七十条 各级科学事业单位、主管部门和财政部门及其工作人员存在违反本制度规定的行为，以及其他滥用职权、玩忽职守、徇私舞弊等违法违规行为的，依法追究相应责任。

第十二章　附　　则

第七十一条 科学事业单位基本建设投资的财务管理，应当执行本制度，但国家基本建设投资财务管理制度另有规定的，从其规定。

第七十二条 参照公务员法管理的科学事业单位财务制度的适用，由国务院财政部门另行规定。

第七十三条 中国科学技术协会及地方科学技术协会所属的事业单位执行本制度。

接受国家经常性资助的社会力量举办的从事科学研究及相关活动的公益服务性组织和社会团体，依照本制度执行；其他社会力量举办的从事科学研究及相关活动的公益服务性组织和社会团体，可以参照本制度执行。

第七十四条 下列科学事业单位执行企业财务制度，不执行本制度：

（一）纳入企业财务管理体系的科学事业单位和科学事业单位附属独立核算的生产经营单位；

（二）经主管部门和财政部门批准的具备条件的其他科学事业单位。

第七十五条 军工科研单位财务制度另行制定，不执行本制度。

第七十六条 科学事业单位应当按照《事业单位财务规则》和本制度的规定，结合单位实际，制定内部财务管理办法，并报主管部门备案。

第七十七条 本制度自颁布之日起施行。财政部、科技部2012年12月28日颁布的《科学事业单位财务制度》（财教〔2012〕502号）同时废止。

文化事业单位财务制度

第一章　总　　则

第一条　为了进一步规范文化事业单位的财务行为，加强财务管理和监督，提高资金使用效益，保障文化事业单位的健康发展，根据《事业单位财务规则》和国家有关法律制度，结合文化事业单位特点，制定本制度。

第二条　本制度适用于各级各类文化事业单位（以下简称文化事业单位）的财务活动。

第三条　文化事业单位财务管理的基本原则是：执行国家有关法律、法规和财务规章制度；坚持勤俭办一切事业的方针；正确处理事业发展需要和资金供给的关系，社会效益和经济效益的关系，国家、单位和个人三者利益的关系。

第四条　文化事业单位财务管理的主要任务是：合理编制单位预算，严格预算执行，完整、准确编制单位决算报告和财务报告，真实反映单位预算执行情况、财务状况和运行情况；依法组织收入，努力节约支出；建立健全财务制度，加强经济核算，全面实施绩效管理，提高资金使用效益；加强资产管理，合理配置和有效利用资产，防止资产流失；参与单位重大经济决策和对外签订经济合同等事项；建立健全内部控制体系，加强对单位经济活动的财务控制和监督，防范财务风险。

第五条　文化事业单位应当按照国家有关规定设置财务会计机构，配备财务、会计人员。财务、会计人员应当具备从事财务会计工作所需要的专业能力。

第六条　文化事业单位的财务活动在单位负责人领导下，由单位财务部门统一管理。

第七条 文化事业单位的各项经济业务事项按照国家统一的会计制度进行会计核算。文化事业单位应当加强财务信息化建设。

第二章 单位预算管理

第八条 文化事业单位预算是文化事业单位根据事业发展目标和计划编制的年度财务收支计划。

文化事业单位预算由收入预算和支出预算组成。

第九条 国家对文化事业单位实行核定收支、定额或者定项补助、超支不补、结转和结余按规定使用的预算管理办法。

定额或者定项补助根据国家有关政策和财力可能，结合文化事业单位改革要求、事业特点、事业发展目标和计划、单位收支及资产状况等确定。定额或者定项补助可以为零。

非财政补助收入大于支出较多的文化事业单位，可以实行收入上缴办法。具体办法由财政部门会同有关主管部门制定。

第十条 预算编制原则：

（一）坚持合法合规的原则。根据国家有关方针政策、法律法规以及文化事业发展目标和计划编制单位预算草案。

（二）坚持完整性和统一性原则。文化事业单位应当将所有收入和支出全部纳入单位预算，并按照统一的口径、程序及计算依据编制单位预算草案。

（三）坚持以收定支、收支平衡的原则。文化事业单位预算应当自求平衡，不得编制赤字预算。

（四）坚持统筹兼顾、保证重点的原则。既要考虑事业发展的需要，又要考虑国家财力可能和单位收入状况、资产状况，保证重点，兼顾一般。

（五）坚持厉行节约、注重绩效的原则。挖掘内部潜力，促进增收节支，加强绩效管理，将绩效结果与预算编制有机结合。

第十一条 文化事业单位参考以前年度预算执行情况，根据预算年度的收入增减因素和措施，以及以前年度结转和结余情况，测算编制收入预算草案；根据事业发展需要与财力可能，测算编制支出预算草案。

第十二条 文化事业单位应当根据国家宏观调控总体要求、年度事业发展目标和计划以及预算编制的规定，提出预算建议数，经主管部门审核汇总报财政部门（一级预算单位直接报财政部门，下同）。文化事业单位根据财政部门下达的预算控制数编制预算草案，由主管部门审核汇总报财政部门，经法定程序审核批复后执行。

第十三条　文化事业单位应当严格执行批准的预算。预算执行中，对财政补助收入和财政专户管理资金的预算一般不予调剂，确需调剂的，由事业单位报主管部门审核后报财政部门调剂；其他资金确需调剂的，按照国家有关规定办理。

第十四条　文化事业单位决算是指文化事业单位预算收支和结余的年度执行结果。

第十五条　文化事业单位应当按照规定编制年度决算草案，由主管部门审核汇总后报财政部门审批。

第十六条　文化事业单位应当加强决算审核和分析，保证决算数据的真实、准确，规范决算管理工作。

第十七条　文化事业单位应当全面加强预算绩效管理，提高资金使用效益。

第三章　收入管理

第十八条　收入是指文化事业单位为开展业务及其他活动依法取得的非偿还性资金。

第十九条　文化事业单位的收入包括：

（一）财政补助收入，即文化事业单位从本级财政部门取得的各类财政拨款。

（二）事业收入，即文化事业单位开展专业业务活动及其辅助活动取得的收入。其中：按照国家有关规定应当上缴国库或者财政专户的资金，不计入事业收入；从财政专户核拨给文化事业单位的资金和经核准不上缴国库或者财政专户的资金，计入事业收入。

（三）上级补助收入，即文化事业单位从主管部门或上级单位取得的各种非财政补助收入。

（四）附属单位上缴收入，即文化事业单位附属独立核算单位按照有关规定上缴的收入。

（五）经营收入，即文化事业单位在专业业务活动及其辅助活动之外开展非独立核算的经营活动取得的收入。

（六）其他收入，即本条　上述规定范围以外的各项收入，包括投资收益、利息收入、捐赠收入、非本级财政补助收入、租金收入等。

第二十条　事业收入包括：

（一）演出收入，即艺术表演团体进行各类线上、线下文艺演出取得的收入。

（二）场馆服务收入，即艺术表演场所、文化展示及纪念机构开展文艺演出、举办展览展映等活动所取得的收入。

（三）技术服务收入，即文化事业单位对外提供各种技术指导、技术咨询、技术服务、技术认证取得的收入。

（四）培训收入，即文化事业单位举办各种培训班取得的收入。

（五）复印复制收入，即图书馆、文化馆、群艺馆、展览馆、美术馆、纪念馆等对外提供馆藏资料的复印复制等服务取得的收入。

（六）门票收入，即文化展示及纪念机构销售门票取得的收入。

（七）外借人员劳务收入，即文化事业单位对外提供演职人员、技术人员等取得的劳务收入。

（八）文化创意产品开发收入，即文化事业单位采取合作、独立开发等方式开发文化创意产品取得的收入。

（九）版权授权收入，即文化事业单位提供版权授权取得的收入。

（十）其他事业收入，即文化事业单位开展专业业务活动及其辅助活动取得的除上述各项收入以外的收入。

第二十一条　经营收入包括：

（一）销售收入，即文化事业单位非独立核算的销售商品收入。

（二）经营服务收入，即文化事业单位非独立核算的对外提供经营服务收入。

（三）其他经营收入，即文化事业单位在专业业务活动及其辅助活动之外开展非独立核算经营活动取得的除上述各项收入以外的收入。

第二十二条　收入管理的要求：

（一）文化事业单位应当在国家政策允许的范围内，依法组织收入，坚持把社会效益放在首位、社会效益和经济效益相统一。

（二）文化事业单位应当使用财政部门或税务部门统一监（印）制的票据，并建立健全票据管理制度。

（三）文化事业单位应当严格执行国家批准或备案的收费项目和收费标准，不得擅自设立收费项目，自定收费标准。

（四）文化事业单位应当按照规定加强银行账户的统一管理，收入要及时入账，防止流失。

（五）文化事业单位应当将各项收入全部纳入单位预算，统一核算，统一管理，未纳入预算的收入不得安排支出。

第二十三条　文化事业单位对按照规定上缴国库或者财政专户的资金，应当按照国库集中收缴的有关规定及时足额上缴，不得隐瞒、滞留、截留、占用、挪用、拖欠或坐支。

第四章　支出管理

第二十四条　支出是指文化事业单位开展业务及其他活动发生的资金耗费和损失。

第二十五条　文化事业单位支出包括：

（一）事业支出，即文化事业单位开展专业业务活动及其辅助活动发生的基本支出和项目支出。基本支出是指文化事业单位为了保障其正常运转、完成日常工作任务所发生的支出，包括人员经费和公用经费；项目支出是指文化事业单位为了完成其特定的工作任务和事业发展目标所发生的支出。

（二）经营支出，即文化事业单位在专业业务活动及其辅助活动之外开展非独立核算经营活动发生的支出。

（三）对附属单位补助支出，即文化事业单位用财政补助收入之外的收入对附属单位补助发生的支出。

（四）上缴上级支出，即文化事业单位按照财政部门和主管部门的规定上缴上级单位的支出。

（五）其他支出，即本条　上述规定范围以外的各项支出，包括利息支出、捐赠支出等。

第二十六条　支出管理的要求：

（一）文化事业单位应当将各项支出全部纳入单位预算，实行项目库管理，建立健全支出管理制度。

（二）文化事业单位的支出应当厉行节约，严格执行国家有关财务规章制度规定的开支范围及开支标准，建立健全支出标准体系。国家有关财务规章制度没有统一规定的，由文化事业单位规定，报主管部门和财政部门备案。

文化事业单位的规定违反法律制度和国家政策的，主管部门和财政部门应当责令改正。

（三）文化事业单位从财政部门和主管部门取得的有指定项目和用途的专项资金，应当专款专用、单独核算，并按照规定报送专项资金使用情况的报告，接受财政部门和主管部门的检查、验收。

第二十七条 文化事业单位应当加强经济核算，可以根据开展文化业务活动及其他活动的实际需要，实行成本核算。成本核算的具体办法按照国务院财政部门相关规定执行。

第二十八条 文化事业单位应当严格执行国库集中支付制度和政府采购制度等有关规定。

第二十九条 文化事业单位应当依法加强各类票据管理，确保票据来源合法、内容真实、使用正确，不得使用虚假票据。

票据经办部门和人员应当对票据的真实性、合法性负责。财务部门应当加强票据的审核，拒绝报销虚假票据。

第五章 结转和结余管理

第三十条 结转和结余是指文化事业单位年度收入与支出相抵后的余额。

结转资金是指当年预算已执行但未完成，或者因故未执行，下一年度需要按照原用途继续使用的资金。结余资金是指当年预算工作目标已完成，或者因故终止，当年剩余的资金。

经营收支结转和结余应当单独反映。

第三十一条 财政拨款结转和结余的管理，应当按照国家有关规定执行。

第三十二条 文化事业单位非财政拨款结转按照规定结转下一年度继续使用。非财政拨款结余可以按照国家有关规定提取职工福利基金，剩余部分用于弥补以后年度单位收支差额；国家另有规定的，从其规定。

第三十三条 文化事业单位应当加强非财政拨款结余的管理，盘活存量，统筹安排，合理使用，支出不得超出非财政拨款结余规模。

第六章 专用基金管理

第三十四条 专用基金是指文化事业单位按照规定提取或者设置的有专门

用途的资金。

专用基金管理应当遵循先提后用、专款专用的原则，支出不得超出基金规模。

第三十五条　专用基金包括职工福利基金和其他专用基金。

职工福利基金是指按照非财政拨款结余的一定比例提取以及按照其他规定提取转入，用于单位职工的集体福利设施、集体福利待遇等的资金。

其他专用基金是指除职工福利基金外，按照有关规定提取或者设置的专用资金。

第三十六条　文化事业单位应当将专用基金纳入预算管理，结合实际需要按照规定提取，保持合理规模，提高使用效益。专用基金余额较多的，应当降低提取比例或者暂停提取；确需调整用途的，由主管部门会同本级财政部门确定。

第三十七条　各项基金的提取比例和管理办法，国家有统一规定的，按照统一规定执行；没有统一规定的，由主管部门会同本级财政部门确定。

第七章　资 产 管 理

第三十八条　资产是指文化事业单位依法直接支配的各类经济资源。

第三十九条　文化事业单位的资产包括流动资产、固定资产、在建工程、无形资产、对外投资、文物文化资产等。

第四十条　文化事业单位应当建立健全单位资产管理制度，明确资产使用人和管理人的岗位责任，按照国家规定设置国有资产台账，加强和规范资产配置、使用和处置管理，维护资产安全完整，提高资产使用效率。涉及资产评估的，按照国家有关规定执行。

文化事业单位应当汇总编制本单位行政事业性国有资产管理情况报告。

文化事业单位应当定期或者不定期对资产进行盘点、对账。出现资产盘盈盘亏的，应当按照财务、会计和资产管理制度有关规定处理，做到账实相符和账账相符。

文化事业单位对需要办理权属登记的资产应当依法及时办理。

第四十一条　文化事业单位应当根据依法履行职能和事业发展的需要，结合资产存量、资产配置标准、绩效目标和财政承受能力配置资产。优先通过调剂方式配置资产。不能调剂的，可以采用购置、建设、租用等方式。

文化事业单位购置、建设、租用资产，应当提出资产配置需求，编制资产配置相关支出预算，严格按照预算管理规定和财政部门批复的预算配置资产。

第四十二条 流动资产是指可以在一年以内变现或者耗用的资产，包括现金、各种存款、应收及预付款项、存货等。

存货是指文化事业单位在开展业务活动及其他活动中为耗用或出售而储存的资产，包括材料、燃料、包装物和低值易耗品以及未达到固定资产标准的用具、装具、动植物等。

第四十三条 文化事业单位应当加强流动资产管理：

（一）文化事业单位财务机构按照国家有关规定开立、使用和管理银行账户。

（二）文化事业单位应当按时清理结算应收款项和预付款项，加强管理。文化事业单位货币性资产损失核销，应当经主管部门审核同意后报本级财政部门审批。

（三）文化事业单位应当建立健全存货管理制度。单位资产管理部门应当指定专人负责，严格收发手续，完善存货验收、入库、保管和出库制度，防止丢失、损坏和变质。

第四十四条 固定资产是指使用期限超过一年，单位价值在 1 000 元以上，并在使用过程中基本保持原有物质形态的资产。单位价值虽未达到规定标准，但是耐用时间在一年以上的大批同类物资，作为固定资产管理。

文化事业单位的固定资产明细目录由国务院主管部门制定，报国务院财政部门备案。

第四十五条 在建工程是指已经发生必要支出，但尚未达到交付使用状态的建设工程。

在建工程达到交付使用状态时，应当按照规定办理工程竣工财务决算和资产交付使用。期限最长不得超过 1 年。

第四十六条 无形资产是指不具有实物形态而能为使用者提供某种权利的资产，包括专利权、商标权、著作权、土地使用权、非专利技术以及其他财产权利。文化事业单位转让无形资产取得的收入、取得无形资产发生的支出，应当按照国家有关规定处理。

第四十七条 对外投资是指文化事业单位依法利用货币资金、实物、无形资产等方式向其他单位的投资。

第四十八条 文化事业单位应当加强对外投资管理：

（一）文化事业单位应当严格控制对外投资。利用国有资产对外投资应当有利于事业发展和实现国有资产保值增值，符合国家有关规定，经可行性研究和集体决策，按照规定的权限和程序进行。

（二）文化事业单位不得使用财政拨款及其结余进行对外投资，不得从事股票、期货、基金、企业债券等投资，国家另有规定的除外。

（三）文化事业单位应当明确对外投资形成的股权及其相关权益管理责任，按照国家有关规定将对外投资形成的股权纳入经营性国有资产集中统一监管体系。

第四十九条　文物文化资产包括不可移动文物、可移动文物、文创衍生品、标本模型以及其他藏品。

（一）文化事业单位应当将本单位的文物文化资产，按规定登记入账或设置备查簿进行登记，并在本单位行政事业性国有资产管理情况报告中体现。

（二）文化事业单位应当设立总登记账，对于按有关行业规定应作为藏品、文物资源资产进行管理的文物文化资产，及时、准确、完整登记录入总登记账，作为统计和核算实物量的依据。总登记账应合理分类，将不可移动文物、可移动文物单独登记。

（三）文化事业单位应当建立健全监督管理制度，定期核对总登记账数、资产账面数、备查簿登记数，确保数量、名称和实物一一对应。

（四）文物文化资产管理的具体办法，由国务院财政部门会同有关部门制定。

第五十条　文化事业单位资产处置应当遵循公开、公平、公正和竞争、择优的原则，严格履行相关审批程序。

文化事业单位出租、出借资产，应当按照国家有关规定严格履行相关审批程序。

文化事业单位应当在确保安全使用的前提下，推进本单位大型设备等国有资产共享共用工作，可以对提供方给予合理补偿。

第八章　负债管理

第五十一条　负债是指文化事业单位所承担的能以货币计量，需要以资产或者劳务偿还的债务。

第五十二条　文化事业单位的负债包括借入款项、应付款项、暂存款项、应缴款项等。

应缴款项包括文化事业单位按照国家有关规定收取的应当上缴国库或者财政专户的资金、应缴税费，以及其他应当上缴的款项。

第五十三条 文化事业单位应当对不同性质的负债分类管理，及时清理并按照规定办理结算，保证各项负债在规定期限内偿还。

第五十四条 文化事业单位应当建立健全财务风险预警和控制机制，规范和加强借入款项管理，如实反映依法举借债务情况，严格执行审批程序，不得违反规定融资或者提供担保，不得以任何方式直接或间接替地方政府及其部门融资或提供担保。

第九章 事业单位清算

第五十五条 文化事业单位发生划转、改制、撤销、合并、分立时，应当进行清算。

第五十六条 文化事业单位清算，应当在主管部门和财政部门的监督指导下成立财务清算工作组，对单位的财产、债权、债务等进行全面清理，编制财产目录和债权、债务清单以及清算财务报表，全面反映单位的财务状况和清算损益，提出财产作价依据和债权、债务处理办法，做好资产和负债的移交、接收、划转和管理工作，并妥善处理各项遗留问题。

第五十七条 文化事业单位清算结束后，经主管部门审核并报财政部门批准，其资产和负债分别按照下列办法处理：

（一）因隶属关系改变，成建制划转的文化事业单位，全部资产和负债无偿移交，并相应划转经费指标。

（二）转为企业的文化事业单位，全部资产扣除负债后，转作国家资本金。

（三）撤销的文化事业单位，全部资产和负债由主管部门和财政部门核准处理。

（四）合并的文化事业单位，全部资产和负债移交接收单位或者新组建单位，合并后多余的资产由主管部门和财政部门核准处理。

（五）分立的文化事业单位，全部资产和负债按照有关规定移交分立后的文化事业单位，并相应划转经费指标。

第十章　财务报告和决算报告

第五十八条　文化事业单位应当按国家有关规定向主管部门和财政部门以及其他有关的报告使用者提供财务报告、决算报告。

文化事业单位财务会计和预算会计要素的确认、计量、记录、报告应当遵循政府会计准则制度的规定。

第五十九条　财务报告主要以权责发生制为基础编制，综合反映文化事业单位特定日期财务状况和一定时期运行情况等信息。

第六十条　财务报告由财务报表和财务分析两部分组成。财务报表主要包括资产负债表、收入费用表等会计报表和报表附注。财务分析的内容主要包括财务状况分析、运行情况分析和财务管理情况等。

第六十一条　决算报告主要以收付实现制为基础编制，综合反映事业单位年度预算收支执行结果等信息。

第六十二条　决算报告由决算报表和决算分析两部分组成。决算报表主要包括收入支出表、财政拨款收入支出表等。决算分析的内容主要包括收支预算执行分析、资金使用效益分析和机构人员情况等。

第十一章　财务监督

第六十三条　文化事业单位财务监督主要包括对预算管理、收入管理、支出管理、结转和结余管理、专用基金管理、资产管理、负债管理等方面的监督。

第六十四条　文化事业单位财务监督应当实行事前监督、事中监督、事后监督相结合，日常监督与专项监督相结合。

第六十五条　文化事业单位应当建立健全内部控制制度、经济责任制度、财务信息披露制度等监督制度，按规定编制和报送内部控制报告，依法公开财务信息。

第六十六条　文化事业单位应当遵守财经纪律和财务制度，依法接受主管部门和财政、审计部门的监督。

第六十七条　各级文化事业单位、主管部门和财政部门及其工作人员存在违反本制度规定的行为，以及其他滥用职权、玩忽职守、徇私舞弊等违法违规行为的，依法追究相应责任。

第十二章　附　　则

第六十八条　文化事业单位基本建设投资的财务管理，应当执行本制度，但国家基本建设投资财务管理制度另有规定的，从其规定。

第六十九条　参照公务员法管理的文化事业单位财务制度的适用，由国务院财政部门另行规定。

第七十条　接受国家经常性资助的社会力量举办的文化公益服务性组织和社会团体，依照本制度执行；其他社会力量举办的文化公益服务性组织和社会团体，可以参照本制度执行。

第七十一条　下列文化事业单位或者文化事业单位特定项目，执行企业财务制度，不执行本制度：

（一）纳入企业财务管理体系的文化事业单位和文化事业单位附属独立核算的生产经营单位。

（二）文化事业单位经营的接受外单位要求投资回报的项目。

（三）经主管部门和财政部门批准的具备条件的其他文化事业单位。

第七十二条　文博单位、文化科学研究单位和艺术学校应当执行同行业事业单位财务制度。

第七十三条　省、自治区、直辖市财政部门和主管部门可以根据《事业单位财务规则》和本制度，结合本地区实际情况制定补充规定，报国务院财政部门和国务院主管部门备案。

文化事业单位应当按照本制度，根据单位实际情况，制定单位内部财务管理办法，并报主管部门备案。

第七十四条　本制度自印发之日起施行。《财政部　文化部关于印发〈文化事业单位财务制度〉的通知》（财教〔2012〕503号）同时废止。

事业单位成本核算具体指引
——公立医院

第一章 总 则

第一条 为推动公立医院（以下简称医院）高质量发展，健全现代医院管理制度，规范医院成本核算工作，提升医院内部管理水平和运营效率，根据《中华人民共和国会计法》、政府会计准则制度、《事业单位成本核算基本指引》（财会〔2019〕25 号）等规定，制定本指引。

第二条 本指引适用于中华人民共和国境内各级各类执行政府会计准则制度且开展成本核算工作的医院，含综合医院、中医院、中西医结合医院、民族医院、专科医院、门诊部（所）、疗养院等，不包括城市社区卫生服务中心（站）、乡镇卫生院等基层医疗卫生机构。

第三条 医院进行成本核算应当满足内部管理和外部管理的特定成本信息需求。医院的成本信息需求包括但不限于以下方面：

（一）成本控制。加强运营管理，促使医院合理控制成本、优化资源配置、提升管理水平。

（二）医疗服务价格监管。提供医院财务成本状况，为政府有关部门监管医疗服务价格、完善医保支付政策等提供数据支持。

（三）绩效评价。夯实绩效管理基础，为衡量医院整体和内部各部门的运行效率、核心业务实施效果、政策项目预算资金使用效果等提供成本信息。

第四条 医院成本核算的基本步骤包括：

（一）明确成本核算部门和成本核算相关部门的职责，分别核算费用、收入，采集人员数量、工作量、房屋面积等成本相关基础数据。

（二）结合业务活动特点和管理需要，合理确定成本核算对象。

（三）根据成本信息需求确定成本核算对象的成本项目和范围。

（四）将直接费用归集至成本核算对象；选择科学、合理的成本动因或分配基础，将间接费用分配至成本核算对象；计算确定各成本核算对象的成本。

（五）根据成本核算结果编制成本报告。

第五条 医院开展成本核算的过程中，对医院成本及成本核算的定义、成本核算的会计数据基础、成本数据记录要求、成本核算原则和成本核算周期等内容，应当遵循《事业单位成本核算基本指引》的相关规定。

第二章 成本核算对象

第六条 医院可以根据成本信息需求，多维度、多层次地确定成本核算对象。

第七条 本指引主要规范医院专业业务活动（以下简称业务活动）相关成本核算对象的成本核算。医院的业务活动根据其职能目标确定，一般包括医疗、教学、科研、预防活动。

第八条 医院应当将业务活动中的医疗活动作为基本的成本核算对象，具备条件的医院可以核算教学、科研、预防活动（以下称非医疗活动）的成本。

第九条 医疗活动成本按照不同的标准，可以进一步划分为以下成本核算对象：

（一）科室成本。按照科室划分，以各科室为成本核算对象，并进一步计算科室门急诊成本、住院成本的单位成本，即诊次成本、床日成本。

（二）医疗服务项目成本。按照各省级医疗服务价格主管部门制定的医疗服务价格项目（不包括药品和可以单独收费的卫生材料）划分，以各医疗服务价格项目为成本核算对象，并进一步计算其单位成本，即医疗服务项目成本。

（三）病种成本。按照病种划分，以各病种为成本核算对象，并进一步计算其单位成本，即病种成本。

（四）疾病诊断相关分组（Diagnosis Related Groups，以下简称 DRG）成本。按照 DRG 组划分，以各 DRG 组为成本核算对象，并进一步计算其单位成本，即 DRG 成本。

医院应当核算科室、诊次、床日成本，具备条件的医院可以核算医疗服务项目、病种、DRG 等成本。

第三章　成本项目和范围

第十条　医院应当根据成本信息需求，按照成本经济用途、成本要素等设置成本项目，并对每个成本核算对象按照其成本项目进行数据归集。

成本项目是指将归集到成本核算对象的成本按照一定标准划分的反映成本构成的具体项目。

第十一条　医院成本项目的设置，应当与成本核算对象所对应财务会计科目的明细科目或辅助核算项目保持协调，确保成本数据与财务会计数据的同源性和一致性。

第十二条　医院医疗活动的成本项目应当包括：人员经费、卫生材料费、药品费、固定资产折旧费、无形资产摊销费、提取医疗风险基金和其他医疗费用。医院应当根据“业务活动费用”“单位管理费用”会计科目下的相关明细科目归集获取各成本项目的费用。

医院可以根据需要在上述成本项目下设置明细项目或进行辅助核算。

第十三条　医院成本范围的界定应当与成本核算对象相适应。

（一）当成本核算对象为医院整体时，其成本范围即医院全成本，包括医院发生的全部费用：业务活动费用、单位管理费用、经营费用、资产处置费用、上缴上级费用、对附属单位补助费用、所得税费用、其他费用。

（二）当成本核算对象为业务活动时，其成本范围包括业务活动费用、单位管理费用。

（三）当成本核算对象为医疗活动时，其成本范围即医疗全成本，包括业务活动成本中与开展医疗活动相关的全部耗费。

医院成本范围可以根据成本信息需求进行调整。例如，为满足医疗服务价格监管、制定医保支付标准等需求，应当在医疗全成本基础上，按规定调减不符合有关法律法规规定的费用、有财政资金补偿的费用等。财政资金补偿的费用一般包括“业务活动费用”“单位管理费用”会计科目下通过“财政基本拨款经费”“财政项目拨款经费”进行明细核算的费用。

第四章　业务活动成本归集和分配

第一节　业务活动成本归集和分配的一般要求

第十四条　医院应当根据成本信息需求，对业务活动相关成本核算对象选择完全成本法或制造成本法进行核算。

完全成本法下应当将业务活动费用、单位管理费用均归集、分配至成本核算对象。

制造成本法下应当只将业务活动费用归集、分配至成本核算对象。

第十五条　医院业务活动成本归集和分配的一般流程如图1所示：

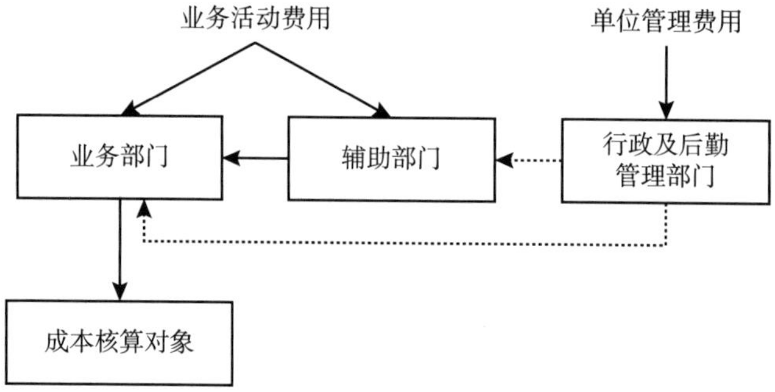

图1　医院业务活动成本归集和分配的一般流程

（一）将"业务活动费用"会计科目的本期发生额按照活动类型、成本项目，分别归集到直接开展业务活动的业务部门、为业务部门提供服务或产品的辅助部门；将"单位管理费用"会计科目的本期发生额按照成本项目，归集到开展行政管理和后勤保障等管理活动的行政及后勤管理部门。

（二）将行政及后勤管理部门归集的单位管理费用（仅限完全成本法）、辅助部门归集的业务活动费用分配至业务部门。其中，单位管理费用可以先分配至业务部门和辅助部门，再随辅助部门的费用分配至业务部门；也可以直接全部分配至业务部门。

（三）将业务部门归集的费用采用合理的分配方法分配至成本核算对象。

第十六条　医院应当将业务活动费用在医疗活动和非医疗活动之间进行划分。例如，通过"科教经费"进行明细核算的费用应当计入教学、科研活动成本。难以确定所属活动类型的业务活动费用应当计入医疗活动。

在完全成本法下，医院应当将单位管理费用分配至医疗活动和非医疗活动成本。非医疗活动成本占业务活动总成本比例不高的医院，可以按照重要性原则将单位管理费用分配至医疗活动成本。

第二节　按科室归集和分配医疗活动费用

第十七条　医院应当区分业务部门、辅助部门、行政及后勤管理部门，将开展医疗活动的科室划分为以下几类：

（一）直接开展医疗活动的临床服务类科室。

（二）既直接开展医疗活动，同时也为临床服务类科室提供服务或产品的医疗技术类科室。

（三）为临床服务类和医疗技术类科室提供服务或产品的医疗辅助类科室。

（四）开展行政管理和后勤保障等管理活动的行政后勤类科室。

医院应当根据成本核算对象，按照直接开展医疗活动、为业务部门提供服务或产品的标准，确定医疗技术类科室属于业务部门还是辅助部门。例如，计算诊次、床日成本时，医疗技术类科室为开展门急诊、住院活动的临床服务类科室提供医疗技术服务，属于辅助部门；计算医疗服务项目成本时，医疗技术类科室直接为患者提供医疗服务项目，属于业务部门。

第十八条　医院应当在科室分类的基础上，将业务活动费用归集和分配至各临床服务类、医疗技术类、医疗辅助类科室，将单位管理费用归集和分配至各行政后勤类科室。

按照费用计入科室方式的不同，分为科室直接费用和科室间接费用。

科室直接费用是指能确定由某科室负担的费用，包括人员经费、卫生材料费、药品费、固定资产折旧费、无形资产摊销费、提取医疗风险基金和其他医疗费用中可以直接计入科室的费用。

科室间接费用是指不能直接计入某科室的费用。医院应当根据业务特点、重要性、可操作性等因素，选择合理的分配方法将科室间接费用分配至相关科室。

间接费用分配方法一般遵循因果关系和受益原则，将资源耗费根据资源耗费动因进行分配。

第十九条　在完全成本法下，医院应当选择合理的分配方法将行政及后勤管理部门归集的费用分配至辅助部门和业务部门，或直接分配至业务部门。行政及后勤管理部门归集的费用一般采用参数分配法①进行分配，参数可以选择人员数量、工作量、房屋面积等。

分配率＝行政及后勤管理部门费用总额÷各科室分配参数之和（例如人员总数、工作量总数、房屋总面积）

某科室应分配的行政及后勤管理部门费用＝该科室分配参数×分配率

第二十条 医院应当选择合理的分配方法将辅助部门归集的费用分配至业务部门。辅助部门的费用一般采用参数分配法进行分配，参数可以选择工作量、收入、房屋面积等。

医院辅助部门之间互相提供服务、产品的，可以根据相互提供服务或产品的金额、差异程度以及医院实际核算条件选择直接分配法、顺序分配法、交互分配法等分配费用。在实际成本核算过程中一般采用顺序分配法，即按照受益多少的顺序分配费用，受益少的科室先分配，受益多的科室后分配，先分配的科室不负担后分配的科室的费用。当医疗辅助类、医疗技术类科室均为辅助部门时，应当先分配医疗辅助类科室的费用，后分配医疗技术类科室的费用。

第二十一条 医院按照第十八条至第二十条规定将业务活动费用、单位管理费用归集和分配至业务部门各科室后，即为业务部门各科室成本。

医院可以选择合理的分配方法，将业务部门各科室成本分配至诊次、床日、医疗服务项目、病种、DRG 等成本核算对象。

第三节　诊次、床日成本核算

第二十二条 医院应当将临床服务类科室成本进一步分为门急诊成本、住院成本。临床服务类科室成本能够直接计入门急诊成本、住院成本的应当直接计入，不能直接计入的应当选择合理的分配方法分配至门急诊成本、住院成本，一般采用参数分配法进行分配，参数可以选择工时、工作量、收入等。

第二十三条 以某临床科室门急诊成本，按该科室门急诊人次求平均，即为该科室诊次成本。以全院临床科室门急诊成本，按全院总门急诊人次求平均，即为全院平均诊次成本。

某临床科室诊次成本＝某临床科室门急诊成本÷该临床科室门急诊人次

全院平均诊次成本＝（$\sum$ 全院各科室门急诊成本）÷全院总门急诊人次

① 医院在应用参数分配法时，可以按照成本项目分别采用不同的参数进行分配。

第二十四条　以某临床科室住院成本，按该科室实际占用床日数求平均，即为该科室实际占用床日成本。以全院临床科室住院成本，按全院实际占用总床日数求平均，即为全院平均实际占用床日成本。

某临床科室实际占用床日成本＝某临床科室住院成本÷该临床科室实际占用床日数

全院平均实际占用床日成本＝（$\sum$ 全院各科室住院成本）÷全院实际占用总床日数

第四节　医疗服务项目成本核算

第二十五条　医院应当以某临床服务类或医疗技术类科室成本剔除药品费、单独收费的卫生材料费后作为该科室医疗服务项目总成本，采用合理的分配方法分配至该科室各医疗服务项目，计算该科室单个医疗服务项目成本。

某科室医疗服务项目总成本＝该科室总成本－药品成本－单独收费的卫生材料成本

对于多个科室开展的同一类医疗服务项目，应将各科室该医疗服务项目成本按其操作数量进行加权平均，得出该医疗服务项目的院内平均成本。

第二十六条　将科室医疗服务项目总成本分配至各医疗服务项目，应当根据医院实际核算条件选择适宜的分配方法，包括但不限于以下方法：

（一）作业成本法。使用该方法时，直接费用直接计入医疗服务项目，间接费用应首先根据资源动因分配至有关作业计算出作业成本，然后再将作业成本根据作业动因分配至医疗服务项目成本。

作业是指基于特定目的重复执行的任务或活动，是连接资源和成本核算对象的桥梁。医院应当在梳理医疗业务流程基础上划分作业，可以是提供某医疗服务项目过程中的各道工序或环节，例如诊断、治疗、检查、手术、护理等行为。

资源动因计量某项作业所耗用的资源数量，是将各项资源费用归集到不同作业的依据。作业动因计量某个成本对象所耗用的作业量，是将不同作业中归集的成本分配至医疗服务项目的依据。间接费用一般采用参数分配法进行分配，资源动因、作业动因参数可以选择工时、工作量、人员数量、房屋面积等。

（二）当量系数法。使用该方法时，应遴选典型的医疗服务项目作为代表项目，将其成本当量系数定为“1”作为标准当量。其他项目与代表项目进行单次操作资源耗费的比较，进而确定每个项目的成本当量值。再根据各项目成本当量总值计算出各项目成本。

某医疗服务项目成本当量总值 = 该医疗服务项目成本当量值 × 该项目操作数量

当量系数的单位成本 = 某科室医疗服务项目总成本 ÷ 该科室医疗服务项目的成本当量总值

某医疗服务项目单位成本 = 当量系数的单位成本 × 该医疗服务项目的成本当量值

（三）参数分配法。使用该方法时，将医疗服务项目总成本根据参数分配至各医疗服务项目，参数可以选择医疗服务项目的操作时间、工作量、收入等。

分配率 = 某科室医疗服务项目总成本 ÷ 该科室医疗服务项目分配参数之和（例如操作时间总数、工作量总数、收入总数）

某医疗服务项目的总成本 = 该医疗服务项目分配参数 × 分配率

第五节　病种、DRG 成本核算

第二十七条　病种成本核算的基本步骤包括：

（一）将业务部门各科室成本采用合理的分配方法分配至患者，计算每名出院患者的成本。

（二）将患者按照有关标准归入相应的病种。

（三）将某病种出院患者的成本进行加总，得出该病种总成本。

某病种总成本 = ∑该病种每名患者成本

（四）对各病种患者总成本求平均，即为各病种单位成本。

某病种单位成本 = 该病种总成本 ÷ 该病种出院患者总数

第二十八条　DRG 成本核算的基本步骤包括：

（一）将业务部门各科室成本采用合理的分配方法分配至患者，计算每名出院患者的成本。

（二）将患者按照疾病诊断相关分组归入相应的 DRG 组。

（三）将某 DRG 组出院患者的成本进行加总，得出该 DRG 组总成本。

某 DRG 组总成本 = ∑ 该 DRG 组每名患者成本

（四）对各 DRG 组患者总成本求平均，即为各 DRG 组单位成本。

某 DRG 组单位成本 = 该 DRG 组总成本 ÷ 该 DRG 组出院患者总数

第二十九条　在核算病种、DRG 成本的步骤中，将业务部门归集的费用分配至各患者，应当根据医院实际核算条件选择适宜的分配方法，包括但不限于以下方法：

（一）项目叠加法。使用该方法时，应当根据出院患者的收费明细，将其实际耗用的医疗服务项目成本、药品成本、单独收费的卫生材料成本进行加总，得出该患者的成本。

$$某患者成本 = \sum(该患者某医疗服务项目工作量 \times 该医疗服务项目单位成本) + \sum 药品成本 + \sum 单独收费的卫生材料成本$$

（二）服务单元叠加法。医院在不具备核算医疗服务项目成本条件时，可以采用服务单元叠加法。使用该方法时，医院应当按照为患者提供的医疗服务内容类别设置服务单元，先将业务部门归集的费用归集至服务单元，再将费用从服务单元分配至患者，具体步骤如下：

1. 将业务部门归集的费用分配至各服务单元，服务单元一般包括病房、病理、检验、影像、诊断、治疗、麻醉，手术等，服务单元的划分取决于核算的精细程度。分配方法可参照医疗服务项目成本核算相关方法。

2. 将服务单元成本分配至出院患者，一般采用从患者取得的收入作为分配参数进行分配。

$$某患者应分配的某服务单元成本 = 该服务单元从该患者取得的收入 \times 分配率$$

$$分配率 = 服务单元成本总额 \div 服务单元收入总额$$

3. 将出院患者相关服务单元的成本、药品成本、单独收费的卫生材料成本进行加总，得出该患者的成本。

$$某患者成本 = \sum 该患者某服务单元成本 + \sum 药品成本 + \sum 单独收费的卫生材料成本$$

（三）参数分配法。使用该方法时，将出院患者实际耗用的药品成本、单独收费的卫生材料成本直接计入该患者成本，将除此以外的科室或服务单元的成本采用参数分配法分配至患者成本，参数可以选择患者的住院天数、诊疗时间等。

第五章　成 本 报 告

第三十条　医院成本报告是指反映医院一定时期成本状况的总结性书面文

件，是医院成本核算成果的重要表现形式，旨在为报告使用者提供医院成本信息。

第三十一条 医院成本报告按使用者不同可以分为对内报告和对外报告。对内报告指医院为满足单位内部运营管理需要而编制的报告，对外报告指医院按相关政府主管部门等外部部门单位要求报送和公开的报告。

第三十二条 医院成本报告应包括成本报表和成本分析报告。

成本报表是用以反映医院成本构成及其变动情况，考核评价医院运营状况的各种报表及重要事项的说明。对外成本报表的内容至少应当包括：医院各科室的医疗活动费用及其各成本项目金额，医院各临床服务类科室的医疗全成本及其各成本项目金额等。

成本分析报告为对医院运营现状和未来发展趋势进行分析预测、提出改进建议等的文字报告。

第三十三条 医院对外成本报告应当至少按年度编制，由单位负责人和主管会计工作的负责人、会计机构负责人（会计主管人员）签名或盖章并加盖单位公章，按规定要求报送相关政府主管部门或公开。

第六章　附　　则

第三十四条 卫生健康行政部门等有关部门和医院应当遵循本指引的相关规定指导或开展成本核算工作。

卫生健康行政部门可以结合对医院行政管理的实际需要，制定具体成本核算规范、对外成本报表格式等。

医院可以结合本单位实际制定具体成本核算管理办法、对内成本报表格式等。

第三十五条 服务于财务报表编制的自制或委托外单位加工物品、建设工程项目、自行研究开发项目等资产成本的核算应当遵循政府会计准则制度的规定。

医院确需对非医疗活动进行成本核算的，可以参照本指引中医疗活动成本核算相关规定。财政部对医院非医疗活动成本核算作出专门规定的，应当从其规定。

第三十六条 本指引由财政部负责解释。

第三十七条 本指引自 2022 年 1 月 1 日起施行。

附 1

医院医疗活动有关成本核算对象主要关系示意图

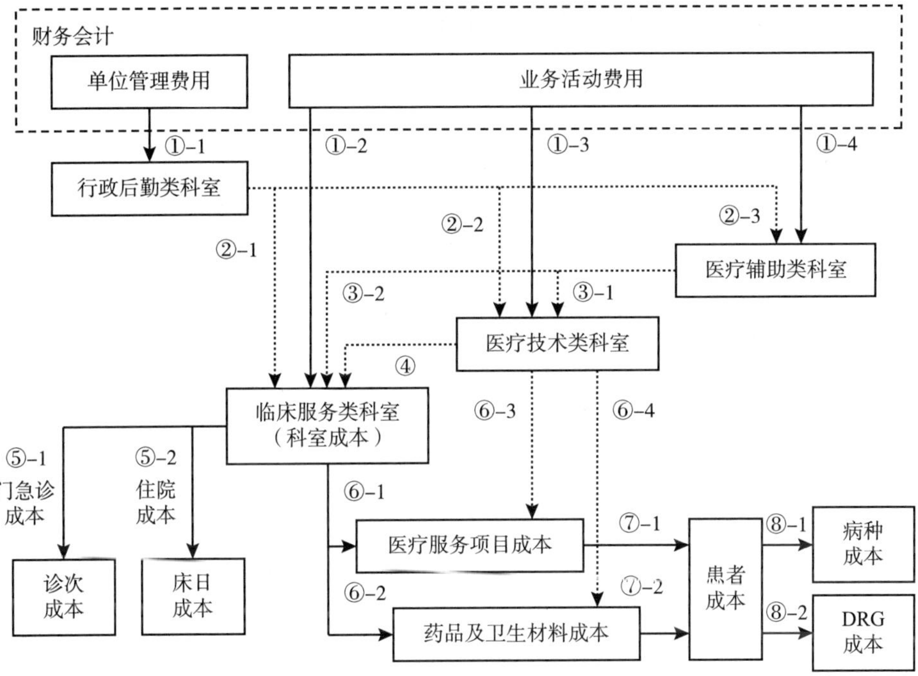

① 按科室归集和分配费用（第18条）
② 将行政及后勤管理部门归集的费用分配到辅助部门和业务部门（第19条）
③④ 将辅助部门归集的费用分配到业务部门（第20条）
⑤ 诊次、床日成本的核算（第23、24条）
⑥ 医疗服务项目成本核算，药品及卫生材料成本单列（第25、26条）
⑦ 患者成本的核算（第29条）
⑧ 病种、DRG成本的核算（第27、28条）

注：1. 该示意图中选择采用完全成本法进行核算。
2. 该示意图中单位管理费用选择先分配至业务部门和辅助部门，再随辅助部门的费用分配至业务部门。
3. 该示意图中病种、DRG 成本选择项目叠加法核算患者成本。
4. 该示意图中核算医疗服务项目成本、药品及卫生材料成本时（对应⑥－1 至⑥－4），无需将医疗技术类科室成本分配至临床服务类科室（对应④）。

附 2

医院医疗活动有关成本核算流程示意图

一、诊次、床日成本核算（完全成本法）

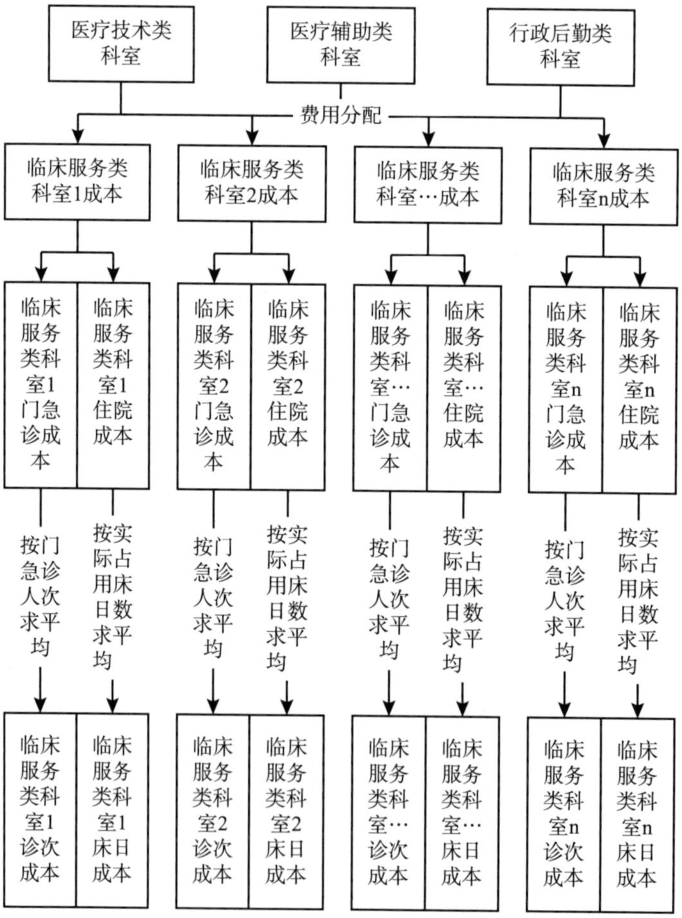

二、医疗服务项目成本核算

（一）归集和分配科室医疗服务项目总成本（完全成本法）。

（二）分配得出各医疗服务项目总成本。

1. 作业成本法。

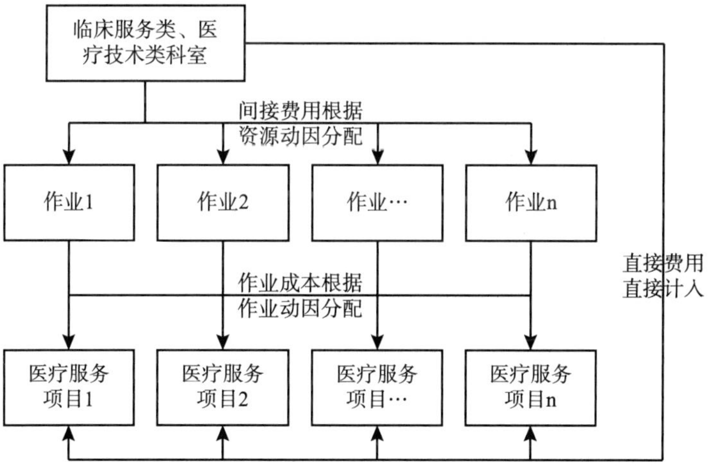

2. 当量系数法。

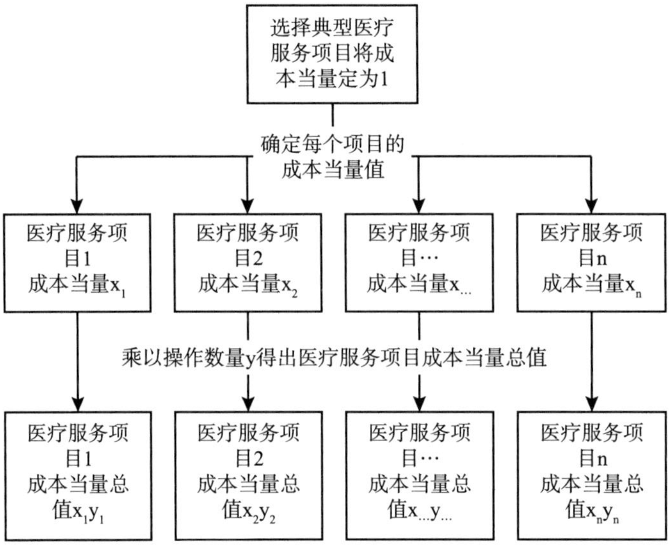

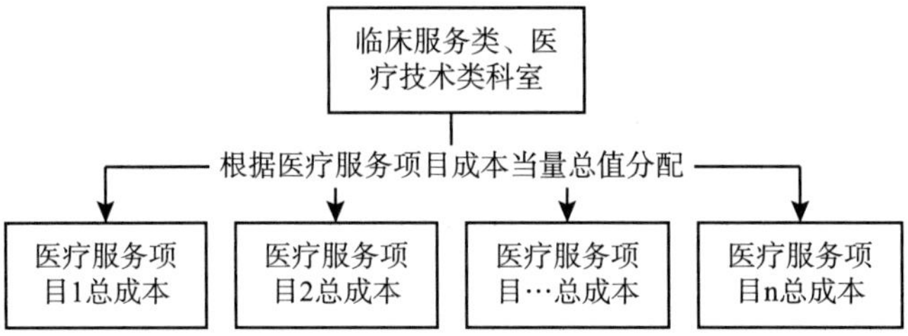

3. 参数分配法。

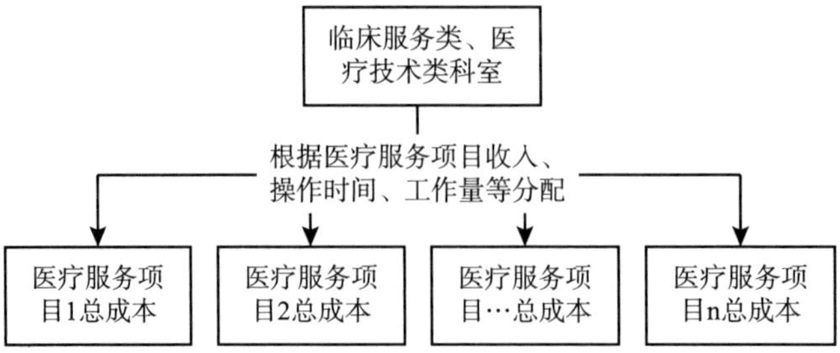

三、病种、DRG 成本核算

（一）病种、DRG 成本核算流程。

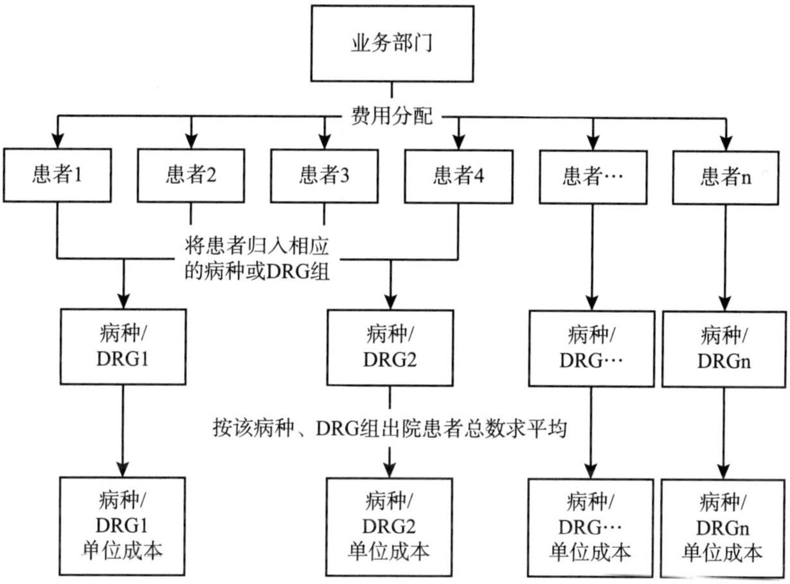

（二）患者成本分配。

1. 项目叠加法、服务单元叠加法。

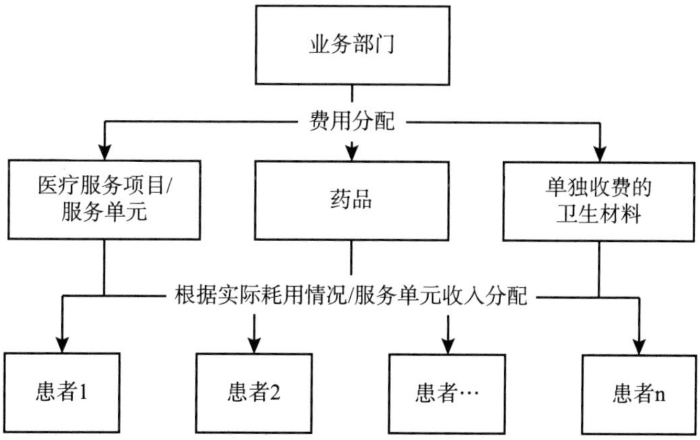

2. 参数分配法。

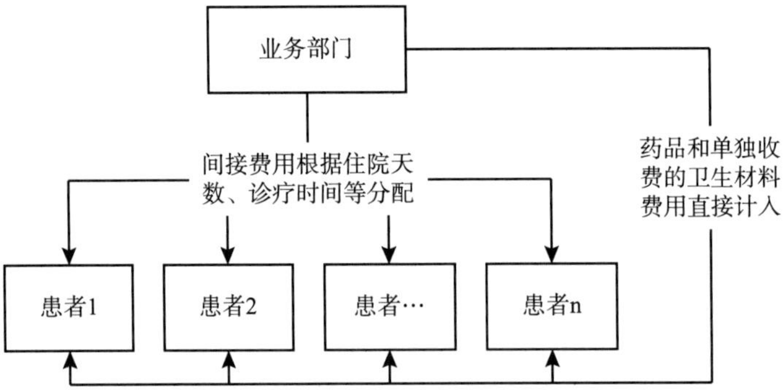
业务部门
间接费用根据住院天数、诊疗时间等分配
药品和单独收费的卫生材料费用直接计入
患者1
患者2
患者…
患者n

中央行政事业单位国有资产处置管理办法

第一章　总　　则

第一条　为规范中央行政事业单位国有资产处置行为，维护国有资产安全和完整，根据《行政事业性国有资产管理条例》（国务院令第738号）等规定，制定本办法。

第二条　本办法所称中央行政事业单位，包括党中央各部门、国务院各部委和各直属机构、全国人大常委会办公厅、全国政协办公厅、最高人民法院、最高人民检察院、各民主党派中央、有关人民团体（以下统称各部门）的机关本级及其所属各级行政事业单位，有关中央管理企业所属的各级事业单位。

第三条　中央行政事业单位国有资产处置方式包括无偿划转、对外捐赠、转让、置换、报废、损失核销等。

第四条　符合下列情形的中央行政事业单位国有资产应当予以处置：

（一）因技术原因确需淘汰或者无法维修、无维修价值的；

（二）涉及盘亏等非正常损失的；

（三）已超过使用年限且无法满足现有工作需要的；

（四）因自然灾害等不可抗力造成毁损、灭失的；

（五）因单位分立、合并、改制、撤销、隶属关系改变或者部分职能、业务调整等而移交的；

（六）发生产权变动的；

（七）依照国家有关规定需要处置的其他情形。

第五条　中央行政事业单位国有资产处置应当遵循公开、公正、公平和竞争择优的原则，按照规定权限履行审批手续，未经批准不得自行处置。

第六条 中央行政事业单位拟处置的国有资产权属应当清晰，取得或者形成的方式应当合法合规，权属关系不明或者存在权属纠纷的，应当按照有关规定界定权属后予以处置。

被设置为担保物的国有资产处置，应当符合《中华人民共和国民法典》等法律的有关规定。

第二章 处置权限和要求

第七条 财政部、各部门按照规定权限对中央行政事业单位国有资产处置事项进行审核、审批或者备案。

财政部批复各部门所属行政事业单位国有资产处置的文件，应当同步抄送财政部当地监管局。

第八条 各部门机关本级和机关服务中心的国有资产处置，分别由国管局、中直管理局、全国人大常委会办公厅、全国政协办公厅归口管理。

中央行政事业单位处置办公用房和公务用车，《党政机关办公用房管理办法》、《党政机关公务用车管理办法》等有规定的，从其规定。

第九条 除本办法第十条、第十一条规定外，各部门及中央管理企业所属行政事业单位（含垂直管理机构和派出机构，各部门机关本级和机关服务中心除外）处置单位价值或者批量价值（账面原值，下同）1 500 万元以上（含 1 500 万元）的国有资产，应当经各部门审核同意后报财政部当地监管局审核，审核通过后由各部门报财政部审批；处置单位价值或者批量价值 1 500 万元以下的国有资产，由各部门自行审批。

各部门所属行政事业单位应当在规定权限内根据实际及时处置国有资产，一个月度内分散处置的国有资产原则上按同一批次汇总计算批量价值。

第十条 各部门所属高等院校国有资产处置，由各部门审批。其中，已达使用年限并且应淘汰报废的国有资产，由高等院校自主处置，并将处置结果按季度报各部门备案。

第十一条 国家设立的中央级研究开发机构、高等院校对持有的科技成果，可以自主决定转让，除涉及国家秘密、国家安全及关键核心技术外，不需报各部门和财政部审批或者备案。涉及国家秘密、国家安全及关键核心技术的科技成果转让，由各部门按照国家有关保密制度的规定审批。

国家设立的中央级研究开发机构、高等院校以科技成果作价投资形成的国有股权无偿划转、转让、损失核销等处置事项，由各部门审批。

第十二条　中央军工集团及中国工程物理研究院所属科研事业单位国有资产处置，其中影响武器装备科研生产能力、维修保障能力等的，应当在国家国防科技工业主管部门履行相关审核程序后，履行资产处置审批程序。

第十三条　在突发公共卫生事件或者国家重大自然灾害等应急情况下，相关单位可本着急事急办、特事特办的原则，按照主管部门要求履行相关程序后处置国有资产，待应急事件结束后报主管部门备案。

第十四条　财政部、各部门、中央行政事业单位对国有资产处置事项的批复文件，是国有资产处置的依据。

中央行政事业单位要依据批复文件处置资产，处置完毕后应当及时核销相关资产台账信息，同时进行会计处理，确保账实相符和账账相符。

中央行政事业单位国有资产处置情况应当在行政事业性国有资产管理情况年度报告中予以反映。

第十五条　除国家另有规定外，中央行政事业单位转让、拍卖、置换国有资产等，应当依法进行资产评估，并按照国有资产评估管理有关规定进行核准或者备案。

国家设立的中央级研究开发机构、高等院校将其持有的科技成果转让给国有全资企业的，可以不进行资产评估；转让给非国有全资企业的，由单位自主决定是否进行资产评估；通过协议定价的，应当在本单位公示科技成果名称和拟交易价格。

第三章　处置方式和程序

第一节　无偿划转

第十六条　无偿划转是指在不改变国有资产性质的前提下，以无偿转让的方式变更国有资产占有、使用权的行为。无偿划转国有资产应当按照以下程序办理：

（一）中央行政事业单位之间无偿划转国有资产，以及中央行政事业单位对国有全资企业无偿划转国有资产，由划出方按照本办法第二章规定的相应权限履行审批手续；

（二）跨级次无偿划转国有资产，由中央无偿划转给地方的，应当附接收方主管部门和同级财政部门同意接收的相关文件，由中央行政事业单位按本办法第二章规定的相应权限履行审批手续；由地方无偿划转给中央的，由划出方按照同级财政部门规定的处置权限履行审批手续。

第十七条 中央行政事业单位申请无偿划转国有资产，应当由划出方提交以下材料：

（一）申请文件及单位内部决策文件，国有资产价值凭证及产权证明（如购货发票或者收据、记账凭证、资产信息卡、竣工决算报告、国有土地使用权证、房屋所有权证、不动产权证、专利证、著作权证、担保（抵押）凭证、债权或者股权凭证、投资协议等凭据的复印件，下同），以及《中央行政事业单位国有资产无偿划转和对外捐赠申请表》（见附件 1）；

（二）划出方和划入方签署的意向性协议；

（三）因单位撤销、合并、分立、改制而移交国有资产的，需提供撤销、合并、分立、改制的批文；

（四）其他相关材料。

第二节 对外捐赠

第十八条 对外捐赠是指中央行政事业单位依照《中华人民共和国公益事业捐赠法》，自愿无偿将其占有、使用的国有资产赠与合法受赠人的行为。

中央行政事业单位对外捐赠应当利用本单位闲置资产或者淘汰且具有使用价值的资产，不得新购资产用于对外捐赠。

同一部门上下级单位之间和部门所属单位之间，不得相互捐赠资产。

第十九条 中央行政事业单位申请对外捐赠国有资产，应当提交以下材料：

（一）申请文件及单位内部决策文件，国有资产价值凭证及产权证明，以及《中央行政事业单位国有资产无偿划转和对外捐赠申请表》；

（二）对外捐赠报告，包括对外捐赠事由、方式、责任人、国有资产构成及其数额、对外捐赠事项对本单位财务状况和业务活动影响的分析等；

（三）其他相关材料。

第二十条 对外捐赠应当依据受赠方出具的同级财政部门或者相关主管部门统一印（监）制的捐赠收据，受赠方所在地城镇街道办事处、乡镇人民政府等出具的凭证或者捐赠资产交接清单予以确认。

第三节　转　　让

第二十一条　转让是指中央行政事业单位变更国有资产占有、使用权并取得收益的行为。

中央行政事业单位转让国有资产，应当以公开竞争方式进行，严格控制非公开协议方式，可以通过相应公共资源交易平台进行。

第二十二条　中央行政事业单位转让国有资产，以财政部、各部门核准或者备案的资产评估报告所确认的评估价值作为确定底价的参考依据，意向交易价格低于评估结果90%的，应当报资产评估报告核准或者备案部门重新确认后交易。

第二十三条　中央行政事业单位申请转让国有资产，应当提交以下材料：

（一）申请文件及单位内部决策文件，国有资产价值凭证及产权证明，以及《中央行政事业单位国有资产转让等申请表》（见附件2）；

（二）转让方案，包括国有资产的基本情况，转让的原因、方式，可行性及风险分析等；

（三）转让方和受让方签署的意向性协议；

（四）其他相关材料。

第四节　置　　换

第二十四条　置换是指中央行政事业单位与其他单位以固定资产、无形资产等为主进行的资产交换，一般不涉及货币性资产或者只涉及用于补差价的少量货币性资产。资产置换，应当以财政部、各部门核准或者备案的资产评估报告所确认的评估价值作为置换对价的参考依据。

第二十五条　中央行政事业单位申请置换国有资产，应当提交以下材料：

（一）申请文件及双方单位内部决策文件，双方资产价值凭证及产权证明，以及《中央行政事业单位国有资产转让等申请表》；

（二）置换方案，包括双方拟用于置换资产的基本情况、设置担保情况，置换的原因、方式，可行性及风险分析等；

（三）置换双方签署的意向性协议；

（四）其他相关材料。

第五节　报　　废

第二十六条　报废是指按照有关规定或者经有关部门、专家鉴定，对因技术原因确需淘汰或者无法维修、无维修价值的国有资产，或者已超过使用年限且无法满足工作需要的国有资产，进行产权核销的国有资产处置行为。

中央行政事业单位已达使用年限仍可继续使用的国有资产，应当继续使用。

第二十七条 中央行政事业单位申请报废国有资产，应当提交以下材料：

（一）申请文件及单位内部决策文件，国有资产价值凭证及产权证明，以及《中央行政事业单位国有资产转让等申请表》；

（二）有关部门、专家出具的鉴定文件及处理意见；

（三）因房屋拆除等原因需办理国有资产核销手续的，提交相关职能部门的房屋拆除批复文件、建设项目拆建立项文件、双方签定的房屋拆迁补偿协议等；

（四）专利、非专利技术、著作权、资源资质等因被其他新技术所代替或者已经超过法律保护的期限、丧失使用价值和转让价值的，提供有关技术部门的鉴定材料，或者已经超过法律保护期限的证明文件；

（五）其他相关材料。

第六节 损失核销

第二十八条 损失核销是指由于发生盘亏、毁损、非正常损失等原因，按照有关规定对国有资产损失进行核销的国有资产处置行为。

中央行政事业单位对发生的国有资产损失，应当及时处理。

第二十九条 中央行政事业单位申请存货、固定资产、无形资产等国有资产损失核销，应当提交以下材料：

（一）申请文件及单位内部决策文件，国有资产价值凭证及产权证明，以及《中央行政事业单位国有资产转让等申请表》；

（二）国有资产盘亏、毁损以及非正常损失的情况说明，第三方机构出具的经济鉴证证明，国家有关技术鉴定部门或者具有技术鉴定资格的第三方机构出具的技术鉴定证明（涉及保险索赔的应当有保险公司理赔情况说明），赔偿责任认定说明和单位内部核批文件；

（三）国有资产被盗的，需要提供公安机关出具的结案证明；

（四）因不可抗力因素（自然灾害、意外事故）造成国有资产毁损的，需要提供相关部门出具的受灾证明、事故处理报告、车辆报损证明、房屋拆除证明等；

（五）其他相关材料。

第三十条　中央行政事业单位申请对外投资、担保（抵押）国有资产的损失核销，应当提交以下材料：

（一）申请文件及单位内部决策文件，国有资产价值凭证及产权证明，以及《中央行政事业单位国有资产转让等申请表》；

（二）形成损失的情况说明、被投资单位的清算审计报告及注销文件、第三方机构出具的经济鉴证证明和具有法律效力的证明材料；

（三）涉及仲裁或者提起诉讼的，提交仲裁决定或者法院判决等相关法律文书；

（四）其他相关材料。

第四章　处 置 收 入

第三十一条　处置收入是指在转让、置换、报废等处置国有资产过程中获得的收入，包括转让资产收入、置换差价收入、拆迁补偿收入、报废报损残值变价收入、保险理赔收入、转让土地使用权收益、所办一级企业的清算收入等。

第三十二条　除国家另有规定外，中央行政事业单位国有资产处置收入，应当在扣除相关税金、资产评估费、拍卖佣金等费用后，按照政府非税收入和国库集中收缴管理有关规定及时上缴中央国库。

土地使用权转让收益以及占地补偿收益，按照财政部有关规定上缴中央国库。

各部门所属高等院校自主处置已达使用年限并且应淘汰报废的国有资产取得的收益，留归高等院校，纳入单位预算，统一核算、统一管理。

国家设立的中央级研究开发机构、高等院校转化科技成果所获得的收入全部留归本单位，纳入单位预算，统一核算、统一管理，主要用于对完成和转化职务科技成果作出重要贡献人员的奖励和报酬、科学技术研发与成果转化等相关工作。

第三十三条　中央事业单位利用国有资产对外投资形成的股权（权益）的处置收入，除按照中央国有资本经营预算有关规定应申报、上交的国有资本收益和国家另有规定外，按照以下规定管理：

（一）利用货币资金对外投资形成股权（权益）的处置收入纳入单位预

算，统一核算，统一管理；

（二）国家设立的中央级研究开发机构、高等院校利用科技成果作价投资形成股权（权益）的处置收入纳入单位预算，统一核算，统一管理；

（三）利用其他国有资产对外投资形成的股权（权益）的处置收入，扣除投资收益以及相关税费后，按照政府非税收入和国库集中收缴管理有关规定及时上缴中央国库；投资收益纳入单位预算，统一核算，统一管理；

（四）统筹利用货币资金、科技成果和其他国有资产混合对外投资形成的股权（权益）的处置收入，按照本条第（一）、（二）、（三）项的有关规定分别管理。

第五章 监督检查

第三十四条 财政部对中央行政事业单位国有资产处置情况进行监督检查。

财政部各地监管局可以依据职责和财政部授权对所在地中央行政事业单位国有资产处置情况进行监督检查。

第三十五条 各部门应当建立国有资产处置管理制度，定期或者不定期对所属行政事业单位国有资产处置情况进行监督检查。

第三十六条 财政部、各部门、中央行政事业单位及其工作人员在国有资产处置管理工作中，存在违反本办法规定的行为，以及其他滥用职权、玩忽职守、徇私舞弊等违法违纪行为的，依照《中华人民共和国公务员法》《中华人民共和国监察法》《行政事业性国有资产管理条例》等国家有关规定追究责任；构成犯罪的，依法追究刑事责任。

第三十七条 各部门及其所属行政事业单位在国有资产处置过程中有下列情形之一的，依纪依法追究相关人员责任：

（一）未按照规定经集体决策或者履行审批程序，擅自越权对规定限额以上的国有资产进行处置；

（二）未按照规定办理国有资产处置手续，对不符合规定的申报处置材料予以审批；

（三）采用弄虚作假等方式低价处置国有资产；

（四）截留国有资产处置收入；

（五）未按照规定评估国有资产导致国家利益损失；

（六）其他造成单位国有资产损失的行为。

第六章　附　　则

第三十八条　执行企业财务、会计制度的中央事业单位，以及中央行政事业单位所办国有及国有控股企业国有资产处置，按照企业国有资产管理有关规定执行，不适用本办法。

第三十九条　中央行政事业单位货币性资产损失核销，按照预算及财务管理有关规定执行。

第四十条　公共基础设施、政府储备物资、国有文物文化等行政事业性国有资产处置，以及中央行政事业单位境外国有资产处置，按照有关规定执行。

第四十一条　各部门可根据本办法的规定，结合实际情况，授权所属行政事业单位一定限额的国有资产处置权限，并制定具体办法。

第四十二条　中央行政事业单位涉及国家安全和秘密的国有资产处置，应当符合国家有关保密制度的规定和要求。

第四十三条　本办法自印发之日起施行。此前颁布的有关行政事业单位国有资产处置管理规定，与本办法相抵触的，以本办法为准。《中央级事业单位国有资产处置管理暂行办法》（财教〔2008〕495 号）予以废止。

附：1. 中央行政事业单位国有资产无偿划转和对外捐赠申请表

2. 中央行政事业单位国有资产转让等申请表

附 1：

中央行政事业单位国有资产无偿划转和对外捐赠申请表

申报单位（签章）　　　　　　申报日期　　年　月　日　　　　　　金额：万元

<table>
<tr><th rowspan="2">序号</th><th rowspan="2">资产名称</th><th colspan="4">资产类别</th><th rowspan="2">资产来源</th><th rowspan="2">型号规格</th><th rowspan="2">计量单位</th><th rowspan="2">数量（股份）</th><th rowspan="2">购置（投资）日期</th><th colspan="3">价值</th><th rowspan="2">处置方式</th><th rowspan="2">备注</th></tr>
<tr><th>固定资产</th><th>无形资产</th><th>对外投资</th><th>存货等其他资产</th><th>账面原值</th><th>已计提（坏/折/摊销）额</th><th>账面净值</th></tr>
<tr><td></td><td></td><td></td><td></td><td></td><td></td><td></td><td></td><td></td><td></td><td></td><td></td><td></td><td></td><td></td><td></td></tr>
<tr><td></td><td></td><td></td><td></td><td></td><td></td><td></td><td></td><td></td><td></td><td></td><td></td><td></td><td></td><td></td><td></td></tr>
<tr><td></td><td></td><td></td><td></td><td></td><td></td><td></td><td></td><td></td><td></td><td></td><td></td><td></td><td></td><td></td><td></td></tr>
<tr><td></td><td></td><td></td><td></td><td></td><td></td><td></td><td></td><td></td><td></td><td></td><td></td><td></td><td></td><td></td><td></td></tr>
<tr><td colspan="2">处置原因</td><td colspan="14"></td></tr>
<tr><td rowspan="2">划出方</td><td>单位意见</td><td colspan="5">资产管理部门负责人（签章）
年　月　日</td><td colspan="6">预算（财务）管理部门负责人（签章）
年　月　日</td><td colspan="3">单位负责人（签章）
年　月　日</td></tr>
<tr><td>部门审核意见</td><td colspan="5">资产管理部门负责人（签章）
年　月　日</td><td colspan="6">预算（财务）管理部门负责人（签章）
年　月　日</td><td colspan="3">备注</td></tr>
</table>

续表

接收方	单位意见	资产管理部门负责人（签章） 年　月　日	预算（财务）管理部门负责人（签章） 年　月　日	单位负责人（签章） 年　月　日
	部门 审核意见	资产管理部门负责人（签章） 年　月　日	预算（财务）管理部门负责人（签章） 年　月　日	备注

说明：1. 本表适用于中央行政事业单位国有资产无偿划转、对外捐赠等处置事项申请。

2. 资产类别：（1）固定资产包括①房屋及构筑物②车辆③设备④文物和陈列品⑤图书、档案⑥家具、用具、装具及动植物⑦其他；（2）无形资产包括①专利权②非专利技术③著作权④资源资质⑤商标权⑥信息数据⑦其他；（3）对外投资包括①短期投资②长期股权投资③长期债券投资；（4）存货等其他资产。

3. 资产来源：（1）财政性资金形成（包括2010年以前使用的预算外资金）；（2）单位自筹资金形成；（3）单位合并形成；（4）上级拨付资金形成；（5）无偿划转形成；（6）接受捐赠形成；（7）其他。

4. 资产处置方式：（1）中央部门内部单位之间划转；（2）跨部门之间划转；（3）中央单位和地方单位之间划转；（4）对外捐赠；（5）其他。

5. 表中资产类别、资产来源、资产处置方式等用填表说明中最末级标准名称填写，选填“其他”的，需在备注栏进行说明。

附 2：

中央行政事业单位国有资产转让等申请表

申报单位（签章）　　　　申报日期　　年　月　日　　　　金额：万元

序号	资产名称	资产类别				资产来源	型号规格	计量单位	数量（股份）	购置（投资）日期	价值			处置方式	备注
		固定资产	无形资产	对外投资	存货等其他资产						账面原值	已计提（坏/折/摊销）额	账面净值		
处置原因															

行政事业单位意见	资产管理部门负责人（签章） 年　月　日	预算（财务）管理部门负责人（签章） 年　月　日	单位负责人（签章） 年　月　日
部门审核意见	资产管理部门负责人（签章） 年　月　日	预算（财务）管理部门负责人（签章） 年　月　日	备注

说明：1. 本表适用中央行政事业单位国有资产转让、置换、报废、损失核销等处置事项申请。

2. 资产类别：（1）固定资产包括①房屋及构筑物②车辆③设备④文物和陈列品⑤图书、档案⑥家具、用具、装具及动植物⑦其他；（2）无形资产包括①专利权②非专利技术③著作权④资源资质⑤商标权⑥信息数据⑦其他；（3）对外投资包括①短期投资②长期股权投资③长期债券投资；（4）存货等其他资产。

3. 资产来源：（1）财政性资金形成（包括 2010 年以前使用的预算外资金）；（2）单位自筹资金形成；（3）单位合并形成；（4）上级拨付资金形成；（5）无偿划转形成；（6）接受捐赠形成；（7）其他。

4. 资产处置方式：（1）转让；（2）置换；（3）报废；（4）损失核销；（5）其他。

5. 表中资产类别、资产来源、资产处置方式等用填表说明中最末级标准名称填写，选填“其他”的，需在备注栏进行说明。

机关事业单位职业年金基金相关业务会计处理规定

为了规范各级社会保险经办机构（以下简称经办机构）对机关事业单位职业年金基金（以下简称职业年金基金）的会计核算，提高会计信息质量，根据《中华人民共和国会计法》《机关事业单位职业年金办法》（国办发〔2015〕18号）、《职业年金基金管理暂行办法》（人社部发〔2016〕92号）等法律法规，制定本规定。

一、适用范围和基本原则

本规定适用于各级经办机构负责经办的职业年金基金。各级经办机构应当按照本规定对职业年金基金进行会计核算、编制财务报表。本规定尚未作出规定的，各级经办机构应当按照《社会保险基金会计制度》（财会〔2017〕28号）执行。

本规定所称职业年金基金，是指依法建立的职业年金计划筹集的资金及其投资运营收益形成的机关事业单位补充养老保险基金。各级经办机构包括作为代理人的中央国家机关养老保险管理中心和省级社会保险经办机构（以下简称中央和省级经办机构），以及地市级和县区级社会保险经办机构（以下简称市县级经办机构）。

二、会计科目设置及其使用说明

经办机构应当在《社会保险基金会计制度》所规定的会计科目基础上，作如下调整：

（一）新增一级会计科目及其使用说明。

各级经办机构应当增设“1006 归集户存款”一级会计科目。具体使用说明如下：

1006 归集户存款

1. 本科目核算各级经办机构按规定存入归集账户的款项。

2. 经办机构应当严格按照职业年金基金相关管理制度规定设置基金归集账户并办理相关业务。

3. 本科目可以根据实际情况按照开户银行等进行明细核算。

4. 归集户存款的主要账务处理如下：

（1）经办机构按规定接收职业年金基金缴费收入、接收税务机关征缴的职业年金基金缴费收入、接收下级经办机构上解的基金收入、接收职业年金或企业年金等各类基金转移收入以及其他收入等时，按照实际收到的金额，借记本科目，贷记“职业年金缴费收入”“下级上解收入”“转移收入”“其他收入”等相关科目。

（2）经办机构按规定从归集账户向受托人划拨资金、向上级基金缴拨资金等时，按照实际划拨或缴拨金额，借记“委托投资——本金”“上解上级支出”等相关科目，贷记本科目；原渠道退回当期职业年金基金缴费收入、转移收入等时，按照实际退回金额，借记“职业年金缴费收入”“转移收入”等相关科目，贷记本科目。

5. 本科目应当按照开户银行设置归集户存款日记账，由出纳人员根据收付款凭证，逐笔顺序登记。每日终了，应当结出余额。

归集户存款日记账应当定期与银行对账单核对，至少每月核对一次。月度终了，归集账户存款账面余额与银行对账单余额之间如有差额，应当逐笔查明原因进行处理，并按月编制银行归集户存款余额调节表，调节相符。

6. 本科目期末借方余额，反映职业年金基金尚未向上级基金归集或尚未投入到委托投资阶段的资金余额。

（二）调整一级会计科目名称及增设明细科目。

1. 各级经办机构应当将“4001 社会保险费收入”科目调整为“4001 职业年金缴费收入”，并根据需要在该科目下设置如下明细科目：

（1）“400101 个人缴费”科目，本科目核算参保对象按规定缴纳的职业年金。

（2）“400102 单位缴费”科目，本科目核算机关事业单位按规定为参保对象缴纳的职业年金，本科目下还应设置如下明细科目：

“40010201 非财政全额供款单位缴费”，本科目核算非财政全额供款单位按期为参保对象缴纳的职业年金。

“40010202 财政全额供款单位缴费”，本科目核算财政全额供款单位采用实账积累方式或因政策调整由记账方式转为实账积累方式为参保对象缴纳的职业年金本息。本科目下还应当分别按照本金和利息进行明细核算。

“40010203 财政全额供款单位记实记账缴费”，本科目核算财政全额供款单位在参保对象退休、跨统筹地区跨系统转出、死亡或出国时，按规定记实缴纳的职业年金本息。本科目下还应当分别按照本金和利息进行明细核算。

“400103 其他缴费”，本科目核算单位记实缴纳试点期间以记账方式划入的个人缴费本息、职业年金启动投资运营前暂未记实的利息、按规定需要补记的职业年金等各类缴费。

2. 各级经办机构应当在“4201 利息收入”科目下设置如下明细科目：

（1）“420101 归集户利息”科目，本科目核算经办机构归集账户存款产生的利息。

（2）“420102 国库存款利息”科目，本科目核算税务机关征收的职业年金基金缴费款项存入国库期间产生的利息。

3. 各级经办机构应当在“4301 转移收入”科目下设置如下明细科目：

（1）“430101 职业年金转入”科目，本科目核算因参保对象由其他统筹地区机关事业单位职业年金转入而划入的基金收入。

（2）“430102 企业年金转入”科目，本科目核算因参保对象由企业年金转入而划入的基金收入。

（3）“430103 军人职业年金转入”科目，本科目核算因参保对象由军人职业年金转入而划入的基金收入。

4. 中央和省级经办机构应当将“5001 社会保险待遇支出”科目调整为“5001 职业年金待遇支出”，并在该科目下设置如下明细科目：

（1）“500101 按月支付待遇”科目，本科目核算经办机构按规定按月支付给参保对象的待遇支出。

（2）“500102 一次性购买商保”科目，本科目核算经办机构按规定用于购买商业养老保险产品的一次性待遇支出。

（3）“500103 个人账户一次性领取”科目，本科目核算经办机构按规定一次性支付给参保对象或其继承人的待遇支出。

5. 中央和省级经办机构应当在“5201 转移支出”科目下设置如下明细科目：

（1）“520101 转至职业年金”科目，本科目核算因参保对象转出至其他统筹地区的机关事业单位职业年金而划出的基金支出。

（2）“520102 转至企业年金”科目，本科目核算因参保对象转出至企业年金而划出的基金支出。

三、主要业务和事项的会计处理规定

（一）关于采用记账方式累积单位缴费的会计处理。

对于按照《机关事业单位职业年金办法》规定采用记账方式累积单位缴费的，各级经办机构在职业年金资金拨付记实前不做会计处理，应当设备查簿登记累积的本金及利息金额。经办机构在相关款项记实时，应当按照实际收到的金额确认职业年金缴费收入，借记“归集户存款”科目，贷记“职业年金缴费收入”相关明细科目。

（二）关于下级上解收入与上解上级支出的会计处理。

下级经办机构向上级基金归集资金时，应当按照实际划出的金额（含归集账户和国库存款利息）确认上解上级支出，借记“上解上级支出”科目，贷记“归集户存款”科目；上级经办机构应当按照实际收到的金额确认下级上解收入，借记“归集户存款”科目，贷记“下级上解收入”科目。

（三）关于接受税务机关征缴的职业年金基金的会计处理。

1. 征缴款项直接划入经办机构归集账户的会计处理。

税务机关按规定将征收的职业年金基金缴费款项直接划入本级经办机构归集账户的，本级经办机构应当按照实际收到的金额确认职业年金缴费收入，借记“归集户存款”科目，贷记“职业年金缴费收入”相关明细科目。

税务机关按规定将征收的职业年金基金缴费款项直接划入上级经办机构归集账户的，本级经办机构应当按照取得的相关凭证所列金额，同时确认上解上级支出和职业年金缴费收入，借记“上解上级支出”科目，贷记“职业年金缴费收入”相关明细科目；上级经办机构应当按照实际收到的金额确认下级上解收入，借记“归集户存款”科目，贷记“下级上解收入”科目。

2. 征缴款项经国库划入经办机构归集账户的会计处理。

各级经办机构应当在税务机关将征收的职业年金基金缴费款项存入国库

时，按照取得的相关凭证所列金额，确认职业年金缴费收入，借记“国库存款”科目，贷记“职业年金缴费收入”相关明细科目。

后续按规定将国库存款转入本级经办机构归集账户时，本级经办机构应当按照实际转入的国库存款本息总额，借记“归集户存款”科目，按照实际转入的本金金额，贷记“国库存款”科目，按照实际转入的利息金额确认利息收入，贷记“利息收入——国库存款利息”。

如按规定将国库存款直接转入上级经办机构归集账户的，本级经办机构应当按照实际转入的国库存款本息总额，借记“上解上级支出”科目，按照实际转入的本金金额，贷记“国库存款”科目，按照实际转入的利息金额，贷记“利息收入——国库存款利息”科目；上级经办机构应当按照实际收到的金额确认下级上解收入，借记“归集户存款”科目，贷记“下级上解收入”科目。

（四）关于归集账户存款利息收入的会计处理。

各级经办机构在取得归集账户的存款利息时，应当按照实际收到的利息金额确认利息收入，借记“归集户存款”科目，贷记“利息收入——归集户利息”科目。

市县级经办机构在完成资金划拨、确认上解上级支出后，不再确认已经归集到上级基金的归集户存款利息收入。

（五）关于委托投资和待遇支付的会计处理。

按照《职业年金基金管理暂行办法》规定，中央和省级经办机构负责委托投资和待遇支付的管理和会计核算工作，市县级经办机构不做会计处理。

中央和省级经办机构按规定向受托人划拨委托投资资金时，应当按照实际划拨的金额（含归集户和国库存款利息），借记“委托投资——本金”科目，贷记“归集户存款”科目。

中央和省级经办机构收到受托机构提供的关于委托投资收益的相关通知时，应当按照通知所列收益（损失）金额确认委托投资收益，借记（贷记）“委托投资——投资收益”科目，贷记（借记）“委托投资收益”科目。

中央和省级经办机构按规定向受托机构下达支付指令时，应当按照本期应支付的待遇金额，借记“暂付款”科目，贷记“委托投资”相关明细科目。其中，一次性支付年金待遇的，应当将个人账户累积的“委托投资”科目下“本金”和“投资收益”明细科目的余额全部转出；按月支付待遇的，应当按照本期应发待遇的金额，先冲减“委托投资”科目下“本金”明细科目的余额，个人账户余额中本金部分不足冲减的，应当冲减“委托投资”科目下“投资收益”明细科目的余额。

中央和省级经办机构在收到受托机构提供的待遇支付资金拨付相关通知时，应当按照通知所列金额确认职业年金待遇支出，借记“职业年金待遇支出”相关明细科目，贷记“暂付款”科目。

中央和省级经办机构应当至少每月确认一次投资收益，并定期与受托机构进行对账。

（六）关于账户转移的会计处理。

因参保对象跨统筹地区或跨制度流动而划入基金的，各级经办机构应当按照实际转入的金额确认转移收入，借记“归集户存款”科目，贷记“转移收入”相关明细科目。

因参保对象跨统筹地区或跨制度流动而划出基金的，中央和省级经办机构按规定向受托机构下达支付指令时，应当按照应支付的金额，借记“暂付款”科目，贷记“委托投资”各明细科目，在收到受托机构提供的账户转移付款资金拨付相关通知时，应当按照通知所列金额确认转移支出，借记“转移支出”相关明细科目，贷记“暂付款”科目。市县级经办机构不做会计处理。

参保对象从机关事业单位转出至企业，后续从企业再次流动到机关事业单位并在机关事业养老保险制度内退休的，其补记的职业年金本金及投资收益在退休时按规定划转到机关事业单位基本养老保险统筹基金时，中央和省级经办机构应当按实际划转的金额，借记“其他支出”科目，贷记“委托投资”各明细科目。

（七）关于退费和支出追回的会计处理。

1. 关于退费的会计处理。

（1）当年款项退回。退回本年度职业年金缴费收入、转移收入等，当相关款项仍在本级经办机构归集账户时，本级经办机构按照原路退回的金额，借记“职业年金缴费收入”“转移收入”等科目，贷记“归集户存款”科目。当相关款项已由本级经办机构归集至上级基金或由中央和省级经办机构划拨至受托户时，中央和省级经办机构按照实际退回的金额确认其他支出，借记“其他支出”科目，贷记“委托投资”相关明细科目，市县级经办机构不做会计处理。

（2）跨年度款项退回。退回以前年度职业年金缴费收入、转移收入等，当相关款项仍在本级经办机构归集账户时，本级经办机构按照原路退回的金额确认其他支出，借记“其他支出”科目，贷记“归集户存款”科目。当相关款项已由本级经办机构归集至上级基金或由中央和省级经办机构划拨至受托户时，中央和省级经办机构应当按照实际退回的金额确认其他支出，借记“其他支出”科目，贷记“委托投资”相关明细科目，市县级经办机构不做会计处理。

2. 关于支出追回的会计处理。

收回本年度或以前年度职业年金待遇支出、转移支出等，各级经办机构按照实际收回的金额确认其他收入，借记“归集户存款”科目，贷记“其他收入”科目。

四、财务报表及编制说明

各级经办机构应当按规定编制职业年金基金财务报表。职业年金基金财务报表包括资产负债表、收支表及附注。

（一）关于职业年金基金资产负债表。

1. 调整项目及填列说明。

职业年金基金资产负债表应当在《社会保险基金会计制度》资产负债表基础上作如下调整：

（1）在“国库存款”项目前增加“归集户存款”项目。本项目反映尚未向上级基金归集或尚未投入到委托投资阶段的金额。本项目应当按照“归集户存款”科目的期末余额填列。

（2）“库存现金”“收入户存款”“财政专户存款”“支出户存款”“债券投资”“借入款项”“风险基金结余”“储备金结余”等项目不适用于职业年金基金，不予列示。“暂付款”“暂收款”“一般基金结余”下各明细项目不适用于职业年金基金，仅保留本级项目，各明细项目不予列示。

2. 资产负债表格式。

职业年金基金资产负债表格式参见本规定附录一。

（二）关于职业年金基金收支表。

1. 调整项目及填列说明。

职业年金基金收支表应当在《社会保险基金会计制度》机关事业单位基本养老保险基金收支表的基础上作如下调整：

（1）将“社会保险费收入”项目修改为“职业年金缴费收入”。

（2）将“社会保险待遇支出”项目修改为“职业年金待遇支出”，并在该项目下增加“其中：按月支付待遇”“一次性购买商保”“个人账户一次性领取”明细项目。

“其中：按月支付待遇”“一次性购买商保”“个人账户一次性领取”项目应当分别根据“职业年金待遇支出”科目下对应明细科目的本期发生额填列。

（3）“财政补贴收入”“上级补助收入”“补助下级支出”项目不适用于职业年金基金，不予列示。原“社会保险待遇支出”本级及各明细项目不适用于职业年金基金，按本规定调整本级及明细项目名称后列示。

2. 收支表的格式。

职业年金基金收支表格式参见本规定附录一。

（三）关于报表附注。

经办机构在执行《社会保险基金会计制度》所规定的附注披露的基础上，应当进一步披露以下事项：

1. 各级经办机构应当在附注中披露采用记账方式累积的职业年金单位缴费本金及利息金额，披露信息样表参见本规定附录一的附表1。

2. 中央和省级经办机构应当在附注中披露支付给市场机构的管理费，披露信息样表参见本规定附录一的附表2。

五、附则

（一）新旧衔接规定。

各级经办机构应当在首次执行本规定时，对相关会计科目和财务报表项目进行相应调整，并按规定确定资产、负债、净资产科目及其明细科目的期初余额，填列资产负债表项目期初金额。

1. 关于中央和省级经办机构委托投资业务。

在本规定执行之前，中央和省级经办机构按照职业年金受托管理合同约定进行委托投资时，将划拨资金确认为支出的，应当在首次执行本规定时，按照实际划拨的金额和受托机构提供的关于投资收益的相关通知，调增“委托投资”各明细科目余额，同时调增“一般基金结余”科目余额。

2. 关于中央和省级经办机构待遇发放业务。

在本规定执行之前，中央和省级经办机构在按月发放待遇时，未按本规定在待遇发放时冲减委托投资各明细科目的，应当自本规定首次执行日起按本规定调整“委托投资”各明细科目冲减顺序，无需对以前期间的相关业务事项会计处理进行调整。

3. 关于经办机构向上级基金归集资金业务。

在本规定执行之前，各级经办机构在职业年金基金向上级基金归集时按照往来款项（即下级经办机构计入“暂付款”科目，上级经办机构计入“暂收款”科目）进行会计处理的，应当在首次执行本规定时，冲减“暂收款”“暂付款”科目相关金额，同时调整“一般基金结余”科目余额。

（二）生效日期。

本规定自2022年1月1日起施行。

附录一：财务报表格式

资产负债表

险种和制度：机关事业单位职业年金基金　　　　会职金01表

编制单位：　　　　年　月　日　　　　单位：元

资产	年初余额	期末余额	负债和净资产	年初余额	期末余额
一、资产：			二、负债：		
归集户存款			暂收款		
国库存款			负债合计		
暂付款			三、净资产：		
委托投资*			一般基金结余		
其中：本金*			净资产合计		
投资收益*					
资产总计			负债与净资产总计		

注：*标注项目为中央和省级经办机构资产负债表专用项目，市县级经办机构资产负债表不予列示。

收支表

险种和制度：机关事业单位职业年金基金　　　　会职金02表

编制单位：　　　　年　月　　　　单位：元

项目	本月数	本年累计数
一、基金收入		
职业年金缴费收入		

续表

项目	本月数	本年累计数
利息收入		
委托投资收益*		
转移收入		
下级上解收入		
其他收入		
二、基金支出		
职业年金待遇支出*		
其中：按月支付待遇*		
一次性购买商保*		
个人账户一次性领取*		
转移支出*		
上解上级支出		
其他支出		
三、本期基金结余		

注：*标注项目为中央和省级经办机构收支表专用项目，市县级经办机构收支表不予列示。

附表1：　　　　　　采用记账方式累积的单位缴费情况

年　月　　　　　　单位：元

项目		金额
期初累计	本金	
	利息	
本期新增	本金	
	利息	
本期记实	本金	
	利息	
期末累计	本金	
	利息	

注：*本表中记账本金和利息是本级和下属各级经办机构的总金额。其中，期末累计金额 = 期初累计金额 + 本期新增金额 - 本期记实金额。

附表 2：　　职业年金基金管理费支出明细

年　月　　　　单位：元

支付对象	本月数	本年累计数		
	基础费用	基础费用	业绩费用	合计
受托机构				
托管机构				
投资管理机构				

附录二：主要业务和事项账务处理示例

一、职业年金基金收缴环节

（一）经办机构收到参保的机关事业单位和个人缴纳的职业年金基金缴费。

1. 各级经办机构收到职业年金基金缴费并存入归集账户时，按实际收到的金额

借：归集户存款

　　贷：职业年金缴费收入——个人缴费

　　　　　　　　　　　　——单位缴费

2. 接受税务机关征缴且款项直接划入归集账户的情形。

（1）税务机关按规定将收缴款项直接转入本级经办机构归集账户的，本级经办机构按实际转入的金额及相关明细

借：归集户存款

　　贷：职业年金缴费收入——个人缴费

　　　　　　　　　　　　——单位缴费

（2）税务机关将征收的职业年金基金缴费款项直接转入上级经办机构归集账户的，本级经办机构按实际转入的金额及相关明细

借：上解上级支出

　　贷：职业年金缴费收入——个人缴费

　　　　　　　　　　　　——单位缴费

上级经办机构按实际转入的金额

借：归集户存款

　　贷：下级上解收入

3. 接受税务机关征缴且款项经国库划入归集账户的情形。

（1）在资金存入国库时，本级经办机构按取得的相关凭证所列金额及明细

借：国库存款

　　贷：职业年金缴费收入——个人缴费

　　　　　　　　　　　　——单位缴费

（2）按规定将国库存款转入本级经办机构归集账户的，本级经办机构按实际转入的国库存款本息金额

借：归集户存款（实际转入的本息总额）

　　贷：国库存款（实际转入的本金金额）

　　　　利息收入——国库存款利息（实际转入的利息金额）

（3）按规定国库存款直接转入上级经办机构归集账户的，本级经办机构按实际转入的国库存款本息金额

借：上解上级支出（实际转入的本息总额）

　　贷：国库存款（实际转入的本金金额）

　　　　利息收入——国库存款利息（实际转入的利息金额）

上级经办机构按实际转入的金额

借：归集户存款

　　贷：下级上解收入

（二）经办机构实际收到记账方式下记实的缴费本金及利息。

采用记账方式缴纳单位缴费的或由记账方式转为实账积累方式时，各级经办机构在收到记实资金时，按实际收到的金额及相关明细

借：归集户存款

　　贷：职业年金缴费收入——单位缴费——财政全额供款单位缴费/财政全额供款单位记实记账缴费

　　　　　　　　　　　　　　　　　　——本金

　　　　　　　　　　　　　　　　　　——利息

（三）经办机构实际收到试点期间以记账方式划入的个人缴费本息记实缴费、投资运营前贴息记实缴费、补记缴费。

各级经办机构按实际收到的金额

借：归集户存款

　　贷：职业年金缴费收入——其他缴费

二、经办机构取得归集账户存款利息

各级经办机构取得职业年金基金归集账户存款利息时，按实际收到的利息金额

借：归集户存款

　　贷：利息收入——归集户利息

三、经办机构按规定向上级基金归集资金

下级经办机构向上级基金归集资金时，按实际划出的金额

借：上解上级支出

　　贷：归集户存款

上级经办机构收到下级基金归集的资金时，按实际收到的金额

借：归集户存款

　　贷：下级上解收入

四、委托投资（仅适用于中央和省级经办机构）

（一）划拨委托投资资金。

中央和省级经办机构向受托机构划拨委托投资资金时，按照实际划出的金额

借：委托投资——本金

　　贷：归集户存款

（二）确认委托投资收益或损失。

中央和省级经办机构收到受托机构提供的关于委托投资收益的相关通知时，按照通知所列的收益金额

借：委托投资——投资收益

　　贷：委托投资收益

（投资损失做相反分录）

五、待遇发放（仅适用于中央和省级经办机构）

（一）下达支付指令。

中央和省级经办机构按规定向受托机构下达待遇发放指令时，按照本期应支付的待遇金额

借：暂付款

　　贷：委托投资——本金/投资收益

（二）待遇发放成功。

中央和省级经办机构收到受托机构提供的待遇支付资金拨付相关通知时，按照通知所列的支付金额及支付方式

借：职业年金待遇支出——按月支付待遇

　　　　　　　　　　——一次性购买商保

　　　　　　　　　　——个人账户一次性领取

　　贷：暂付款

六、跨统筹地区、跨制度账户转移

（一）账户转入。

各级经办机构收到参保对象跨统筹地区或跨制度流动而划入的基金收入时，按照实际收到的金额及转移来源

借：归集户存款

　　贷：转移收入——职业年金转入

　　　　　　　　——企业年金转入

　　　　　　　　——军人职业年金转入

（二）账户转出。

中央和省级经办机构因参保对象跨统筹地区或跨制度流动而向受托机构下达基金转出指令时，按照参保对象个人账户各明细全部余额

借：暂付款

　　贷：委托投资——本金

　　　　　　　　——投资收益

中央和省级经办机构在收到受托机构提供的账户转移资金拨付相关通知时，按照通知所列金额及转移去向

借：转移支出——转至职业年金

　　　　　　——转至企业年金

　　贷：暂付款

（三）职业年金基金补记相关业务账务处理。

1. 参保对象离开机关事业单位的，按规定根据改革前本人在机关事业单位工作的年限长短补记职业年金，各级经办机构在收到单位补记资金时，按实际收到的金额

借：归集户存款

　　贷：职业年金缴费收入——其他缴费

2. 补记资金向上级基金归集。

本级经办机构向上级基金归集补记资金时，按实际划出的金额

借：上解上级支出

　　贷：归集户存款

上级经办机构收到归集资金时，按照实际收到的金额

借：归集户存款

　　贷：下级上解收入

3. 中央和省级经办机构将补记资金划转至受托户时，按实际划出的金额

借：委托投资——本金

　　贷：归集户存款

4. 为参保对象办理账户转出。

中央和省级经办机构在下达账户转出指令时，按参保对象个人账户各明细的全部余额

借：暂付款

　　贷：委托投资——本金

　　　　　　　　——投资收益

中央和省级经办机构在收到受托机构提供的账户转移资金拨付相关通知时，按通知所列金额

借：转移支出——转至企业年金

　　贷：暂付款

5. 参保对象从企业再次流动到机关事业单位。

各级经办机构在收到转入资金时，按实际收到的金额

借：归集户存款

贷：转移收入——企业年金转入

补记资金向上级经办机构归集及划转受托户时，本级经办机构相关账务处理与“补记资金向上级经办机构归集及划转受托户的账务处理”相同。

6. 参保对象在机关事业单位养老保险制度内退休时，中央和省级经办机构应当将原补记金额及收益划转至基本养老保险统筹基金，按补记的职业年金本金及收益金额

借：其他支出

贷：委托投资——本金

——投资收益

七、退费和支出追回业务

（一）退费。

1. 退回本年度职业年金缴费收入、转移收入等款项的，当相关款项仍在本级经办机构归集账户时，各级经办机构按原路退回的金额

借：职业年金缴费收入/转移收入等

贷：归集户存款

2. 退回本年度款项且相关款项已归集至上级基金或划拨至受托户时，相关款项通过受托户退回，中央和省级经办机构按实际退回的金额

借：其他支出

贷：委托投资

3. 退回以前年度职业年金缴费收入、转移收入等款项且相关款项仍在本级经办机构归集账户时，各级经办机构按原路退回的金额

借：其他支出

贷：归集户存款

4. 退回以前年度职业年金缴费收入、转移收入等款项的，当相关款项已归集至上级基金或划拨至受托户时，相关款项通过受托户退回，中央和省级经办机构按实际退回的金额

借：其他支出

贷：委托投资

（二）支出追回。

各级经办机构收回本年度或以前年度职业年金待遇支出、转移支出等时，按实际收回的金额

借：归集户存款

　　贷：其他收入

八、期末结账

期末，将各收入类、支出类科目本期发生额转入结余类科目。

借：职业年金缴费收入

　　利息收入

　　委托投资收益（中央和省级经办机构专用科目）

　　转移收入

　　下级上解收入

　　其他收入

　　贷：职业年金待遇支出（中央和省级经办机构专用科目）

　　　　转移支出（中央和省级经办机构专用科目）

　　　　上解上级支出（市县级经办机构专用科目）

　　　　其他支出

　　　　一般基金结余

《中央级科学事业单位改善科研条件专项资金管理办法》

第一条 为切实改善中央级科学事业单位的科研条件，推进科技创新能力建设，规范和加强中央级科学事业单位改善科研条件专项资金（以下称专项资金）管理，根据《中华人民共和国预算法》及其实施条例、《中共中央、国务院关于全面实施预算绩效管理的意见》、《国务院关于进一步深化预算管理制度改革的意见》（国发〔2021〕5 号）、《国务院关于国家重大科研基础设施和大型科研仪器向社会开放的意见》（国发〔2014〕70 号）、《行政事业性国有资产管理条例》等有关规定，制定本办法。

第二条 专项资金的管理原则：

（一）科学规划，突出重点。强化规划约束，立足专项定位及科研工作实际，区分轻重缓急，量力而行，切实解决科技基础条件建设面临的紧迫、重大需求。

（二）统筹资源，共享共用。强化顶层设计，盘活存量资源，有效调控增量资源，做好与其他资金的统筹衔接，实现开放共享，切实提高资源配置效率。

（三）专款专用，规范管理。强化法人责任，专项资金纳入项目单位财务统一管理，单独核算，防范风险，切实确保资金的安全性、规范性。

（四）突出绩效，激励约束。强化绩效意识，建立健全全过程预算绩效管理机制，严格绩效评价和结果应用，切实提高资金使用效益。

第三条 专项资金的支持范围：

（一）连续使用 15 年以上、且已不能适应科研工作需要的科研用房及科研辅助设施的维修改造。高盐、高湿、高寒、高海拔等特殊条件下的科研用房及科研辅助设施，可适当放宽使用年限。

（二）水、暖、电、气等基础设施的维修改造。

（三）直接为科研工作服务的科学仪器设备、文献资料（含电子图书等）购置。

（四）利用成熟技术，自主研制用于科研的仪器设备，或对尚有较好利用价值、直接服务于科研的仪器设备所进行的功能扩展、技术升级等。

第四条　专项资金的使用应当厉行节约，用于项目单位在项目执行中所发生的材料费、设备或文献购置费、劳务费、水电动力费、设计费、运输费、安装调试费、测试化验加工费以及其他在项目执行中所发生的必要费用。

第五条　专项资金项目应当按照部门预算管理有关规定和程序，纳入预算项目库，实施项目全生命周期管理。

项目单位应当做实做细项目储备，对申请拟纳入预算项目库的项目按规定完成可行性研究论证、制定具体实施计划等工作。对于需要分年支出的项目，应当根据年度资金支付需要，合理编制分年支出计划。

主管部门对项目单位申报的项目进行审核。按照“先评审后入库”的原则，组织开展预算评审和事前绩效评估。将审核通过的项目纳入部门项目库并按照轻重缓急进行排序。

财政部对主管部门申报的项目进行审核，审核通过的项目统一纳入预算项目库。根据管理需要，财政部可以对主管部门申报项目组织开展再评审。

第六条　申请购置单台（套）价格在 200 万元人民币及以上仪器设备，应当按照中央级新购大型科研仪器设备查重评议有关规定执行。

第七条　财政部按照部门预算管理的有关要求确定并下达项目预算到主管部门。主管部门应当按规定时间及时将项目预算批复所属项目单位。

第八条　项目单位应当严格按照批复的项目预算执行，不得擅自变更。确因特殊情况需要进行调剂的，应当按照部门预算管理的有关要求报批。

第九条　主管部门应当加强对项目的监督管理，及时跟踪专项资金使用情况，指导督促项目单位采取合理措施加快执行进度。

第十条　项目结束后应当及时组织验收和总结，办理资产交付手续，并确认资产价值。

第十一条　专项资金支出属于政府采购范围的，按照政府采购的有关规定执行。

第十二条　专项资金支付，按照国库集中支付制度有关规定执行。

第十三条　专项资金结转结余按照财政部结转结余资金管理有关规定

执行。

第十四条 项目单位应当按照相关会计制度对专项资金收入、支出、费用、形成的资产等进行会计核算，纳入单位决算和政府财务报告，统一编报。

第十五条 项目单位应当加强资产配置管理，使用专项资金形成的资产属国有资产，应当按国有资产管理的有关规定加强管理。

第十六条 项目单位要按照国家有关规定，切实履行开放职责，建立相应管理制度，最大限度推进科研设施与仪器设备对外开放、共享共用。相关主管部门应当切实履行对单位科研设施与仪器设备对外开放、共享共用情况的管理和监督职责。开放共享情况作为项目预算评审和预算安排的重要依据。

第十七条 主管部门和项目单位应当按照全面实施预算绩效管理有关要求，对项目实施全过程绩效管理，科学设定项目绩效指标，做好绩效运行监控，按要求开展年度绩效自评。主管部门每 5 年对专项资金整体实施效果开展一次部门评价。财政部根据需要开展财政评价。绩效评价结果作为完善政策、改进管理、预算安排的重要依据。

第十八条 项目单位是专项资金使用管理的责任主体，应当严格遵守国家财经纪律，切实履行法人责任，健全内部管理机制，按照规定自觉接受审计、监察、财政及主管部门的监督检查。专项资金申报、使用过程中存在违法违规行为的，应当按照《中华人民共和国预算法》及其实施条例、《财政违法行为处罚处分条例》等有关规定追究相应责任。涉嫌犯罪的，依法移送有关机关处理。

第十九条 财政部、主管部门及其工作人员在专项资金分配使用、审核管理等工作中，存在违反本办法规定，以及其他滥用职权、玩忽职守、徇私舞弊等违法违规行为的，依法责令改正，并追究相应责任。涉嫌犯罪的，依法移送有关机关处理。

第二十条 各有关主管部门应当依据本办法制定实施细则，并报财政部备案。

第二十一条 本办法自发布之日起施行，《中央级科学事业单位修缮购置专项资金管理办法》（财教〔2006〕118 号）、《财政部关于〈中央级科学事业单位修缮购置专项资金管理办法〉的补充通知》（财科教〔2016〕21 号）同时废止。

事业单位成本核算基本指引

第一章　总　　则

第一条　为促进事业单位加强成本核算工作，提升单位内部管理水平和运行效率，夯实绩效管理基础，根据《中华人民共和国会计法》以及政府会计准则制度等，制定本指引。

第二条　本指引适用于执行政府会计准则制度且开展成本核算工作的事业单位（以下简称单位）。

第三条　本指引所称成本，是指单位特定的成本核算对象所发生的资源耗费，包括人力资源耗费，房屋及建筑物、设备、材料、产品等有形资产的耗费，知识产权等无形资产的耗费，以及其他耗费。

第四条　本指引所称成本核算，是指单位对实现其职能目标过程中实际发生的各种耗费按照确定的成本核算对象和成本项目进行归集、分配，计算确定各成本核算对象的总成本、单位成本等，并向有关使用者提供成本信息的活动。

第五条　单位进行成本核算应当满足内部管理和外部管理的特定成本信息需求。单位的成本信息需求包括但不限于以下方面：

（一）成本控制。为满足该需求，单位应当完整、准确核算特定成本核算对象的成本，揭示成本发生和形成过程，以便对影响成本的各种因素、条件施加影响或管控，将实际成本控制在预期目标内。

（二）公共服务或产品定价。为满足该需求，单位应当准确核算公共服务或产品的成本，以便为政府定价机构、有关单位制定相关价格或收费标准提供依据和参考。

（三）绩效评价。为满足该需求，单位应当设置与成本相关的绩效指标并加以准确核算，以便衡量单位整体和内部组织部门运行效率、核心业务实施效果、政策和项目资金使用效果。

第六条 单位应当以权责发生制财务会计数据为基础进行成本核算，财务会计有关明细科目设置和辅助核算应当满足成本核算的需要。

第七条 单位应当建立健全成本费用相关原始记录，充分利用现代信息技术，加强和完善成本数据的收集、记录、传递、汇总和整理等基础工作，为成本核算提供必要的数据基础。

第八条 单位进行成本核算，应当遵循以下原则：

（一）相关性原则。单位选择成本核算对象、归集分配成本、提供成本信息应当与满足成本信息需求相关，有助于成本信息使用者依据成本信息作出评价或决策。

（二）可靠性原则。单位应当以实际发生的经济业务或事项为依据进行成本核算，保证成本信息真实可靠、内容完整。

（三）适应性原则。单位进行成本核算，应当与单位行业特点、特定的成本信息需求相适应。

（四）及时性原则。单位应当及时收集、传递、处理、报告成本信息，便于信息使用者及时作出评价或决策。

（五）可比性原则。同一单位不同期间、相同行业不同单位，对相同或相似的成本核算对象进行成本核算所采用的方法和依据等应当保持一致，确保成本信息相互可比。

（六）重要性原则。单位选择成本核算对象、进行成本核算应当区分重要程度，对于重要的成本核算对象和成本项目应当力求成本信息的精确，对于非重要的成本核算对象和成本项目可以适当简化核算。

第九条 单位可以根据成本信息需求、成本核算对象等确定成本核算周期，并按照成本核算周期等编制成本报告，全面反映单位成本核算情况。

第二章 成本核算对象

第十条 单位应当根据其职能目标、所处行业特点，以及不同的成本信息需求等确定成本核算对象。

第十一条 单位可以多维度、多层次地确定成本核算对象。

第十二条　单位按照维度确定的成本核算对象主要包括：

（一）按业务活动类型确定的成本核算对象。

（二）按政策、项目确定的成本核算对象。

（三）按提供的公共服务或产品确定的成本核算对象。

第十三条　单位按照层次确定的成本核算对象主要包括：

（一）以单位整体作为成本核算对象。

（二）按内部组织部门确定的成本核算对象。

（三）按业务团队确定的成本核算对象。

第十四条　单位为满足成本控制需求，可以以业务活动类型、项目、内部组织部门等作为成本核算对象；为满足公共服务或产品定价需求，可以以公共服务或产品作为成本核算对象；为满足内部绩效评价需求，可以以项目、内部组织部门、业务团队等作为成本核算对象；为满足外部绩效评价需求，可以以政策和项目、单位整体等作为成本核算对象。

第三章　成本项目和范围

第十五条　单位应当根据成本信息需求设置成本项目，并对每个成本核算对象按照其成本项目进行数据归集。

成本项目是指将归集到成本核算对象的成本按照一定标准划分的反映成本构成的具体项目。

单位可以根据具体成本信息需求，按照成本经济用途、成本要素等设置成本项目。

第十六条　单位成本项目的设置，应当与政府会计准则制度中“加工物品”“业务活动费用”“单位管理费用”等科目的明细科目保持协调。

单位可以根据需要在本条前款规定的成本项目下设置进一步的明细项目或进行辅助核算。

第十七条　不属于成本核算对象的耗费，不计入该成本核算对象的成本。

成本核算对象为业务活动类型的，与单位开展业务活动耗费无关的费用，如资产处置费用、上缴上级费用、对附属单位补助费用等，一般不计入成本。

成本核算对象为单位整体的，单位负有管理维护职责但并非为满足其自身开展业务活动需要所控制资产的折旧（摊销）费用，如公共基础设施折旧（摊销）费、保障性住房折旧费等，一般不计入成本。

第十八条 为满足公共服务或产品定价需求开展的成本核算，应当在对相关成本进行完整核算的基础上，按规定对成本范围予以调整，如按规定调减不符合有关法律法规规定的费用、有财政资金补偿的费用等。

第四章 成本归集和分配

第十九条 单位一般通过“业务活动费用”“单位管理费用”等会计科目，按照成本项目归集实际发生的各种费用，据此计算确定各成本核算对象的成本。

当成本核算对象为自制或委托外单位加工的各种物品、建设工程项目、自行研究开发项目时，应当按照政府会计准则制度等规定分别通过“加工物品”“在建工程”“研发支出”等会计科目，按照成本项目归集并结转实际发生的各种费用。

第二十条 单位应当根据成本信息需求，对具体的成本核算对象分别选择完全成本法或制造成本法进行成本核算。

完全成本法，是指将单位所发生的全部耗费按照成本核算对象进行归集和分配，计算出总成本和单位成本的方法。成本核算对象为单位整体、主要业务活动的，可以采用完全成本法。

制造成本法，是指只将与产品制造或业务活动有联系的费用计入成本核算对象，不将单位管理费用等向成本核算对象分配的方法。成本核算对象为公共服务或产品、项目、内部组织部门、业务团队的，可以采用制造成本法。

第二十一条 单位所发生的费用，按照计入成本核算对象的方式不同，分为直接费用和间接费用。

直接费用是指能确定由某一成本核算对象负担的费用，应当按照所对应的成本项目类别，直接计入成本核算对象。

间接费用是指不能直接计入成本核算对象的费用，应当选择合理的分配标准或方法分配计入各个成本核算对象。

第二十二条 单位应当根据业务特点，按照资源耗费方式确定合理的间接费用分配标准或方法。

间接费用分配标准或方法一般遵循因果关系和受益原则，将资源耗费根据资源耗费动因分项目追溯或分配至相关的成本核算对象，如根据工作量占比、耗用资源占比、收入占比等。

同一成本核算对象的间接费用分配标准或方法一旦确定，各期间应当保持一致，不得随意变动。

第二十三条　单位应当根据其职能目标确定主要的专业业务活动，作为基本的成本归集和分配的对象。

第二十四条　单位内直接开展专业业务活动的业务部门所发生的业务活动费用，如直接开展专业业务活动人员的工资福利费用、开展专业业务活动领用的库存物品成本、业务部门所使用资产的折旧（摊销）费用等，应当区分直接费用和间接费用，归集、分配计入各类业务活动等成本核算对象。

第二十五条　单位内为业务部门提供服务或产品的辅助部门所发生的业务活动费用，应当采用合理的标准或方法分配计入各类业务活动等成本核算对象。

辅助部门之间互相提供的服务、产品成本，应当采用合理的方法，进行交互分配。互相提供服务、产品的成本较少的，可以不进行交互分配，直接分配计入各类业务活动等成本核算对象。

第二十六条　单位本级行政及后勤管理部门开展管理活动发生的单位管理费用，如单位行政及后勤管理部门发生的人员经费、公用经费、资产折旧（摊销）等费用，以及由单位统一负担的费用，可以根据成本信息需求，采用合理的标准或方法分配计入相关成本核算对象。

第二十七条　成本核算对象为公共服务或产品的，可以合理选择品种法、分批法、分步法等方法进行成本核算。

第五章　附　　则

第二十八条　行业事业单位（如医院、高等学校、科学事业单位）的成本核算具体指引等，应当由财政部遵循本指引制定。

第二十九条　行政单位、参照执行政府会计准则制度的非行政事业单位主体开展成本核算工作，可以参照执行本指引。

第三十条　本指引由财政部负责解释。

第三十一条　本指引自 2021 年 1 月 1 日起施行。